Ziegler
BAT VIb

Deutsche Geschichte
im 20. Jahrhundert

Mit der Kapitulation der Wehrmacht endete der Zweite Weltkrieg in Europa. Seine sozialen, politischen und mentalen
Auswirkungen jedoch prägten die Erfahrungen der Deutschen
weit über den 8. Mai 1945 hinaus. Jörg Echternkamp rückt die
vielfältigen Aspekte dieses Kriegsendes auf Raten zwischen 1945
und 1949 in den Mittelpunkt. Er behandelt eingehend die Verwerfungen der Nachkriegsgesellschaft, den politischen und kulturellen Umbruch sowie die Bedeutung der nationalsozialistischen Vergangenheit in den ersten Nachkriegsjahren.

Jörg Echternkamp, geboren 1963 in Herford, Studium der Ge-
schichtswissenschaften und Romanistik in Bielefeld, Poitiers
und Baltimore, 1996 Promotion, Projektleiter am Militär-
geschichtlichen Forschungsamt in Potsdam; lehrt an der Humboldt-Universität zu Berlin. Veröffentlichungen u. a.: Der Aufstieg des deutschen Nationalismus, 1770–1840 (1998), Die Politik
der Nation (2002, Mitherausgeber), Die deutsche Kriegsgesellschaft, 2 Bände (2004, Herausgeber).

Jörg Echternkamp
NACH DEM KRIEG
Alltagsnot, Neuorientierung
und die Last der
Vergangenheit 1945–1949

Pendo Verlag Zürich

Deutsche Geschichte
im 20. Jahrhundert
Herausgegeben von Frank-Lothar Kroll
und Ernst Piper

Für Petra und Moritz

Copyright © Pendo Verlag GmbH
Zürich 2003
Redaktion: Dr. Rita Krajicek, Penzberg
Umschlaggestaltung und Satz:
Michael Wörgötter, Karlsfeld/München
Umschlagabbildung: Universitätsbibliothek, Dresden
Gesetzt aus der Minion
Druck und Bindung: FVA, Fulda
Printed in Germany
ISBN 3-85842-432-3

INHALTSVERZEICHNIS

Einführung: Ein Kriegsende auf Raten

Das Ende wiederholte sich, wochenlang. Den Durchhalteparolen der nationalsozialistischen Propaganda zum Trotz erlebten die Deutschen im Frühjahr 1945 den Untergang des »Tausendjährigen Reiches«, wo immer Truppen der Anti-Hitler-Koalition in das Reichsgebiet einrückten, die Soldaten der Wehrmacht entwaffneten und die Rathäuser besetzten. Bereits am 21. Oktober 1944 erreichte die amerikanische Armee bei Aachen die Westgrenze. Die Mitte Dezember gestartete »Ardennen-Offensive«, mit der Hitler glaubte, die Koalition zerschlagen zu können, blieb nach einem Überraschungserfolg stecken. Am 23. Februar starteten die Westmächte ihre letzte Großoffensive. Am 7. März überquerte die 1. US-Armee den Rhein bei Remagen und traf am 25. an der Elbe bei Torgau erstmals mit sowjetischen Soldaten zusammen. Die Rote Armee hatte am 12. Januar zwischen Ostsee und Karpaten eine Großoffensive begonnen, die sie in wenigen Wochen bis an die Oder geführt hatte. Berlin, die Reichshauptstadt, kapitulierte am 2. Mai, kurz nachdem Adolf Hitler seinem Leben ein Ende gesetzt hatte.

Der Schlussakt bestand aus zwei Szenen. In der Technischen Berufsschule von Reims, dem Hauptquartier des Alliierten Oberbefehlshabers Dwight D. Eisenhower, unterzeichnete am 7. Mai der Generaloberst Alfred Jodl die Kapitulationsurkunde für »alle Streitkräfte zu Lande, zu Wasser und in der Luft«. Einen Tag später betrat Generalfeldmarschall Wilhelm Keitel die frühere Pionierschule in Berlin-Karlshorst und setzte seine Unterschrift unter die Kapitulationsurkunde, die ihm der sowjetische Marschall Georgi Schukow vorgelegt hatte.[1] Die bedingungslose Kapitulation der deutschen Streitkräfte, die Dönitz über den Flensburger Sender am Mittag des 8. Mai bekannt gab, trat um 23 Uhr 01 an allen Fronten in Kraft. Das nationalsozialistische Regime war am Ende. Der Spuk in der Marineschule Mürwik, dem Sitz der Regierung des von Hitler zu seinem Nachfolger bestimmten Großadmirals Karl Dönitz, währte noch bis zu seiner Verhaftung am 23. Mai. Nach fünf Jahren, acht Monaten und acht Tagen endete in Europa der Zweite Weltkrieg, der etwa 55 Millionen Menschen das Leben gekostet hatte – darunter 20 Millionen Sowjetbürgern, 7 Millionen Deutschen, 6 Millionen Polen und 6 Millionen KZ-Häftlingen.

Während der 8. Mai 1945 für viele Deutsche ein unspektakulärer Tag in den Wirren der Besetzung war, prägte das kriegsbedingte Chaos den Alltag der Gesellschaft in Rumpfdeutschland weit über dieses Datum hinaus. Die Existenzunsicherheit, die körperliche Verelendung, die Unterernährung, die Trennung der Familien, der Zusammenbruch überkommener Gemeinschaften: was 1943 durch die Bombardements und Evakuierungen, 1944/45 mit der Flucht vor der Roten Armee begonnen hatte, wurde durch die Niederlage noch verstärkt. Erst 1948/49 nahmen jene wirtschaftlichen, sozialen und politischen Institutionen Gestalt an, die West- und Ostdeutschland prägen sollten.[2] Ein Kriegsende auf Raten: so lassen sich deshalb diese Jahre treffend charakterisieren.

Seit 1945 griffen die Zeitgenossen und die Historiker gerne auf das markante Bild der »Trümmerlandschaft« zurück, wenn sie von der frühen Nachkriegszeit sprachen. Bezeichnete der Begriff doch die Lebenswirklichkeit und zugleich im übertragenen Sinn ihre Deutung durch die Betroffenen. Schätzungsweise 400 Millionen Kubikmeter Schutt bedeckten 1945 die Landschaft im verkleinerten Deutschland. In Trümmern lagen nicht nur die Städte, in Trümmern lag auch die Gesellschaft. Der Anblick der steinernen Ruinenlandschaft gab dem Sprachbild des umfassenden Niedergangs von Staat und Gesellschaft eine besondere Ausdruckskraft.

Die Deutschen lebten in einer »Zusammenbruchgesellschaft«.[3] Einerseits war fast alles, was den Deutschen lange wertvoll erschien, zusammengebrochen: Deutschland, das Reich, Preußen, der Nationalsozialismus – sogar der Glaube, ein »Kulturvolk« zu sein, wurde durch Auschwitz zumindest erschüttert. Das unterschied dieses Kriegsende 1945 vom Ende des Ersten Weltkriegs 1918. Damals hatte die Reichswehr im Osten gesiegt, im Westen rechtzeitig kapituliert, das Reich blieb bestehen, und besetzt wurde es auch nicht. Der Krieg war insofern nicht zu Ende, als die Masse der Deutschen für eine Revision des Friedensvertrages kämpfen wollte. Ganz anders 1945. Der totale Krieg hatte zu einer totalen Niederlage geführt, zu einer »notwendigen Niederlage« obendrein. Nur der »Führer« konnte den Führerglauben, nur die Nationalsozialisten konnten den Nationalsozialismus zerstören.[4] Im Gegensatz zu 1918 beendete die bedingungslose Kapitulation die Hybris der »Herrenrasse«.

Wer hat nicht das Bild von der in den Rhein gestürzten Hohenzollernbrücke in Köln vor Augen? Von Menschen in einer Notwohnung, der die Außenwand fehlt? Wer kennt nicht den Blick vom Dresdener Rathausturm, vorbei an einer stumm anklagenden Skulptur auf die ausgebombte Stadt? Oder von Kindern, die in den Ruinen spielen müssen? Diese ikonenhaften Zeichen der Zerstörung, die seit den späten 1940er Jahren in Bildbänden reproduziert wurden, gehören bis heute zum kollektiven Bildgedächtnis der Deutschen.[5]

Andererseits lag Deutschland keineswegs vollständig in Trümmern. Wenngleich die umfangreichen Zerstörungen und die trostlosen Lebensbedingungen vor allem in den städtischen Ballungsgebieten den Anschein eines totalen Zusammenbruchs erweckten, so ist doch festzuhalten, dass die materiellen Kriegsfolgen zwischen Stadt und Land höchst ungleich verteilt waren. Sieht man von den strukturellen Problemen – der Ernährungslage, dem Warenmangel, der Wohnungsnot und den demographischen Verwerfungen – einmal ab, ließen sich viele Schäden verhältnismäßig leicht beheben. Verblüffend schnell funktionierte vielerorts das Alltagsleben wieder. Die Trümmer eigneten sich auch deshalb als Sprachbild, weil sie nicht nur als Beschreibung der Gegenwart des Zusammenbruchs taugten, sondern den Blick in die Vergangenheit, auf die Ursache, und in die Zukunft, auf den Wiederaufbau, lenkten.

Die Besonderheit der hier in Rede stehenden wenigen Jahre lässt sich deshalb allein durch die Geschichte vom Wiederaufbau nicht hinreichend erfassen. Vielmehr muss beidem nachgespürt werden: sowohl jenen Aspekten, die in die zeitgenössische Zukunft deuteten, als auch jenen Elementen, die in die jüngste Vergangenheit der Zeitgenossen wiesen. Deutschland zwischen 1945 und 1949 war kein ideologisches Niemandsland. Der Blick auf die »Besatzungszeit« ist nicht zuletzt wegen des Aufeinandertreffens der alten, nachwirkenden Werte und der neuen, teilweise von außen herangetragenen Normen im Spannungsfeld von Kriegserfahrung und Friedenshoffnung besonders reizvoll.

Die Jahre zwischen dem Ende des Dritten Reiches und der Gründung von Bundesrepublik und DDR werden zumeist als »Besatzungszeit« beschrieben. Aus dem politikgeschichtlichen Blickwinkel gilt das Interesse der Besatzungspolitik, dem politischen und administrativen Handeln auf verschiedenen Ebenen, den Entstehungsgeschichten der einzelnen Institutionen und Organisationen sowie den internationalen Konferenzen, auf denen über die Deutschlandfrage entschieden wurde.[6] Um dagegen den geschilderten Wechsel der Perspektive aufzuzeigen, sollen die Jahre von 1945 bis 1949 im Folgenden als frühe Nachkriegszeit bezeichnet werden.

Zum einen fielen der Zusammenbruch des NS-Regimes und das Ende des Krieges zusammen, zum anderen sollten sich spätestens nach 1949 die Parameter der Nachkriegsgesellschaft wesentlich ändern. Zwar können insbesondere die längerfristigen mentalitäts- und kulturgeschichtlichen Entwicklungen nicht in das enge Zeitkorsett von fünf Jahren gesteckt werden. Doch wo sich Prozesse in den 50er Jahren unter diesen geänderten Bedingungen fortsetzen, lohnt es sich allemal, die entscheidenden Anfänge in der frühen Nachkriegszeit mit dem notwendigen Rück- und Ausblick darzustellen. Zwar endete 1949 nur die Form der *direkten*, ungeregelten Besatzungsherrschaft. Die unterschiedlichen Strukturen jedoch, die in dieser Zeit gebildet wurden, sollten das Selbstverständnis der Deutschen in der DDR und der Bundesrepublik auf lange Zeit prägen.

Rund 45 Jahre nach dem Ende des Zweiten Weltkriegs, nach der weltpolitischen Wende von 1989/90, hat die Öffnung der Archive und die rasch in Gang kommende Forschung zur Geschichte der Sowjetischen Besatzungszone (SBZ) und der DDR neue, faszinierende Blicke auf die längst fremde Welt der frühen Nachkriegsgesellschaft ermöglicht. Die politische, gesellschaftliche, wirtschaftliche und kulturelle Entwicklung in Ostdeutschland kann viel besser ausgeleuchtet werden, als dies bislang möglich war.

Doch auch für die amerikanische, britische und französische Zone liegen mittlerweile neue Forschungsergebnisse vor, die manche scheinbar festgefügte Annahme über dieses entscheidende Kapitel deutscher Zeitgeschichte ins Wanken gebracht und mehr Licht auf die verworrenen und deshalb der Legendenbildung förderlichen Verhältnisse geworfen haben.

Die Studien zur westdeutschen Geschichte wurden durch neue Fragen und Methoden bereichert. Lange Jahre standen die demokratische Entwicklung, die soziale Stabilität, der wirtschaftliche Wandel und der Einfluss der Besatzungsmächte im Vordergrund; das Augenmerk war vorrangig auf die jeweiligen Strukturen, die Institutionen und die Deutschlandpolitik gerichtet.

Dank der Mentalitätsgeschichte, der Geschlechter- und Kulturgeschichte mit ihrem Interesse am Menschen als einem handelnden Subjekt kommen neue Facetten zum Vorschein, die unsere Kenntnis über die deutsche Nachkriegsgesellschaft erweitern. Es geht jetzt auch um Generationszugehörigkeit, um das

Geschlechterverhältnis, um die Integration und den Ausschluss von Minderheiten, um die Rolle der Medien und die Bedeutung der Vergangenheit, der privaten und öffentlichen Erinnerung für die zeitgenössische Gegenwart. Dazu werden neue Quellen befragt oder etwa durch das lebensgeschichtliche Interview mit Zeitzeugen erst geschaffen. In einer Geschichte der frühen Nachkriegszeit finden deshalb auch die ehemaligen Zwangsarbeiter und Kriegsgefangenen, die Überlebenden des Holocaust und die Remigranten, die Kinder und Jugendlichen, die »Trümmerfrauen« und »Heimkehrer« mehr Platz.

Hinzu kommt ein frisches Interesse an der für Millionen Deutsche einschneidenden Erfahrung von Flucht und Vertreibung, die den Krieg weit in die Nachkriegszeit hinein wirken ließen. Durch die Rückkehr des Krieges nach Europa am Ende des 20. Jahrhunderts findet das Problem der gesellschaftlichen und mentalen Kriegsfolgen, der »Nachkrieg«, größere Beachtung. Dazu zählt gleichermaßen die Frage, ob und wie sich Kriegsverbrecher vor Gericht zu verantworten hatten. Wie gingen Sieger und Besiegte mit der Schuld am Krieg und – auf das Engste damit verbunden – mit dem millionenfachen Mord an den Opfern des Nationalsozialismus um? Welche Bedeutung besaßen Bilder in der Auseinandersetzung mit dem Krieg? Das jüngste methodische Interesse an der Funktion von Bildern im konkreten und übertragenen Sinn lenkt die Aufmerksamkeit auf die fotografische Repräsentation, aber auch auf die zeitgenössischen Muster der kollektiven Selbstwahrnehmung und der Sicht des anderen sowie die bis heute gegenwärtigen klischeeartigen Vorstellungen von dem Zeitabschnitt, um den es geht.

Neigte man schließlich vorher dazu, die Jahre von 1945 bis 1949 als Zeit des Auseinanderdriftens von Ost- und Westdeutschland zu betrachten und die trennenden Elemente herauszustreichen, so kann im Lichte der Vereinigung beider deutscher Staaten das Gemeinsame stärker berücksichtigt werden.[7] Die zweite Hälfte der 40er Jahre vorrangig als Nachkriegszeit in den Blick zu nehmen soll deshalb zugleich als Korrektiv einer teleologischen Sichtweise dienen, in der die »Besatzungszeit« auf die Vorgeschichte von Bundesrepublik und DDR verkürzt wird. Auch deshalb ist hier von *einer* Nachkriegsgesellschaft die Rede, in der sich zwei Teilgesellschaften erst allmählich herausbildeten. Der Weg, den diese Nachkriegsgesellschaft nehmen sollte, war schließlich keineswegs vorgezeichnet.

Der vorliegende Band besteht aus drei Längsschnitten. Im ersten Teil stehen die Alltagserfahrungen von Millionen Menschen im Mittelpunkt. Es geht um die kriegsbedingten Formen der existenziellen Unsicherheit: um das Überleben trotz Zerstörung und Hungersnot, um Flucht und Vertreibung sowie um die Entwurzelung derer, die als *Displaced Persons* umhergestoßen wurden oder als Remigranten versuchten, in ihrer Heimat wieder Fuß zu fassen. Anschließend folgt im zweiten Teil eine Darstellung der demokratischen Neuorientierung und politischen Willensbildung unter den spezifischen Bedingungen der alliierten Deutschland- und Besatzungspolitik. Das besondere Interesse gilt der Nachkriegsgeneration, ohne die kein Staat zu machen war, und dem Aufbruch im kulturellen Bereich. Der dritte Teil kehrt die Blickrichtung nochmals um. Hier geht es in erster Linie um die Vergegenwärtigung der Kriegsvergangenheit in der Nachkriegsgesellschaft. Die justizielle Aufarbeitung der Kriegsverbrechen, die Heimkehrerproblematik und der Wandel der Geschlechterrollen werden ebenso beleuchtet wie die Auseinandersetzung mit der politischen und moralischen Schuld, *die* zentrale Kontroverse der frühen Nachkriegszeit. Wie die Jahre zwischen 1945 und 1949 im »kulturellen Gedächtnis« der Deutschen greifbar waren, welche Rolle sie in der Erinnerungspolitik der beiden deutschen Staaten gespielt haben, danach ist schließlich in einem Ausblick zu fragen.

I. NACHKRIEGSKRISE: KRIEGSFOLGEN, ALLTAGSNOT UND ABGRENZUNG

Der Kriegsverlauf und die Kapitulation hatten die Deutschen unterschiedlich getroffen. Verlierer im übertragenen Sinn waren die meisten – doch hatten manche alles, andere hingegen nur wenig oder nichts verloren. Die ersten Jahre nach dem Krieg standen deshalb im Zeichen einer gesellschaftspolitischen »Gründungskrise«. Angesichts der späteren Stabilisierungserfolge geriet die Labilität des Gesellschaftsgefüges in der frühen Nachkriegszeit rasch aus dem Blickfeld.

Zu den offenkundigen Kosten des Krieges zählten die »Kriegsschäden«: der materielle Verlust von realen und finanziellen Vermögenswerten, den die Deutschen infolge des Krieges und der Niederlage erlitten hatten. »Ausgebombte« und »Fliegergeschädigte« beklagten die Zerstörung ihrer Häuser und Geschäfte, Flüchtlinge und Vertriebene mussten ihren Besitz zurücklassen, und der »Normalbürger« stellte nach Kriegsende entsetzt fest, dass die Inflation, die »versteckte Steuer«, mit der die Nationalsozialisten den Krieg finanziert hatten, sein Sparguthaben vernichtet hatte. Das Missverhältnis von Geldumlauf, Produktion und Warenangebot wurde erst nach 1945 so richtig deutlich.

Zwischen dieser Mehrheit und den unterschiedlichen kriegsgeschädigten Minderheiten musste ein sozialpolitischer Ausgleich geschaffen werden. Die frühe Nachkriegszeit ist deshalb durch tief greifende Vergesellschaftungsprozesse geprägt, in denen die Probleme der Entwurzelung, Integration und Umverteilung eine zentrale Rolle spielten. Das betraf in erster Linie die zwölf Millionen Vertriebenen, die später in der Bundesrepublik 17 Prozent, in der DDR fast ein Viertel der Bevölkerung ausmachen sollten. Wirtschaftswachstum und Sozialpolitik sollten im Westen das drängende Problem weitgehend lösen – ohne freilich die strukturelle materielle Ungleichheit zu beseitigen.[8] Eine Besonderheit der deutschen Nachkriegsgeschichte bildete der hohe

Anteil an so genannten Zwangszuwanderern in einem ohnehin bevölkerungsreichen, durch die materiellen Kriegsfolgen zusätzlich belasteten Aufnahmegebiet.

Die grundsätzliche Aufgabe, den gesellschaftlichen Zusammenhang neu zu definieren, stellte sich indes nach 1945 auch in anderen Ländern. Die enorme Existenzunsicherheit dieser ersten Jahre liegt quer zu den sozialen, politischen und kulturellen Entwicklungen und bildet ihren alltags- und erfahrungsgeschichtlichen Hintergrund. Die einzelnen Facetten der unmittelbaren Kriegsfolgen sind deshalb als Erstes zu beleuchten.

1. Existenzunsicherheit

Kriegszerstörungen

Man könne sich Frankfurt gar nicht mehr vorstellen, notierte der Schweizer Schriftsteller Max Frisch im Frühjahr 1946, »die Ruinen stehen nicht, sondern versinken in ihrem eigenen Schutt, und oft erinnert es mich an die heimatlichen Berge, schmale Ziegenwege führen über die Hügel von Geröll, und was noch steht, sind die bizarren Türme eines verwitterten Grates; einmal eine Abortröhre, die in den blauen Himmel ragt, drei Anschlüsse zeigen, wo die Stockwerke waren. So stapft man umher, die Hände in den Hosentaschen, weiß eigentlich nicht, wohin man schauen soll. (...) es bleibt dabei: das Gras, das in den Häusern wächst, der Löwenzahn in den Kirchen, und plötzlich kann man sich vorstellen, wie es weiterwächst, wie sich ein Urwald über unsere Städte zieht, langsam, unaufhaltsam, ein menschenloses Gedeihen, (...) eine geschichtslose Erde.«[9] Sowenig sich die Menschen in Deutschland, in Europa nach dem zerstörischen Krieg die Zukunft zu Beginn des 21. Jahrhunderts vorstellen konnten, so schwer fällt es heute, sich die Zustände nach 1945 zu vergegenwärtigen. Der Literat mag der Fantasie nachhelfen und in einer Schilderung der Not und des Chaos deutsche Ortsnamen durch Beirut, Sri Lanka und El Salvador ersetzen – wie das Hans Magnus Enzensberger 1990 tat, um den Nachgeborenen ein Bild von »Europa in Ruinen« zu vermitteln. Die Siegermächte bevorzugten damals Luftaufnahmen. Das amerikanische Magazin »LIFE« beispielsweise widmete sieben großformatige Seiten den Trümmerfotos von Margaret Bourke-White, die, aus großer Höhe aufgenommen, jedes menschliche Leben aus den Ruinen verschwinden ließ.

Vor allem die größeren und mittelgroßen Städte, die das Ziel der Bombardements gewesen waren, boten mit den zerstörten Wohngebäuden, Industrieanlagen, Straßen und Brücken ein Bild der Verwüstung. Aber nicht nur die Luftangriffe, sondern auch die Straßenkämpfe und Maßnahmen der Selbstzerstörung durch Hitlers »Taktik der verbrannten Erde« sind zu den Kriegszerstörungen zu rechnen. Einige Eckdaten des Alltagslebens verdeutlichen das Ausmaß der Zerstörung, der Wohnungsnot und der schwierigen Versorgungslage. Der tägliche Kampf um das »nackte Überleben« wurde durch den Mangel an Wohnraum verschärft, der in zweifacher Hinsicht eine Folge des Krieges war: Zum einen stand im Vergleich zur Vorkriegszeit erheblich weniger Wohnraum zur Verfügung. Zum anderen stieg die Nachfrage in den Zonen des verkleinerten Deutschlands durch Flüchtlinge und Vertriebene drastisch an, wenngleich zahlreiche Flüchtlinge wegen der Zerstörung in den Städten in ländliche, industriearme Gebiete geleitet wurden. 20 bis 30 Prozent des gesamten Wohnungsbestandes der Westzonen war durch Kriegseinwirkung verloren gegangen. Etwa 2,25 Millionen Wohnungen lagen gänzlich in Schutt und Asche, rund 2,5 Millionen Wohnungen waren beschädigt.[10] Insgesamt hatten 131 Städte durch Luftangriffe Schaden genommen; am häufigsten traf es die »Reichshauptstadt« Berlin (29-mal), Braunschweig (21), Ludwigshafen und Mannheim (19), Kiel, Köln, Frankfurt am Main (18) sowie Hamburg und Münster (16). Auch einzelne Bombenangriffe richteten größten Schaden an. Bei dem Angriff auf das mit Flüchtlingen überfüllte Dresden am 13. Februar 1945 starben schätzungsweise 35 000 Menschen. Zu den am meisten zerstörten Großstädten gehörten Köln mit 70 Prozent Wohnungsverlust, Dortmund (65,8 Prozent), Duisburg (64,8 Prozent), Kassel (63,9 Prozent), Kiel (58,1 Prozent), Ludwigshafen (55 Prozent), Hamburg (53,5 Prozent), Bochum und Braunschweig (je 51,9 Prozent), Bremen und Hannover (51,6 Prozent).[11]

Schon vor Kriegsbeginn hatten rund eine Million Wohnungen gefehlt, was die Kriegswirtschaft nicht wettmachen konnte, weil Rüstungsgüter den Vorrang hatten. In der unmittelbaren Nachkriegszeit mussten viele Menschen in Kellern, Bunkern oder Notwohnungen leben. Die Bekämpfung der Wohnungsnot gehörte deshalb zu den vordringlichsten sozialpolitischen Zielen. Die vorhandenen Wohnungen waren ein rares Gut, dessen Verteilung reglementiert wurde. Die Wohnungsämter sollten sich gemäß dem Gesetz Nr. 18 des Alliierten Kontrollrats vom 8. März 1946 um die »Erhaltung, Vermehrung, Sichtung, Verteilung und Ausnutzung des vorhandenen Wohnraums« kümmern. Bestimmte Personengruppen wie die Opfer des Nationalsozialismus, Flüchtlinge und Vertriebene mussten eine Unterbringung erhalten; dagegen hatten andere, die aufgrund ihrer Position in Staat und Partei während der NS-Zeit besonders belastet waren, anfangs ihre Wohnungen zu räumen, wie beispielsweise in München.

In der SBZ wohnten Ende 1946 durchschnittlich 4,2 Personen in einer Wohnung, zwei Jahre später waren es gar 5,4 – 1939 dagegen nur 3,3. Dabei konnten bis Oktober 1946 364 606 der 649 244 beschädigten Wohnungen wieder hergerichtet werden. Doch die große Zahl der Flüchtlinge und Vertriebenen in der SBZ sorgte weiterhin für Wohnraummangel. Noch 1950 lebten in der Bundesrepublik 917 000 Vertriebene in Notunterkünften und Massenlagern.[12]

In der Industrie betrugen die Kriegszerstörungen etwa 20 Prozent, ebenfalls rund 20 Prozent der Bauten und des Inventars im Gewerbe, 20 bis 30 Prozent der Wohnungen und des Hausrats sowie 40 Prozent der Verkehrsanlagen waren zerstört. Die Leistung in der Industrie lag 1946 etwa 30 Prozent unter dem Stand von 1939, in der Landwirtschaft betrug die Minderung 10 Prozent. Zudem gingen Auslandsguthaben und Patente im Wert von 12 bzw. 12,5 Milliarden Reichsmark verloren. Gleichwohl übertraf das reale Bruttoanlagevermögen 1945 den Stand von 1936 noch um 20 Prozent. In der SBZ war der

Verlust geringfügig größer als in den westlichen Zonen. Ostdeutschland war nicht etwa durch gezielte Zerstörungen der Westmächte besonders geschädigt worden, wie das die DDR-Geschichtsschreibung später gerne betonte; vielmehr haben die Demontagen der sowjetischen Besatzungsmacht etwa 30 Prozent der 1944 in der späteren SBZ vorhandenen industriellen Kapazität vernichtet. Sie wirkten damit viel einschneidender als die unmittelbaren Kriegszerstörungen. In den Westzonen gingen bis 1950 ca. 3 bis 5 Prozent der Kapazitäten (668 industrielle Anlagen) verloren.[13]

Versorgungsnot

Verbittert mussten die Menschen vor der ersten Friedensweihnacht feststellen: »Läuft man in den Trümmern der Stadt herum, findet man fast nirgends einen Laden, und hat man einen gefunden, ist nichts drin.«[14] Die Sorge, satt zu werden, bestimmte das Alltagsbewusstsein der meisten Menschen – nicht nur in Deutschland – vor allem in den ersten drei Nachkriegsjahren. Die Zeiträume bemaßen sich nach den vierwöchigen Zuteilungsperioden der Lebensmittelkarten. Die zweite Hälfte der 40er Jahre war eine Zeit allgemeiner Not, in der das Phänomen »Armut« nicht nur eine kleine Unterschicht betraf, sondern die Masse der Bevölkerung. Jahrelang ging es für sie tagein, tagaus zuallererst um das Überleben.

Das Hungerproblem löste sich nicht etwa mit wachsendem zeitlichen Abstand zum Ende des Krieges, im Gegenteil. In München wurde das Brot erst im Frühjahr 1946 knapp, ein Jahr später traf die Versorgungskrise Bayern in vollem Umfang. Andere Städte wie Köln oder Leipzig litten seit 1945 am Mangel der wichtigsten Grundnahrungsmittel, Brot und Kartoffeln. Die Versorgungssituation wurde 1947 zudem durch zwei Naturereignisse beeinflusst. Zum einen verschärfte der ungewöhnlich lange und strenge Winter 1946/47 die Notlage im Frühjahr 1947, zum anderen blieb die Ernte wegen der Hitze und Dürre im Sommer desselben Jahres hinter den Erwartungen zurück.

Die von der Besatzungsmacht abhängige Verwaltung in Ost- und Westdeutschland bemühte sich darum, die Nahrungsmittelversorgung durch die Steuerung der Produktion, des Imports, des Transports, der Verteilung und schließlich des Verbrauchs von Nahrungsgütern zu organisieren. In der Regel hatte die Effizienz des Systems Vorrang vor politischen Prinzipien, so dass, wie etwa in München, die bereits zu Kriegszeiten eingefahrenen administrativen Strukturen nach Kriegsende fortbestanden. Ein kriegsbedingtes Hemmnis resultierte aus der weitgehenden Zerstörung des Transport- und Verkehrssystems, das in der SBZ durch die Demontage von Bahngleisen zusätzlich beeinträchtigt wurde. Gegen Kriegsende planmäßig bombardiert, waren viele Hauptstraßen zunächst ebenso wenig nutzbar wie die meisten Wasserwege und das Schienennetz der Reichsbahn. Die mangelhafte Infrastruktur bremste den wirtschaftlichen Wiederaufbau; die Trennung der Verbindungen durch die Zonengrenzen bildete ein weiteres Hindernis, nicht zuletzt für die Versorgung mit Rohstoffen und Energie. Sobald die Lebensmittelreserven aufgebraucht waren, geriet die Versorgung der städtischen Bevölkerung in unmittelbare Abhängigkeit von den Liefertransporten.

Für Berlin legte die Stadtverwaltung auf Geheiß des Stadtkommandanten, Generaloberst Nikolai E. Bersarin, noch im Mai 1945 folgende Rationen fest:

Lebensmittelrationen pro Person und Tag in Berlin
(13. Mai 1945)[15]

Stufe	Brot	Nährmittel	Fleisch	Fett	Zucker	Kartoffeln
1	600 g	80 g	100 g	30 g	25 g	
2	500 g	60 g	65 g	15 g	20 g	einheitlich
3	400 g	40 g	40 g	10 g	–	400 g
4	300 g	30 g	20 g	20 g	25 g	
5	300 g	30 g	20 g	7 g	15 g	

1 = Schwerarbeiter und Arbeiter in gesundheitsschädlichen Betrieben,
2 = Arbeiter, die nicht in schweren oder gesundheitsschädlichen Berufen
tätig sind, 3 = Angestellte, 4 = Kinder, 5 = nichtberufstätige Familienange-
hörige und die übrige Bevölkerung

Im Monat erhielten Berliner Schwerarbeiter und Arbeiter in gesundheitsschädlichen Betrieben 100 g Bohnenkaffee, 100 g Kaf-
fee-Ersatz und 20 g echten Tee; bei Arbeitern der Kategorie 2 lauteten die Zahlen: 60 g, 100 g, 20 g, die Übrigen: 25 g, 100 g und
20 g. Die gleichen Lebensmittelrationen wie Schwerarbeiter erhielten »verdiente Gelehrte, Ingenieure, Ärzte, Kultur- und
Kunstschaffende sowie die leitenden Personen der Stadt- und
Bezirksverwaltungen, der großen Industrie- und Transportunternehmen«; Lehrer, Geistliche und sonstige technische Angestellte wurden den Arbeitern gleichgestellt. In der SBZ sollten
nach sowjetischem Vorbild die geistig Schaffenden in Verwaltung, Wissenschaft und Kunst für das neue System gewonnen
werden und wurden deshalb bevorzugt bedient – sofern ihre politische Orientierung stimmte. Für die Zuteilung der Rationen
gab nicht die physische Anstrengung der geleisteten Arbeit, sondern deren gesellschaftliche Bedeutung den Ausschlag. Die
Masse der »Werktätigen« trat dahinter zurück. Benachteiligt waren insbesondere die Frauen, die sich in der letzten Stufe unter

der »übrigen Bevölkerung« wiederfanden. Auch in den drei westlichen Zonen gehörten die Frauen zu der Gruppe, die am meisten hungern musste, weil sie keine Aussicht auf Zulagen zu den Grundrationen besaß. Das System der Zulagen, nach Lebensalter abgestuft, ermöglichte es, bis zu drei zusätzliche Rationen zu erarbeiten – oder zu erschwindeln.

Der durchschnittliche Kalorienverbrauch bei leichter Arbeit lag im Frühjahr 1945 bei 2010 Kalorien. 1946 betrugen die amtlich festgesetzten Kalorienzahlen pro Person und Tag in der amerikanischen Zone 1330, in der sowjetischen 1083, in der britischen 1050 und in der französischen 900 Kalorien. (Zum Vergleich: Der durchschnittliche Tages-Kalorienbedarf beträgt heute bei leichter Tätigkeit 2200 Kalorien, bei mittelschwerer körperlicher Tätigkeit, zum Beispiel einer Hausfrau mit Kindern, 2800, bei schwerer körperlicher Tätigkeit 3400 Kalorien pro Tag.)

Nach der Kapitulation hatte die Kriegswirtschaft die kriegsbedingten Verluste – schätzungsweise ein Drittel des Volksvermögens – noch eine Zeit lang ausgleichen können. Dann jedoch drohte das Existenzminimum unterschritten zu werden, so dass in den Nachkriegsjahren neben der Wirtschaft eine »zweite Ökonomie« entstand, welche die Defizite kompensieren sollte. Schwarzmarktgeschäfte und Hamsterfahrten zählten zu den weit verbreiteten Erfahrungen der frühen Nachkriegsgesellschaft. Vor allem die Bevölkerung der großen Städte und Industrieregionen war deshalb darauf angewiesen, übrig gebliebene Gegenstände aus dem Familienbesitz oder Selbstgemachtes gegen Lebensmittel oder Tabak zu tauschen. Angesichts der Notlage stimmte 1946 der Kölner Kardinal Josef Frings in einer Predigt der illegalen Beschaffung von Heizmaterial und Nahrungsmitteln für den eigenen Bedarf zu – der Volksmund prägte dafür den Begriff »fringsen«.

Das öffentliche Versorgungsnetz war zusammengebrochen, der Markt staatlich reguliert, aber die Kontrolle nur sporadisch, so dass Improvisieren und Organisieren ein Gebot der Stunde waren. Wenngleich diese Bilder die kollektive Erinnerung prägen, war der Schwarzmarkthandel für die meisten Menschen eher eine Ausnahme. Er setzte ja voraus, dass Güter aus dem privaten Besitz zum Verkauf erübrigt werden konnten, was kaum der Fall war. Zudem versuchten die Besatzungsmächte, den Schwarzhandel durch Razzien zu unterbinden. »Und erstaunlich ist«, wie der Leiter der deutschen Ernährungsverwaltung Hans Schlange-Schöningen beobachtete, »dass der eingedrillte Respekt des deutschen Menschen vor der Uniform noch immer groß genug ist, um solche Beschlagnahmungen verhältnismäßig glatt abgehen zu lassen.«[16]

Besatzungssoldaten nutzten ihrerseits die Gelegenheit des Handels und des Tauschgeschäftes. So gab beispielsweise die Amerikanische Militärregierung im September 1945 bekannt, dass der »Schleichhandel mit Gegenständen, die für den Gebrauch der Amerikanischen Streitkräfte nach Deutschland gebracht worden sind«, die öffentliche Ordnung, die militärische Sicherheit und die Maßnahmen zur Warenbewirtschaftung gefährde; Zivilpersonen wurden ihr Kauf und Tausch deshalb ausdrücklich unter Strafandrohung verboten.[17] Den professionellen »Schiebern« drohten hohe Geld- und Gefängnisstrafen.

Die Schwarzmarktpreise lagen um ein Vielfaches über den offiziellen Preisen, wie eine Gegenüberstellung für ausgewählte Waren verdeutlicht:[18]

Artikel, Menge	offizieller Preis 1947	Schwarzmarktpreis 1946/47
Fleisch, 1 kg	2,20 RM	60-80 RM
Brot, 1 kg	0,37 RM	20-30 RM
Kartoffeln, 1 kg	0,12 RM	4 RM
Zucker, 1 kg	1,07 RM	120-180 RM
Butter, 1 kg	4,00 RM	350-550 RM
Zigaretten, 20 Stck	2,80 RM	US-Zone: 70-100 RM Frz. Zone: 50 RM
Schnaps, 1 l	–	300 RM
Benzin, 1 l	–	8-12 RM
Schuhe, 1 Paar (Leder)	–	500-800 RM
Fahrrad, 1	–	1500 RM
Pelzmantel	–	6000 RM

Die lebensnotwendige Versorgung war durch die Zuteilungen aus Lebensmittelkarten nicht mehr gewährleistet, auch die zugeteilten Heizmittel reichten zum Schutz vor Kälte nicht aus. Und so wurde improvisiert. Während die einen auf dem »Balkon« in den Ruinen Gemüse und Tabak anbauten, schlossen sich andere den so genannten Kartoffeltrecks an und reisten ein, zwei Tage in überfüllten Zügen quer durch die Zonen – etwa aus dem Ruhrgebiet aufs Land nach Niedersachsen –, um bei einer Bäuerin einen Korb Kartoffeln zu erwerben. Der »Kalorienexpress« brachte die Menschen aus Hamburg und Köln nach München an die bayerischen Fleischtöpfe, mit dem »Vitamin-Zug« von Dortmund nach Freiburg kam man zur Kirschernte ins Badische. Die Städter zogen in die Parkanlagen oder durchstöberten verlassene Häuser auf der Suche nach Brennmaterial. Im März

1946 veröffentlichte die Londoner »Times« ein Foto des beinahe abgeholzten Berliner Stadtparks »Tiergarten«: Im Schatten der Siegessäule fällten Frauen, Kinder und Männer die letzten Bäume und verluden das Holz auf Handwagen.[19]

Die in der SBZ eingerichteten Läden der staatlichen Handelsorganisation (HO) boten für die meisten Menschen keine Ausweichmöglichkeit, da ihre Preise nur geringfügig unter dem Niveau des Schwarzmarktes lagen. Wie in den Westzonen blieb die Masse der Bevölkerung weitgehend auf die bezahlbaren rationierten Nahrungsmittel angewiesen. Die sowjetischen Hilfslieferungen, welche die Propaganda gerne hervorhob, spielten quantitativ keine Rolle. Vielmehr entzog die UdSSR bis Ende 1946 Lebensmittel als Reparationszahlung. Hier liegt ein struktureller Unterschied in der Ernährungslage der verschiedenen Besatzungszonen: Während in der SBZ eine autarke Versorgung angestrebt wurde, hing sie in den westlichen Zonen von der jeweiligen Deutschland- und Besatzungspolitik ab und unterlag größeren Schwankungen als in der sowjetischen Zone, wo zumindest für die Grundnahrungsmittel Brot, Nährmittel und Zucker die Rationen kontinuierlich stiegen – wenn auch von einem niedrigeren Anfangsniveau aus. Von Mitte 1948 an fiel die Versorgungslage in der SBZ allerdings hinter die der westlichen Zonen zurück, als die Westalliierten auf das politische Ziel der Westintegration ihrer Zonen zusteuerten und deshalb die Ernährungslage verbesserten.

Da sowohl die Sowjetunion als auch Großbritannien nach dem Krieg in einer Wirtschaftskrise steckten und bei den USA verschuldet waren, konnte eine ausreichende Nahrungsmittelhilfe allein von den Amerikanern erwartet werden. Die ursprüngliche Absicht der Alliierten, dass sich die besiegten Deutschen aus eigener Kraft ernähren könnten, hatte sich 1945/46 als unrealistisch erwiesen. Daraufhin wuchs im politischen Eigeninteresse die Bereitschaft, die ehemaligen Kriegsgegner besser zu versorgen und einen gemeinsamen Ausweg aus der Hungerkrise zu suchen, drohte doch die Demokratie in den Augen der Deutschen zu der Staatsform zu werden, in der man hungert. Politik blieb eine »Magenfrage«, vor allem für den städtischen »Normalverbraucher« – der Begriff war neben den Kategorien des »Teilselbstversorgers« und des »Vollselbstversorgers« bereits im Krieg geprägt worden.

Die wachsende weltpolitische Konfrontation mit der Sowjetunion sorgte für den notwendigen Wandel der Perspektive und schuf die Voraussetzung für das deutschlandpolitische Ziel, die Verelendung zu stoppen, die Arbeitskraft der Deutschen wiederherzustellen und materielle Lebensbedingungen zu schaffen, unter denen sich eine stabile demokratische Staats- und Gesellschaftsordnung entwickeln konnte. Paradoxerweise standen die eingesetzten undemokratischen Mittel im Widerspruch zu dem Ziel der Demokratisierung. Das Effizienzgebot verschärfte die Kontrolle vor allem der Amerikaner über die deutsche Ernährungsverwaltung; deren Handlungsspielraum blieb entsprechend eng. Für eine Reform der westdeutschen Landwirtschaft im Sinne einer am Weltmarkt orientierten Marktwirtschaft blieb ebenfalls kein Raum. Die Landwirte behielten, ja verbesserten ihre seit 1933 beanspruchte zentrale volkswirtschaftliche Rolle und verharrten in protektionistischer Kontinuität.[20]

In den Westzonen stammte etwa die Hälfte der benötigten Lebensmittel aus Frankreich, Großbritannien und vor allem den Vereinigten Staaten. So wurden zwischen Juli 1946 und Juni 1947 aus Großbritannien und den USA 1,596 Millionen Tonnen Lebensmittel eingeführt.[21] Trotz der Hilfsgüter sank jedoch der Kalorienverbrauch in weiten Teilen der »Rationen-Gesellschaft«[22] weiter ab. Als am 3. April 1948 das amerikanische Auslandshilfegesetz in Kraft trat, wurde die Basis für den wirtschaftlichen Wiederaufbau und die politische Stabilisierung Westeuropas geschaffen. Die drei Westzonen erhielten bis Ende Juni 1952 Waren im Gesamtwert von rund 1,413 Milliarden US-

Dollar (was nur 10 Prozent der gesamten Europahilfe entsprach). Dass Westdeutschland schließlich in den ab Herbst 1948 wirksam werdenden Marshall-Plan einbezogen wurde und über ein Drittel der Hilfe aus dem European Recovery Program (528,461 Millionen $ zwischen 1948 und 1953) aus Nahrungs- und Futtermitteln bestand, hatte vor allem psychologische Bedeutung. Für die Versorgung mit Lebensmitteln waren die GARIOA-Hilfen ausschlaggebend, die aus dem Titel des seit dem 1. Juli 1946 bestehenden entsprechenden Etatpostens des U.S. Departments of the Army rührten. 78,85 Prozent der Gelder, die zwischen 1946 und 1950 flossen, waren Importe auf dem Ernährungssektor. Allein zwischen Juli 1947 und Juni 1949 pumpten die USA 928,6 Millionen Dollar nach Westdeutschland. 1948/49 entspannte sich die Versorgungslage. Das Niveau in der Bizone stieg nach der Währungsreform rasant von 1535 Kalorien im Juni 1948 auf 2350 Kalorien im Mai 1949.[23]

Was lernten die Menschen aus dieser Erfahrung? Auf der einen Seite untergrub der Nachkriegshunger das Vertrauen in die Versprechen der Alliierten, durch ihre Politik und ihr Versorgungssystem die Existenz der Deutschen zu gewährleisten. Enttäuschung und Misstrauen konnten schnell in grundsätzliche Skepsis und Ablehnung der »neuen Ordnung« umschlagen. Was nützte die Freiheit der Demokratie, wenn schon die Ernährung keine Wahl ließ? Auf der anderen Seite lernten die Deutschen auf dem noch illegalen Markt Grundregeln der Marktwirtschaft. Der Einzelne musste sich durch geschicktes Tauschen und Verkaufen selbst helfen. Die negativen Erfahrungen des Schwarzmarktes und der unzureichenden Bewirtschaftung der Landwirtschaft nährten insofern die Hoffnung auf eine intakte, sozialstaatlich abgefederte Marktwirtschaft.

Indizien für das Ausmaß der Armut sind die Fürsorgepolitik und die Arbeitsmarktstrategie. Die Zahl der Unterstützungsbedürftigen, die im Regelfall von Faktoren wie Alter, Unfall, Krankheit oder Verwitwung abhing, wuchs nach Kriegsende vor allem aus zwei Gründen. Zum einen erhöhte die schlechte Versorgungslage das Krankheitsrisiko der Bevölkerung, und es gehörten nun häufig auch die Kriegsversehrten und die Hinterbliebenen, insbesondere allein stehende Frauen mit Kindern, zu den Fürsorgeempfängern. Zum anderen erweiterte sich der Kreis der von der Armut bedrohten Menschen um die Entwurzelten, vor allem die Flüchtlinge und Vertriebenen, die trotz ihrer ursprünglich gehobenen sozialen Herkunft auf längere Zeit von der Fürsorge abhängig sein sollten.[24] In der SBZ gestaltete die im Herbst 1945 eingerichtete deutsche Zentralverwaltung für Arbeit und Sozialfürsorge (ZVAS) die Fürsorgepolitik. Vom 19. Juni 1946 an hieß sie Deutsche Verwaltung für Arbeit und Sozialfürsorge (DVAS), ab dem 12. Februar 1948 Hauptverwaltung für Arbeit und Sozialfürsorge (HVAS).

Ein Zeichen für die allgemeine Not war in Ost- und Westdeutschland die Schulspeisung. In Leipzig erhielten rund 70 000 Kinder aufgrund einer Anordnung der Sowjetischen Militäradministration in Deutschland (SMAD) vom 16. September 1946 täglich ein Brötchen und eine Tasse Kaffee. Ab 1947 sollten »Volksküchen« wie schon während des Zweiten Weltkrieges dafür sorgen, dass jeder einmal am Tag eine warme Mahlzeit bekam – allerdings gegen Lebensmittelkarten. Die Maßnahmen gründeten nicht nur in der Nahrungsmittelknappheit, sondern waren auch eine wichtige symbolische Geste der Besatzungsmächte, die damit ihren Willen unterstrichen, die Deutschen zu unterstützen.[25]

Im Dezember 1946 lag die Unterstützungsquote, der Anteil der Unterstützungsempfänger an der Gesamtbevölkerung, in

Sachsen bei 8,3 Prozent (Dezember 1948: 2,4 Prozent), in Sachsen-Anhalt bei 6,4 Prozent (3,7 Prozent), in Thüringen bei 5,2 Prozent (3,9 Prozent), in Brandenburg bei 3,6 Prozent (3,0 Prozent) und in Mecklenburg bei 4,0 Prozent (3,0 Prozent). In der gesamten SBZ betrug die Unterstützungsquote 6,1 Prozent, das heißt 1 070 646 Menschen zählten zum Kreis der Fürsorgeempfänger; Ende 1948 hatte sich die Zahl auf 520 518 (2,9 Prozent) fast halbiert.[26] Die besonders hilfsbedürftigen ehemaligen Kriegsgefangenen und anderen Ausländer, die sich im Reichsgebiet aufhielten und noch nicht repatriiert waren, hatten in der Regel keinen Anspruch. Als Ausländern fehlte diesen Opfern der nationalsozialistischen Verbrechen auch nach 1945 die Rechtsgrundlage staatlicher Fürsorge – der Leistungsanspruch war auf »hilfsbedürftige Deutsche« begrenzt.[27] Unter ihnen genossen bestimmte Gruppen besondere Unterstützung.

Von vornherein nahmen die »Opfer des Faschismus« (OdF) eine besondere Stellung in der Fürsorgepolitik der SBZ ein, während die Einführung einer Rente für Kriegsopfer unter den Schwerbeschädigten auf sich warten ließ. Wen rechneten die ostdeutschen Sozialbehörden zu jener privilegierten Gruppe? Mit der bevorzugten Zuweisung von Wohnraum und dem Höherstufen bei Lebensmittelkarten durfte rechnen, wer eine »antifaschistische« Einstellung nachweisen konnte – nicht jeder, der im KZ gelitten hatte, galt deshalb als Opfer. Weiter verengt wurde dieser Sonderfürsorgebereich durch die Forderung, dass der Ablehnung des Faschismus ein politisches Motiv, besser, das richtige politische Motiv zu Grunde gelegen haben musste. Rassisch Verfolgte wie Juden, Sinti und Roma blieben deshalb weitgehend ausgeschlossen, ebenso politische Gegner wie die so genannten Trotzkisten und ehemalige Sozialdemokraten.[28] Bereits im Mai 1945 hob die SMAD die ältere Kriegsopferfürsorge auf, die den ehemaligen militärischen Dienstgrad zur Anspruchsgrundlage für das »Versehrtengeld« gemacht hatte. Die Kriegsbeschädigten und die Hinterbliebenen waren auf die Sozialfürsorge angewiesen.

Um den Produktionsfaktor Arbeit optimal zu nutzen, musste vor allem die nach der Besetzung hohe Arbeitslosigkeit beseitigt und sodann der Kreis der Erwerbspersonen erweitert werden. Der Arbeitsmarkt wurde dadurch beeinflusst, dass die Besatzungsmacht eine hohe Zahl an Arbeitskräften nachfragte (allein 1946 960 956 Arbeitskräfte), dass die mangelnde Versorgung die Arbeitsfähigkeit vieler Menschen einschränkte und dass die Ansiedlung der Flüchtlinge und Vertriebenen auf dem Lande Nachfrage und Angebot räumlich trennte.[29]

Um möglichst sämtliche Arbeitskräfte zu mobilisieren, wurde die arbeitsfähige Bevölkerung ab September 1946 systematisch erfasst. Das von der SMAD wieder eingeführte Arbeitsbuch, in dem die berufliche Laufbahn aller unselbständig Beschäftigten verzeichnet war, setzte das Verfahren der kriegswirtschaftlichen Arbeitskräftelenkung in einem neuen Zusammenhang fort. Häufiger als in den westlichen Besatzungszonen griff man in der SBZ zudem auf das Lenkungsinstrument der Arbeitseinweisung auf Befehl zurück.[30] Obwohl Millionen Vertriebene in die SBZ strömten, konnte die Arbeitslosigkeit durch das System der Arbeitsvermittlung so weit verringert werden, dass 1947 die Vollbeschäftigung erreicht wurde.[31] Fürsorgeempfänger unterlagen einer Arbeitseinsatzpflicht. Nicht zuletzt zum Zweck der sozialen Disziplinierung wurden sie unter anderem zur Schädlingsbekämpfung in der Landwirtschaft oder zum Pilzesammeln eingesetzt. Erst 1952/53 gelang es, die Zahl der Fürsorgeempfänger wesentlich zu verringern.[32]

Neben der staatlichen Fürsorge entstanden in den einzelnen Ländern der SBZ bereits im Herbst 1945 verschiedene Hilfsorganisationen wie beispielsweise die sächsische »Volkssolidarität gegen Wintersnot!«. Ein Jahr nach Kriegsende erhielten sie eine Dachorganisation, den Zentralausschuss der Volkssolidarität, mit dessen Hilfe die Aktivitäten in der SBZ koordiniert und vereinheitlicht wurden. Bei der Bewältigung der sozialen und materiellen Kriegsfolgen sollten alle mit anpacken. »Um die Notlage des deutschen Volkes zu überwinden, muß die Wirtschaft aufgebaut und leistungsfähig gestaltet werden. Von diesem Aufbauwerk darf sich niemand ausschließen. Es muß in gegenseitiger Verbundenheit aller Volksschichten entstehen unter besonders aktiver Mitarbeit der Frauen. Alle aufbauwilligen Kräfte für dieses große Werk zusammenzufassen, ist die Aufgabe der Volkssolidarität.«[33] Die vormals selbständigen Initiativen gerieten zu Landesausschüssen der »Gemeinschaft Volkssolidarität« (VS), in der die Mitglieder der SED auf Kosten der Vertreter kirchlicher Einrichtungen und freier Wohlfahrtsverbände rasch die Schlüsselpositionen besetzten. Die freiwilligen Helfer der VS sammelten und verteilten Kleidungsstücke, Hausrat und Heizmaterial, engagierten sich in eigenen sozialen Einrichtungen wie der Nähstube oder der Tauschzentrale und motivierten ihre Mitbürger im Sinne des Solidaritätsgedankens zur Arbeitsleistung. Um Kinder und Jugendliche zu betreuen, ließ die Volkssolidarität ab 1946 die im NS-Regime eingeführte Kinderlandverschickung wieder aufleben.

Im Gegensatz zur SBZ blieben in den Westzonen die Kommunen alleinige Fürsorgeträger. Eine zentrale Behörde wie die DVAS gab es hier ebenso wenig wie einheitliche Richtsätze im Sinne von Bedarfssätzen; die Gemeinden hielten lange an der Prüfung der »Bedürftigkeit« des einzelnen Betroffenen fest. Das Prinzip der Einheitsfürsorge in der SBZ, das zunächst auch in den westlichen Zonen propagiert worden war, stand auf Dauer der Einrichtung spezifischer Versorgungssysteme für die Flüchtlinge und Vertriebenen sowie für die Kriegsopfer in Westdeutschland gegenüber. Entscheidende Schritte auf dem Weg zur Linderung der sozialen Folgen des Krieges waren hier das Soforthilfegesetz von 1949, schließlich das Lastenausgleichsgesetz von 1952, das eine Ausgleichszahlung für verlorenes Privatvermögen einführte, an dessen Wiederherstellung die SED kein Interesse hatte.

In Westdeutschland verstärkte das Defizit an sozialer Sicherung bis in die 50er Jahre hinein die Existenzunsicherheit: Besonders hart traf es die Sozialrentner, deren Versicherten- oder Witwenrente aus der gesetzlichen Rentenversicherung am Ende des Arbeitslebens den Absturz in die Altersarmut meistens nicht aufhalten konnte. Auch kinderreiche Familien standen erheblich schlechter da, weil es eine Art Familienlastenausgleich in Form des Kindergeldes nicht gab. In der Bundesrepublik sollten erst der Beginn der Kindergeldgesetzgebung 1954, die Rentenreform von 1957 und schließlich das Bundessozialhilfegesetz von 1961 Abhilfe schaffen.

Sexuelle Gewalt

Zu den nachhaltigsten, frauenspezifischen Erfahrungen der Existenzunsicherheit in der unmittelbaren Nachkriegszeit gehört die Vergewaltigung durch Angehörige der alliierten Streitkräfte, vor allem der sowjetischen Armee.[34] Zwar gab es sexuell motivierte Gewalttätigkeit auch in den westlichen Besatzungsgebieten: relativ selten im amerikanischen Bereich, wo zwischen März und Mai 1945 etwa 1500 bis 2000 Fälle bekannt sind, häufiger dagegen in der Französischen Zone.[35] Im Osten des Reiches nahmen die Vergewaltigungen jedoch ganz andere Dimensionen an. Nicht nur in den letzten Kriegswochen wurden Frauen – auch Kommunistinnen – fast alltäglich Opfer sexueller Gewalt. Vergewaltigungen durch sowjetische Soldaten hatte es schon zuvor gegeben: in Rumänien etwa oder in Ungarn, wo der Einnahme von Budapest im Februar 1945 Plünderungen und Vergewaltigungen folgten. Die sexuelle Gewalt gegen deutsche Frauen jedoch, die mit dem Vorrücken der Roten Armee in Ostpreußen und Schlesien einsetzte, übertraf an Ausmaß und Dauer frühere Notzuchtverbrechen bei weitem. Nimmt man die Vergewaltigungen in den Monaten vor der Kapitulation und den Jahren danach zusammen und zählt die Opfer unter den Vertriebenen hinzu, lässt sich die Zahl auf zwei Millionen schätzen.[36] Die Vergewaltigungs-orgien überraschten auch sowjetische Offiziere wie den damaligen Hauptmann Lew Kopelew[37] und kamen selbst für die deutsche Bevölkerung trotz der NS-Propaganda unerwartet.

Die Nationalsozialisten hatten mit rassistischen Feindbildern die Gefahr beschworen, die den deutschen Frauen im Falle einer Niederlage durch die triebhaften slawischen »Untermenschen« drohen würde. Ohnehin fürchteten viele die Rache des Siegers für das ihm angetane Unrecht. Auch nach dem Sieg über die deutschen Truppen und der Besetzung Ostpreußens mussten sich Frauen etwa in Königsberg vor den Sowjetsoldaten fürchten, die nun auch in Schlesien und Pommern Dörfer plünderten und sich an Mädchen und Frauen vergingen, auch an polnischen. In Schlesien drohte den deutschen Frauen zudem Gefahr von polnischen Männern, ohne dass sich die neuen polnischen Verwaltungsbehörden um den Schutz der Deutschen bemüht hätten, mit deren Vertreibung bereits begonnen wurde.

Als sich im Januar und Februar 1945 abzeichnete, dass es keinen Separatfrieden zwischen den Westalliierten und Deutschland geben würde und die Sowjetunion sich auf eine Besatzung einstellen konnte, wie sie in den Vorjahren beschlossen worden war, änderte sich die sowjetische Kriegspropaganda abrupt. Zunächst hatte die Propagandaabteilung des ZK die Parole ausgegeben, dass es bei dem Krieg um die Vernichtung der Deutschen gehe – der Schriftsteller Ilja Ehrenburg war ihr bekanntester Agitator. Nun versuchte man dagegen, zwischen der »Hitlerclique« und dem deutschen Volk zu unterscheiden, um sich mit den so genannten fortschrittlichen Kräften auf Dauer arrangieren zu können. Kurz vor der letzten großen Offensive, dem Sturm auf Berlin, stellte Josef W. Stalin in einem Befehl an die Truppe klar, dass die grausame Behandlung der deutschen Bevölkerung nicht nützlich sei, da sie den Widerstandsgeist der deutschen Wehrmacht stärke. Stalins Tagesbefehl zum Gründungsjubiläum der Roten Armee im Februar 1942 wurde zu einem bekannten Slogan in der SBZ: »Die geschichtliche Entwicklung zeigt, dass die Hitler kommen und gehen; aber das deutsche Volk, der deutsche Staat bleibt.«[38]

Indes mochten die Soldaten dieser propagandistischen Kehrtwende nicht so schnell folgen. Sie orientierten sich weiterhin an den Parolen, die den Weg nach Berlin, in die »Höhle der Faschisten«, säumten. Deren Verbrechen hatten sie selbst erfahren, und die Propaganda führte sie ihnen immer wieder vor Augen, zuletzt durch Bilder aus dem befreiten Konzentrationslager Majdanek, dessen Opfer nicht als Juden, sondern als Sowjetbürger präsentiert wurden. Die deutsche Frau war in den sowjetischen Medien als ein verwöhntes Weib verächtlich gemacht worden, das als glühende Anhängerin des Nationalsozialismus ihrem Mann in nichts nachstand.[39]

Beim Einmarsch in Deutschland hatten die Soldaten von den nationalistischen Parolen des Großen Vaterländischen Krieges noch längst nicht auf die Propaganda des Klassenkampfes umgeschaltet, die den Faschismus nicht mit *den* Deutschen in einen ursächlichen Zusammenhang brachte, sondern nur mit bestimmten sozialen Gruppen: mit den Junkern vor allem, den Großindustriellen und den Politikern der »bürgerlichen« Parteien. Der relative Reichtum, den sie in den eroberten Gebieten vorfanden, gab dem Hass auf die Deutschen zusätzliche Nahrung. Ordnung und Sauberkeit in den Städten, Wohnungen mit Innentoiletten und fließendem Wasser: das passte zu dem Bild des überheblichen Deutschen und mochte ein Gefühl der Rückständigkeit genährt haben, das wiederum den Hass verstärkte.

Seit der Einnahme der deutschen Hauptstadt Anfang Mai wurden Zehntausende Frauen im Großraum Berlin Opfer von Vergewaltigungen durch Soldaten, die häufig unter Alkoholeinfluss standen. Zu den Marodeuren zählten jetzt auch entlassene russische Kriegsgefangene und Zwangsarbeiter, die in den sowjetischen Demontagetrupps arbeiteten. Auch in der übrigen Zone kam es zu Plünderungen und Vergewaltigungen, wo die

Sowjetsoldaten einmarschierten. Ob in Rostock, Weimar oder Halle/Saale: Fast überall wurde von undisziplinierten Soldaten berichtet. Die deutschen Polizisten, die zunächst nur mit Gummiknüppeln ausgestattet waren, konnten in der Regel nichts ausrichten. Auch die Frauen, die in Flüchtlingstrecks durch Mecklenburg zogen, mussten immer wieder Übergriffe fürchten.

Die Zeit der Misshandlungen, Vergewaltigungen und Morde ging über die Tage der Eroberung, auch über das Einsetzen der SMAD am 9. Juni 1945 weit hinaus, da lokale Kommandeure immer wieder Verständnis für das Verhalten ihrer Soldaten hatten. An Orten wie dem Marinestützpunkt Warnemünde oder der Grenzstadt Frankfurt/Oder bestand das Problem der Notzuchtverbrechen in besonderem Maße. Die sowjetischen Behörden waren sich über den besatzungspolitischen Schaden durchaus im Klaren, den das Verhalten der Soldaten nach sich zog, doch erst ab Juni wurden gemeinsame Bemühungen unternommen, die Gewalt zu unterbinden. Ein Grund für die geringe Effizienz lag darin, dass die der SMAD unterstehenden Ortskommandanten keinen Einfluss auf die militärische Führung jener Einheiten besaßen, die in der Umgebung stationiert waren. Erst als zur Jahreswende 1947/48 die Bewegungsfreiheit der Rotarmisten auf ihre jeweiligen Standorte und Lager begrenzt wurde, hatte die massenhafte sexuelle Gewalt gegen Frauen ein Ende. Bis in den Sommer 1946 hinein hatte es im Gegensatz zu den westlichen Zonen keinerlei Fraternisierungsverbot gegeben; die Rotarmisten wurden nicht selten bei deutschen Familien einquartiert. Seit Januar 1948 dann war der inoffizielle Umgang mit Ausländern verboten. Im März 1949 erhöhte das Präsidium des Obersten Sowjet das Strafmaß für Notzuchtverbrechen drastisch auf zehn bis fünfzehn Jahre Arbeitslager; das galt ausdrücklich auch für Sowjetbürger in Deutschland.[40] Paradoxerweise sollte am Ende die Isolation der sowjetischen Soldaten die Annäherung zwischen Siegern und Besiegten fördern. Die ostzonale Propaganda schob derweil das Verhalten der vermeintlichen Sowjetsoldaten deutschen Banditen, darunter den »Werwölfen«, in die Schuhe, die sich mit der Uniform der Roten Armee getarnt hätten.

Die Vergewaltigungssituation variierte. Manche Mädchen und Frauen wurden öffentlich, manche hinter verschlossenen Türen vergewaltigt, manche von einem, andere von mehreren Soldaten. Während die einen mit vorgehaltener Waffe bedroht und misshandelt wurden, versuchten die anderen, sich »freiwillig« anzubieten, um beispielsweise die eigene Tochter zu schützen oder weil sie hofften, durch die »Wahl« eines Vorgesetzten vor den vielfachen Vergewaltigungen der Mannschaftsdienstgrade sicher zu sein. Einige Frauen gaben sich den äußeren Anschein einer Kranken oder Verwahrlosten, um auf die Männer abstoßend zu wirken – zumeist ohne Erfolg.

Wie lassen sich diese massenhaften Vergewaltigungen erklären? An dieser Stelle den »Krieg« oder die Befriedigung eines »aufgestauten« Sexualtriebs anzuführen greift zu kurz. Ein zentrales Motiv ist der Hass, der durch die eigene Erfahrung und die Kriegspropaganda genährt worden war. Vor allem die zahlreichen öffentlichen Vergewaltigungen deuten darauf hin, dass die Demütigung der Frau in den Augen der erobernden Soldaten einer Erniedrigung ihres Mannes gleichkam, der sich ganz offensichtlich unfähig zeigte, die Integrität seiner Frau zu schützen. Die Rachegefühle, die den Hass begleiteten, lösten sich mit dem Sieg über die verhasste Wehrmacht nicht auf. Die Besatzung bildete vielmehr die psychologische Fortsetzung des Krieges gegen die Deutschen, was den Wechsel in eine disziplinierte Verwaltungsfunktion erschwerte. Auf der anderen Seite schlug auch dem Rotarmisten ein Hass entgegen, den seinerseits die Nationalsozialisten jahrelang geschürt hatten. Der Russe galt als »asiatischer Untermensch«; nicht nur Tadschiken, Usbeken und Kalmücken, sondern *die* Russen wurden als eine europäisch-asiatische Mischung stigmatisiert. Die Angst vor den »Mongolen« saß tief, nicht nur im Frühjahr 1945. Sie wurde durch die Berichte von Mord, Plünderung und Vergewaltigung noch verstärkt, die viele Deutsche als Bestätigung der NS-Propaganda auffassten. Die alltägliche Praxis der Gewalt bestimmte jedenfalls auch die frühe Nachkriegszeit, mit dem Kriegsende war auch in dieser Hinsicht kein Schlussstrich gezogen worden. Neben Rachedurst und dem Deutschenhass kam die Besonderheit des exzessiven Trinkens hinzu. Sie führte zu jenem ambivalenten Bild, das den Sowjetsoldaten mal als harmloses Kind, mal als entfesselte Bestie präsentierte.

Durch die Vergewaltigungen, aber auch durch Prostitution und »Gelegenheitsprostitution« breiteten sich Geschlechtskrankheiten rasend schnell aus. Was sich bereits im Krieg angekündigt hatte, wurde in der unmittelbaren Nachkriegszeit zu einer »Volksseuche«, zumal den sowjetischen Militärärzten bis Anfang 1946 kaum Penicillin zur Verfügung stand und das Medikament auch später Mangelware blieb. Die deutschen Gesundheitsämter reagierten zügig. Sie versuchten durch Kontrolle und Aufklärung in Filmen, Wanderausstellungen und Vorträgen gegenzusteuern. Den Frauen, die nachweisen konnten und eidesstattlich erklärten, dass sie von einem Ausländer vergewaltigt worden waren, genehmigten etwa in Berlin die Ärztinnen und Ärzte der medizinischen Kommission einen Abbruch der Schwangerschaft, auch wenn diese bereits weit fortgeschritten war. Der Paragraph 218 des Strafgesetzbuches blieb zunächst in Kraft (Walter Ulbricht war ein entschiedener Abtreibungsgegner), war jedoch für rund ein Jahr faktisch unwirksam. Ungeachtet der gesetzlichen Regelung führten deutsche Ärzte bei schwangeren Vergewaltigungsopfern Tausende von Abtreibungen durch, allerdings unter schlechten hygienischen Voraussetzungen, die das Gesundheitsrisiko noch erhöhten.

Die Frauen begründeten den Abbruch mit sozialen und medizinischen Notwendigkeiten – aber auch mit dem rassistischen Argument, keinen »artfremden« Nachwuchs haben zu wollen.[41] Nicht zuletzt fürchteten sie, dass ihr Mann sie verlassen würde, wenn er nach seiner Rückkehr aus dem Krieg von der Vergewaltigung erführe. Illegale Abtreibungen stellten in allen vier Besatzungszonen ein ernsthaftes Problem dar. Schätzungsweise rund zwei der zwanzig Millionen Frauen im gebärfähigen Alter ließen im Jahr eine Abtreibung vornehmen, die große Mehrheit illegal.[42]

2. Entwurzelung

Zu den Kriegsfolgen, die das Alltagsleben in der deutschen Nachkriegsgesellschaft zusammen mit der schwierigen Ernährungs- und Wohnungssituation am stärksten geprägt haben, gehören die umfangreichen Bevölkerungsverschiebungen.[43] Flucht und Vertreibung zählen zu jenen Ereignissen, die auf Jahrzehnte die subjektive und kollektive Erinnerung an das Kriegsende und die unmittelbare Nachkriegszeit bestimmen und wegen der innen- und außenpolitischen Brisanz in der Bundesrepublik bis 1989/90 nachwirken sollten. Zunächst einmal stellten sie – darum geht es hier – eine tief greifende, traumatische Erfahrung für die Betroffenen dar und konfrontierten die Nachkriegsgesellschaft im Restreich mit dem Problem der Integration von Millionen Deutschen.[44] Während des Krieges und seit 1944/45 kam es zu den wohl größten Wanderungsbewegungen in der neueren europäischen Geschichte. Rund 20 Millionen Menschen verloren als Folge des Krieges ihre Heimat.[45] Etwa die Hälfte der Deutschen, die östlich von Oder und Neiße lebten, ergriff seit Anfang 1945 die Flucht vor der Roten Armee.[46] Der Blick gilt zunächst den etwa 12 Millionen Flüchtlingen und Vertriebenen aus den ehemaligen deutschen Ostgebieten und Osteuropa, sodann den ebenfalls rund 12 Millionen ausländischen Zwangsarbeitern und Kriegsgefangenen, die als »Displaced Persons« auf ihre Repatriierung warteten oder sich eine neue Heimat suchen mussten. Schließlich sind die oft übersehenen Remigranten zu erwähnen, die aus dem Exil nach Deutschland zurückkehrten.

Im Oktober 1944 trafen die Soldaten der Roten Armee erstmals auf die deutsche Bevölkerung in Ostpreußen – keine fünf Jahre, nachdem deutsche Truppen in Polen einmarschiert waren, gefolgt von den Einsatzgruppen von SS und SD, die mit der Ermordung der »rassisch Minderwertigen«, der polnischen Zivilisten und Partisanen einen Teufelskreis von Gewalt und Gegengewalt erzeugten. Was unzählige Deutsche auf der Flucht vor den sowjetischen Truppen nun erlitten, hatten zuvor zahllose Polen und Russen durchgemacht, die vor der Wehrmacht geflüchtet oder von dem deutschen Vormarsch überrollt worden waren. 1944/45 waren Deutsche massenhaft auf der Flucht, die viele nicht überlebten. Nach dem Ende der Kampfhandlungen wurden Millionen vertrieben: Die Ostpreußen, Westpreußen, Pommern, Schlesier und Sudetendeutschen zahlten im Vergleich zu der übrigen Reichsbevölkerung zweifellos den höchsten Preis für die Vernichtungsfeldzüge gegen Tschechen, Polen, Russen und viele andere Völker.

Um dem deutschen Volk auf dem Weg zur Weltmacht »Lebensraum« im Osten zu sichern, hatten die Nationalsozialisten in Osteuropa eine »völkische Flurbereinigung« durchgeführt. In dem von der Wehrmacht besetzten westlichen Teil Polens – am 17. September war die Rote Armee in den östlichen Teil einmarschiert – lebten zu jener Zeit 20 Millionen Menschen, davon 85 Prozent Polen. Das besetzte Land wurde zum ersten Ziel der »Ostkolonisation«, der Ansiedlung von Deutschen und der Vernichtung der polnischen Führungsschicht. Etwa 800 000 Deutsche wurden nach dem deutsch-sowjetischen Nichtangriffspakt aus den baltischen Staaten und aus Südosteuropa in die »Eingegliederten Ostgebiete«, in das »Generalgouvernement«, ins Reich oder nach Österreich systematisch umgesiedelt. »Volksdeutsche«, vor allem aus Rumänien (215 000), aber auch aus Bulgarien, dem polnischen Wolhynien und auch Jugoslawien, siedelte man überwiegend im damaligen Reichsgau Danzig-Westpreußen und im Warthegau an. Diese Umsiedler vergrößerten die Bevölkerung der deutschen Ostprovinzen, die sich vor dem Krieg auf über 9,5 Millionen belief. Hinzu kamen noch diejenigen, die aus den städtischen Zentren im Reich in den weniger bombengefährdeten ländlichen Osten evakuiert worden waren.

Schaut man genauer hin, lassen sich im nüchternen Jargon der Migrationsforschung folgende Wanderungsströme unterscheiden. Bereits im September 1944 flüchteten »Volksdeutsche« aus den südosteuropäischen Staaten vor der Roten Armee: aus Rumänien, aus Nordsiebenbürgen, aus dem rumänischen Banat und aus Südsiebenbürgen. Im Oktober wurden die Deutschen aus Budapest zum Teil evakuiert; insgesamt entschlossen sich jedoch nur 10 bis 15 Prozent der Ungarn-Deutschen zur Flucht. Etwa 200 000 Menschen flüchteten aus Jugoslawien, wo der Partisanenkrieg seit Januar 1944 zu ersten Evakuierungen geführt hatte.

Im Winter 1944/45 begann dann die Flucht der Deutschen aus dem Baltikum und den deutschen Ostprovinzen vor der heranrückenden Roten Armee. Die Flucht lag in deutscher Verantwortung und folgte grundsätzlich der Entscheidung des Flüchtlings. Die Trecks zogen durch endlose verschneite Landschaften, immer wieder konfrontiert mit vorbeiziehenden Wehrmachtkolonnen und unter Beschuss durch Bomben und Tiefflieger, vorbei an zerfetzten Pferden und vor Kälte erstarrten Körpern. Dass die Flucht durch den tiefsten Winter noch erschwert wurde, lag nicht zuletzt an der Hinhaltetaktik der deutschen Führung. Kinder, Frauen und alte Menschen hätten vor Weihnachten evakuiert werden können. Doch eine menschenleere Landschaft hätte die Front eher destabilisiert, und wer von Flucht sprach, lief Gefahr, des Defätismus bezichtigt zu werden. So mancher glaubte bis zum Schluss an den »Endsieg« und zog nur etappenweise gen Westen, immer bereit, in sein Heimatdorf zurückzukehren. Am Ende wälzte sich eine große Menschenmasse vor der Front her. Ein Teil der Deutschen, die aus den Ostgebieten flohen, waren erst im Zuge des Umsiedlungsprogramms der Nationalsozialisten dorthin gelangt.

Etwa zwei Millionen Menschen versuchten zwischen Mitte Januar und dem 8. Mai aus der Danziger Bucht über die Ostsee in die Kieler Bucht oder nach Dänemark zu gelangen, nachdem die Rote Armee in mehreren Zangenbewegungen Ost- und Westpreußen, Danzig und Hinterpommern vom Westen abgeschnitten hatte. Das nördliche Westpreußen mit Danzig und der Halbinsel Hela war wie auch Ostpommern zu einem Auffangbecken für die Flüchtlinge aus Ostpreußen und den westpolnischen Gebieten geworden. Der Evakuierung durch überfüllte Boote und Schiffe drohte jedoch Gefahr aus der Luft und durch sowjetische U-Boote. Am 30. Januar versenkte das sowjetische U-Boot S 13 mit drei Torpedos die »Wilhelm Gustloff«. Von den mehr als 6000 Menschen an Bord des mit Flakgeschützen ausgestatteten Schiffes, das trotz der Verwundeten nicht als Lazarettschiff im Sinne des Haager und Genfer Abkommens galt, überlebten nur 838. Ein zweiter hoher Verlust war der Untergang des von Pillau kommenden Verwundetentransporters »Steuben«, der am 9. Februar ebenfalls von dem U-Boot S 13 torpediert wurde. Von den 2000 Flüchtlingen und 2500 Verwundeten konnten nur etwa 600 Menschen gerettet werden. Etwa 6000 Deutsche kamen auf dem Weg von Hela nach Kopenhagen ums Leben, als am 16. April zwei Torpedos die »Goya« in wenigen Minuten in die Tiefe rissen.

Vergleichsweise geordnet verlief die Evakuierung und Flucht der Schlesier. Mitte Januar 1945 bildeten sich die ersten Fluchtwellen. Aus dem ostoberschlesischen Industriegebiet flüchteten die Menschen in Trecks oder mit der Eisenbahn nach Sachsen und in das Sudetenland. Dorthin und in Richtung Westen gelangten auch die Niederschlesier. Die zur Festung erklärte Stadt Breslau kapitulierte erst am 6./7. Mai. 1,6 Millionen Schlesier befanden sich bei Kriegsende im Sudetenland. Wen es in den Westen, nach Sachsen oder Mecklenburg, verschlagen hatte, der litt dort mit der städtischen Bevölkerung unter den Flächenbombardements der amerikanischen und englischen Luftwaffe. Zigtausende Flüchtlinge starben in der Nacht vom 13. zum 14. Februar allein in Dresden, wo rund 600 000 Schlesier auf die Rückkehr in ihre Heimat warteten.

Die Truppen rückten schneller vor, als die Trecks sich entfernen konnten. Die meisten wurden deshalb auf der Flucht von der Roten Armee eingeholt. Einige wenige, die ihr Dorf nicht verlassen konnten oder wollten, warteten in ihrem Haus ab – womöglich in der arglosen Annahme, dass ihnen als Gegner des NS-Regimes schon nichts passieren werde. Die Zivilbevölkerung, die in der Heimat oder auf der Flucht von der Roten Armee überrollt worden war, lief jedoch noch Monate später Gefahr, von Sondereinheiten hinter der sowjetischen Front zur Zwangsarbeit verpflichtet und nach Osten verschleppt zu werden. Tausende, zumeist ältere und kränkliche Menschen, verschwanden als »Reparationsverschleppte« in der Sowjetunion – sofern sie den Transport dorthin überlebten. Von den zahllosen Vergewaltigungen war schon die Rede.

Zu den Wanderungsströmen zählten schließlich auch die Rückkehrer. Flüchtlinge aus Ostpreußen, die durch den schnellen Vormarsch der Roten Armee abgeschnitten worden waren, machten sich bereits im Januar 1945 wieder auf den Weg in ihre Heimat. Andere, die sich nach der Kapitulation in der Sowjetischen Besatzungszone befanden, zogen ebenfalls zurück über Oder und Neiße – bis Ende Juni 1945 schätzungsweise 400 000. Auch aus der Tschechoslowakei kehrte etwa die Hälfte der (schlesischen) Flüchtlinge zurück.

Nach dem Ende des Krieges, vor allem 1945 und 1946, kam es dann zu der Vertreibung, das heißt zu einer massenhaften, unter Anwendung von Zwang erfolgten Migration über Staatsgrenzen hinweg, die nicht umkehrbar war. Vertreibung lässt sich als ein Höhepunkt des Nationalismus begreifen. In einem Staat, der als homogener Nationalstaat definiert wurde, blieb kein Platz für Menschen, die der Nation nicht angehörten und deshalb vertrieben werden mussten – wie das im Nationalsozialismus die umfangreichen ethnischen »Säuberungen« gezeigt hatten. Die (westdeutschen) Zeitgenossen sprachen in der zweiten Hälfte der 40er Jahre jedoch nicht von den »Vertriebenen«, sondern von den »Flüchtlingen«, was vor allem mit der zunächst verbreiteten Annahme zusammenhing, dass die Rückkehr in die Heimat möglich sein werde. In Ostdeutschland dagegen legte die offizielle Sprachregelung die Begriffe »Umsiedler« und »Neubürger« zur Bezeichnung dieser Bevölkerungsgruppe fest. Hinter der Wahl des Begriffs schimmerte stets eine bestimmte Bewertung des Phänomens durch. (In den 1980er Jahren sollte auf westlicher Seite der Terminus »Zwangsumsiedlung« bevorzugt werden.)

Die Vertriebenen bildeten eine höchst heterogene Gruppe: mit unterschiedlichen Dialekten, verschiedener Konfession und aus unterschiedlichen sozialen und kulturellen Milieus. Insofern ist die Rede von *den* Vertriebenen irreführend. Gleichwohl entwickelte sich rasch ein eigenes Gruppenbewusstsein aufgrund der gemeinsamen Erfahrung der Vertreibung, des Verlustes der Heimat, der Vergewaltigung, des gleichen besonderen Rechtsstatus im Aufnahmegebiet und nicht zuletzt wegen der Tatsache, dass die Alteingesessenen sie als eine gesonderte Gruppe und als Fremde betrachteten.

Im Unterschied zu Flucht und Verschleppung zeichneten für die Vertreibung jene Länder verantwortlich, denen die deutschen Ostgebiete zugewiesen worden waren.[47] Die »Reichsdeutschen« – aus den Provinzen Ostpreußen, Ost-Pommern, Ost-Brandenburg und Schlesien – und die »Volksdeutschen« – aus Polen, Ungarn und der Tschechoslowakei – sollten nach Westen in das verkleinerte Deutschland umgesiedelt werden; Deutsche aus Jugoslawien und Rumänien kamen hinzu. Von den 12 Millionen Ostdeutschen starben über zwei Millionen.

Der Großteil des Sudetenlandes war bis zur Kapitulation in deutscher Hand geblieben. Erste Evakuierungen verliefen auch unter günstigeren Bedingungen als zum Beispiel in Ostpreußen. Nach dem Zusammenbruch der Donaumonarchie am Ende des Ersten Weltkriegs hatten sich die Sudetendeutschen in dem neu gegründeten Vielvölkerstaat ČSR wiedergefunden – ohne Volksabstimmung und gegen den deutsch-österreichischen Protest. Die radikal nationale Sudetendeutsche Partei unter Führung von Konrad Henlein, die 1935 76 Prozent der deutschen Stimmen gewann, galt im Ausland wegen der »Heim-ins-Reich«-Parolen als Hitlers »Fünfte Kolonne«. Nach dem Münchener Abkommen war die Wehrmacht am 1. Oktober 1938 im Sudetenland einmarschiert und hatte so, Hitlers erklärter Absicht gemäß, die Zerschlagung der tschechischen Republik eingeleitet. Der spätere Präsident der Exilregierung in London, Eduard Benesch, entschied deshalb, die drei Millionen Deutschen aus dem Land zu vertreiben. Der britische Premierminister Winston Churchill hatte am 15. Dezember 1944 gesagt: »Man wird reinen Tisch machen. Mich beunruhigen diese großen Umsiedlungen nicht, die unter modernen Verhältnissen besser als je zuvor durchgeführt werden können.«[48]

In Potsdam einigten sich Josef W. Stalin, Harry S. Truman und Clement R. Attlee auf die »ordnungsgemäße Überführung deutscher Bevölkerungsteile« aus Polen, der Tschechoslowakei und Ungarn, nicht zuletzt, um den durch die so genannten wilden Vertreibungen geschaffenen chaotischen Zustand in der sowjetischen Zone zu beenden.[49] Zunächst nicht weniger gewaltsam und unsystematisch, nahm die Zwangsumsiedlung etwa seit 1947 geregelte Formen an. Auf der Grundlage des Potsdamer Abkommens und des Alliierten Kontrollratsplans fand 1946 die organisierte Vertreibung der Sudetendeutschen aus der Tschechoslowakei und aus Ungarn in die amerikanische Zone statt (1,2 Millionen aus der ČSR, 700 000 aus Ungarn). Bis in die 50er Jahre sollte die deutsche Bevölkerung auf dem Weg der Aussiedlung und Familienzusammenführung aus den unter sowjetischem Einfluss stehenden osteuropäischen Staaten verdrängt werden. Allein mit der »Aktion Schwalbe« wurden 1,375 Millionen Menschen zwangsweise ausgesiedelt und in die britische Zone verbracht.[50]

Alles in allem wurden zwischen 1945 und 1951 3,5 Millionen Deutsche aus den Gebieten jenseits von Oder und Neiße vertrieben oder ausgesiedelt. Bis 1950 kamen 2,921 Millionen Menschen aus der Tschechoslowakei, weitere 1,865 Millionen Deutsche gingen in die Westzonen. 1950 belief sich die Gesamtzahl der Flüchtlinge in der Bundesrepublik und in der DDR auf 12,45 Millionen. Der größte Teil (6,987 Millionen) stammte aus den Ostgebieten, über 3 Millionen kamen aus der ČSR, 1,4 Millionen aus Polen.[51]

Wie verteilten sich die Flüchtlinge und Vertriebenen auf die Besatzungszonen? Während die französische Zone erst seit 1948 in beachtenswertem Umfang Deutsche aus dem Osten aufnahm, befanden sich 3,949 Millionen in der SBZ, 3,193 Millionen in der britischen und 2,904 Millionen in der amerikanischen Besatzungszone. Die unausgewogene Verteilung war vor allem ein Ergebnis der Flucht und der »wilden Vertreibung«: Westlich von Oder und Neiße sammelte sich auf diese Weise eine Vielzahl von Menschen. Das änderte sich geringfügig, als die Verwaltung 1946 versuchte, einen Teil der Vertriebenen in die westlichen Zonen zu transportieren. Ab Ende 1946 jedoch lehnten die amerikanische und britische Militärregierung es immer öfter ab, Flüchtlingstransporten Einlass in ihre Zonen zu gewähren.

Die Flüchtlinge und Vertriebenen wurden in der Regel nicht in den Städten, sondern in den vom Krieg weniger zerstörten ländlichen Gebieten untergebracht, so dass sich im agrarisch strukturierten Niedersachsen, Schleswig-Holstein und Bayern bzw. in Mecklenburg-Vorpommern besonders viele Flüchtlinge ansiedelten. Weitere Wanderungsbewegungen folgten. Daher blieben die Vertriebenen nicht zwangsläufig an ihrem ersten Zielort, so dass es in den ersten Jahren zu einer Binnenwanderung der Flüchtlinge kam, die nicht selten auf der Suche nach einem der Ausbildung angemessenen Berufserwerb neue Ziele ansteuerten. Zum Teil blieben sie innerhalb Deutschlands, zum Teil zogen die Flüchtlinge jedoch ins europäische Ausland oder nach Nordamerika weiter, wo Flüchtlingen besondere Einwanderungsmöglichkeiten geboten wurden. Versuche von französischer Seite, in den Lagern Arbeitskräfte für Frankreich anzuwerben, blieben jedoch hinter den Erwartungen zurück. Erfolgreicher waren dagegen die groß angelegten britischen Bemühungen, vor allem Frauen für die heimische Textilindustrie zu gewinnen.[52] 1949 begann die staatlich unterstützte Umsiedlung aus Schleswig-Holstein, Niedersachsen und Bayern etwa nach Baden-Württemberg. Darüber hinaus bewegte die Unzufriedenheit mit den politischen Verhältnissen in der sowjetischen Zone bis April 1947 etwa 900 000 Menschen zu einer Abwanderung in die Westzonen.[53]

Die meisten Flüchtlinge mussten selbst für ihr Unterkommen sorgen und konnten höchstens auf Hilfe vor Ort hoffen. Erst als Flüchtlingstransporte über Zonengrenzen hinweg organisiert wurden, entstand die notwendige Verwaltung, die den Flüchtlingsstrom kanalisieren sollte. Zu den Steuerungsinstrumenten gehörte das Mittel der Zwangseinweisung dort, wo die Unterbringung der Flüchtlinge auf den Widerstand einzelner Wohnungsbesitzer oder der Gemeinde stieß, deren Bürgermeister kurzerhand eine Zuzugssperre erlassen hatte.[54]

Deutsche Heimatvertriebene nach Herkunftsland und Gebiet der Niederlassung nach der Vertreibung, 1945–1949 [55]

Herkunft der Vertriebenen	Gesamt		West-deutsch-land	Ost-deutsch-land (mit Berlin)	Österreich und andere west-europäische Staaten
	in 1000	in %			
ehem. deutsche Ostgebiete	6980	55,8	4380	2600	–
Polen (einschl. Danzig)	980	7,8	630	335	15
Tschechoslowakei	3000	24	1900	850	250
Sowjetunion (einschl. Baltikum)	270	2,2	180	55	10
Ungarn	210	1,7	175	10	25
Rumänien	280	2	145	60	45
Jugoslawien	300	2,4	150	35	115
Gesamt	11 990	95,8	7560	3945	460
Quasi-Vertriebene*	525	4,2	385	125	15
Total	12 515	100	7945	4070	475

* Personen aus Vertreibungsgebieten, die sich 1944/45 auf dem Gebiet des heutigen Deutschland oder in alliierter Kriegsgefangenschaft befanden.

Neue Heimat?

Rund zwölf Millionen deutsche Flüchtlinge und Vertriebene aus Ostdeutschland und Osteuropa gelangten ab 1945 auf das Gebiet des verkleinerten Deutschlands. In Flüchtlingslagern wurden die Vertriebenen zunächst registriert und versorgt und dann an die Gemeinden weitergeleitet – nicht selten, um dort erneut in ein

Lager eingewiesen zu werden. Manche verbrachten Jahre in ehemaligen Bunkern, Turn- und Fabrikhallen, aber auch in ehemaligen Kriegsgefangenen- und Zwangsarbeiterlagern, die nun als Durchgangslager oder Wohnungs- und Quarantänelager herhalten mussten. Immerhin 900 000 Flüchtlinge lebten 1950 in der Bundesrepublik noch in Notwohnungen und Unterkünften außerhalb von Wohnungen, 1955 sollten es 185 750 Flüchtlinge in 1907 Lagern sein.[56] So Menschen verachtend die Lebensumstände in den Flüchtlingsbaracken auch waren: Aus der Sicht derer, die unter den Bedingungen des totalen Krieges durch Europa getrieben worden waren, boten sie einen lang ersehnten Rückzugsraum, eine Heimat auf Zeit, die den Übergang in die Gesellschaft erleichterte.[57]

Das Problem der Massenzuwanderung stellte sich zunächst auch in der SBZ, wo sich zwischen 1945 und 1949 etwa 4,4 Millionen Vertriebene aufhielten, die gut ein Drittel der ostzonalen Bevölkerung stellten. Insgesamt lebten in der sowjetischen Zone schätzungsweise 30 bis 40 Prozent Kriegs- und Kriegsfolgegeschädigte. In der Rückschau, in der die massenhafte Abwanderung aus der DDR schnell auf die frühe Nachkriegszeit projiziert wird, gerät dieser Umstand leicht aus dem Blick.

In allen Zonen gingen die politisch Verantwortlichen auch der Besatzungsmächte davon aus, dass die Flüchtlinge und Vertriebenen im Gegensatz zu den ausländischen Zwangszuwanderern mit der einheimischen deutschen Bevölkerung rechtlich gleichzustellen seien. Diese Annahme führte zu langfristigen staatlichen Maßnahmen, welche die als besonders hilfsbedürftig geltenden Flüchtlinge und Vertriebenen unterstützen und den Prozess der Eingliederung fördern sollten. So gab es in der SBZ/DDR bis in die frühen 50er Jahre eine »Umsiedlerpolitik«, in der Bundesrepublik eine längerfristige »Vertriebenenpolitik«. Anders als in Westdeutschland erfolgte die Integration in der sowjetischen Zone im Zuge einer tief greifenden Transformation der Gesellschaft, die angesichts anhaltender Ressourcenknappheit die Lebenschancen durch Umverteilung tendenziell anglei-chen, nicht aber insgesamt anheben konnte.[58]

Die SBZ lag zunächst vorn, was die materielle und soziale In-tegrationshilfe anging. So zahlten die Länder der SBZ zwischen 1946 und 1949 eine einmalige Soforthilfe für arbeitsunfähige und bedürftige Vertriebene in einer Höhe von insgesamt mehr als 400 Millionen Mark. Davon profitierte dort jeder zweite Ver-triebene. In den westlichen Zonen dagegen linderte erst das so genannte Soforthilfegesetz ab 1949 die dringendsten sozialen Notstände.[59] In Ostdeutschland sorgte der soziale Umbruch, wenngleich politisch erzwungen, für eine Mobilität, die den Neuankömmlingen Chancen der Integration bot – auch wenn diese nach einiger Zeit auf Grenzen stieß. Vor allem die Boden-reform machte vielen Vertriebenen den Einstieg in die Ankunfts-gesellschaft leichter, als das in den westlichen Zonen der Fall war. In der Tat gingen 43,3 Prozent der Neubauernstellen sowie 34,9 Prozent des verteilten Bodens an die Vertriebenen, deren Anteil an der Bevölkerung der SBZ 24,2 Prozent betrug. Bis zum Ende der Reform 1948 hatten 91 155 Vertriebene eine Hofstelle er-halten. Doch durch die Bodenreform entstanden zugleich neue Reibungsflächen, insbesondere zwischen den alteingesessenen Landwirten und den Flüchtlingsneubauern.[60]

Das Argument, den »Neubürgern« beim Aufbau einer Exis-tenz zu helfen, sollte freilich den Eingriff in die Eigentumsrechte legitimieren, den die Enteignung des ostelbischen Landadels, der Kriegsverbrecher und Großgrundbesitzer mit nationalsozialisti-scher Vergangenheit bedeutete. »Junkerland in Bauernhand!«, forderte Wilhelm Pieck, als er am 2. September 1945 die Maßnah-men der Landreform verkündete. Insgesamt 770 000 Hektar Land wechselten den Besitzer.[61] Eine offizielle Sprachregelung kam hinzu. Um das historische Geschehen zu vernebeln und nicht von der Flucht vor der Roten Armee und der Vertreibung aus dem sowjetischen Machtbereich zu sprechen, musste ab 1945 auf den Begriff »Umsiedler« ausgewichen werden. Immerhin ermöglichte es dieser sprachpolitische Schachzug für eine Weile, über das Integrationsproblem zu reden, bevor unter dem wachsenden politischen Druck ab 1948/49 Sprachlosigkeit im öffentlichen Raum angeordnet wurde. Im Westen wurde die Vertreibungserfahrung im Gegensatz zu dieser plötzlichen und massiven Tabuisierung allmählich, aber nie vollständig zurückgedrängt.[62]

Die Integration in die Nachkriegsgesellschaft wird vor allem in der westdeutschen Geschichte gemeinhin als eine große Leistung betrachtet – nicht ganz zu Unrecht.[63] Erklärt wird dieser doch erstaunliche Erfolg vor allem dadurch, dass sich die *gesamte* Gesellschaft neu zu definieren und zu integrieren gehabt habe. Doch stimmte das Bild von der erfolgreichen Integration mit der persönlichen Erfahrung des »Neubürgers« überein? Hat es nicht gerade in der ländlichen Gesellschaft noch relativ stabile soziale Milieus gegeben, die den Neuankömmlingen die Eingliederung erschwerten? Trifft gar die Vorstellung von einer deutschen »Volksgemeinschaft« zu, die auch nach 1945 funktionierte? Oder handelt es sich um Verzerrungen einer erfolgreichen Erinnerungspolitik, die in der Bundesrepublik seit den 50er Jahren umgesetzt wurde?

Einschränkungen sind angebracht. Besonders in der unmittelbaren Nachkriegszeit haben wir es eher mit einer »Konfliktgemeinschaft« zu tun.[64] Unter dem Zwang der Besatzungsmächte trafen die auf Rückkehr hoffenden Vertriebenen auf die ebenso integrationsunwilligen Alteingesessenen. Der Rückkehrwunsch bremste die Bereitschaft, sich im Arbeits- und Gesellschaftsleben zu engagieren.[65] Beide Seiten wünschten sich in der Regel die Wiederherstellung des vertrauten Umfelds. Nach sechs Jahren Krieg drückte sich in dem Wunsch nach der Rückkehr der Zwangsmigranten die Sehnsucht nach der Wiederkehr der Normalität aus. Hatten bereits die Vertreibung aus der Heimat und die entbehrungsreiche Reise gen Westen traumatische Spuren hinterlassen, erlebten nicht wenige Flüchtlinge und Vertriebene bei ihrer Ankunft eine weitere schmerzliche Überraschung. In Briefen an die 1945 errichtete sowjetzonale Zentralverwaltung für Umsiedler (ZVU) beispielsweise klagten die Neuankömmlinge in der zweiten Hälfte der 40er Jahre über mangelnde Gastfreundschaft und Fürsorge. Sie fühlten sich als Eindringlinge, die am Rande der Dörfer und Städte in dürftigen Baracken hausen mussten. Ein nationales Zusammengehörigkeitsgefühl, wenn es denn vorhanden war, reichte nicht aus, um die Neuankömmlinge zu integrieren – weder in den Westzonen noch in der SBZ.[66]

Die Kriegsfolgen schufen oder verschärften die besonderen Integrationskonflikte zwischen den Einheimischen und den Zugewanderten, seien sie materieller oder kultureller Art. Wo es an Ressourcen mangelt, herrschen schlechte Bedingungen für einen jeden Integrationsprozess; insofern handelte es sich eher um ein grundsätzliches Problem als um eine Besonderheit der deutschen Nachkriegsgesellschaft. Gewiss, die Flüchtlinge und Vertriebenen, die weit mehr verloren hatten als andere Deutsche, wurden zum Beispiel durch Spendenaktionen unterstützt. Diese Zeichen der Solidarität fanden auch ihren Platz im öffentlichen Gedächtnis der Nachkriegszeit. Allerdings versetzten solche karitativen Formen den Neuankömmling in den Stand des Almosenempfängers, der dementsprechend ein Mindestmaß an Dankbarkeit zu zeigen habe. Mit Integration hatte das jedoch nur wenig zu tun.

Um den Flüchtlingen und Vertriebenen zu einer aktiven Rolle in der neuen Gesellschaft zu verhelfen, organisierten die Behörden in der SBZ lokale »Umsiedler-Ausschüsse«. In den Westzonen dienten die »Flüchtlingsbeiräte« als Forum für die Artikulation von materiellen und politischen Forderungen. Den Einheimischen wie auch den Politikern waren die Umsiedler-Ausschüsse jedoch schon bald ein Dorn im Auge, weil sie mit den traditionellen Institutionen konkurrierten und Ansprüche formulierten, die politisch nicht opportun schienen. Kein Wunder, dass dies insbesondere das Recht auf Rückkehr in die Ost-gebiete betraf.

Die »heim ins Reich« geholten Volksdeutschen waren auf ähnliche Integrationsprobleme gestoßen, wie die vertriebenen Einheimischen sie nun in den Besatzungszonen zu bewältigen hatten. Wer gestern noch in der bequemen Rolle des Alteingesessenen die fremden »Deutschen«, die Umsiedler oder 1944/45 bereits die Flüchtlingstrecks abweisen konnte, mag sich Tage später selbst in der Lage des Fremden wiedergefunden haben, der westlich von Oder und Neiße auf Hilfe angewiesen war.

Die Aussicht, in dem neuen Umfeld eine persönliche und berufliche Zukunft zu finden, hing nicht zuletzt vom Alter und von der Qualifikation ab. Ein ehemals selbständiger Landwirt hatte ungleich geringere Chancen in der Aufnahmegesellschaft als ein ausgebildeter Arbeiter oder Handwerker, um nur zwei Beispiele zu nennen. Wie mühselig der Weg »vom Heimatvertriebenen zum Neubürger« verlaufen konnte, welche Rolle die landsmannschaftliche und die soziale Herkunft im Integrationsprozess spielten, zeigte sich unter anderem in der fränkischen Region.[67] Auf dem Land, wo die Ablehnung ohnehin am stärksten war, stellte sich die Situation denn auch schwieriger dar als in der Stadt. Wen überrascht es, dass etwa ein Landwirt in Brandenburg höchst abweisend auf den mittellosen Flüchtling reagierte, der womöglich das Wort »Lastenausgleich« im Munde führte und die Teilung des ländlichen Besitzes verlangte? In den 40er Jahren jedenfalls mochte sich kaum ein Vertriebener vorstellen, auf Dauer im deutschen Aufnahmegebiet zu bleiben.[68] Und nur die wenigsten konnten oder wollten auswandern. Umgekehrt zeigten sich deutsche Politiker unterschiedlicher Couleur überzeugt davon, dass es weiterhin das Bestreben der deutschen Politik sein müsse, möglichst viel von dem Land östlich von Oder und Neiße zurückzuerhalten. So stellte Kurt Schumacher auf dem Parteitag der SPD am 29. Juni 1947 fest: »Die ganzen Gebiete östlich der Oder und Neiße als weggenommen anzusehen, sind wir deutschen Sozialdemokraten nicht geneigt.«[69]

Wie reagierten die Besatzungsmächte auf das Integrationsproblem? Offensichtlich hatte keine Seite damit gerechnet, dass die Propaganda der NS-Volksgemeinschaft mit der Realität der Nachkriegsgesellschaft so wenig zu tun hatte. Ob in der SBZ oder in den Westzonen: Die zuständigen Behörden wunderten sich über das angespannte Verhältnis zwischen den Bevölkerungsgruppen. Die Militäradministrationen ermahnten die deutschen Verwaltungen, gegen die Ressentiments anzugehen und nicht selbst die Vertriebenen bei der Arbeitsvermittlung und der Zuteilung von Wohnraum zu benachteiligen. Und auch in der britischen und amerikanischen Zone klagten nicht nur die Militärgouverneure darüber, wie die Deutschen mit den Flüchtlingen umgingen.[70]

Äußere Unterschiede erschwerten die Situation. Die Menschen aus Ostpreußen, Pommern, Schlesien oder dem Sudetenland waren leicht zu erkennen, fielen sie doch bereits durch ihre abgetragene Kleidung und ihren Dialekt auf. Umso schneller konnte die Altbevölkerung sie als »Fremde« und »Habenichtse« stigmatisieren. Auch die kulturellen Eigenarten ließen sich so leicht nicht verbergen. Zwar konnten beispielsweise die Kochgewohnheiten unter dem Zwang der Umstände denen der Kernbevölkerung angepasst werden, den heimischen Dialekt dagegen legten vor allem die Älteren ihr Leben lang nicht ab. Am ehesten passten sich die Kinder dem neuen Idiom an, nachdem sie in die Schule gekommen waren. Diese einseitige Assimilierung erfolgte unter dem Druck der Mehrheitsgesellschaft – nicht etwa als Folge einer besonders freundlichen Aufnahme. Da die Bereitschaft und die Fähigkeit, sich materiell und kulturell anzupassen, nicht zuletzt eine Frage der Generationszugehörigkeit war, wurden bereits in den 40er Jahren die Weichen für einen Identitätskonflikt zwischen den Vertriebenen und ihren Kindern gestellt. Die jüngere Generation neigte schon bald dazu, nicht ungefragt über ihre Herkunft zu sprechen, um den Gleichaltrigen keinen Anlass zur Ausgrenzung zu geben.[71]

Der konfessionelle Gegensatz erschwerte die Integration zusätzlich. Durch die erzwungene Ansiedlung ging die konfessionelle Homogenität vor allem auf dem Land häufig verloren. Katholische Flüchtlinge und Vertriebene aus Schlesien, aus dem Sudetenland und dem Ermland (Ostpreußen) stießen im mehrheitlich evangelischen Thüringen ebenso auf zusätzliche Ablehnung wie evangelische Vertriebene im mehrheitlich katholischen Bayern.

Die Abtrennung der deutschen Ostgebiete war eine indirekte Folge des Angriffskrieges. Diejenigen, die aus diesen Gebieten stammten, wurden deshalb immer wieder mit dem Krieg und dem NS-Regime in Zusammenhang gebracht. Einerseits warfen besonders die Arbeiterfunktionäre in der SBZ den Neubürgern vor, für den Aufstieg des Nationalsozialismus und den Krieg in besonderer Weise verantwortlich zu sein, weil sie zu den Mitläufern und Tätern gehört hätten. Hier schlug sich die eigene Erfahrung nieder, bis 1945 als antifaschistische Minderheit selbst verfolgt worden zu sein – nicht zuletzt von jenen, die nun ihrerseits eine Minderheit darstellten. Den »volksdeutschen« Vertriebenen wurde eine besondere Nähe zu den großdeutschen Lebensraumplänen und dem Expansionskrieg im Osten nachgesagt. Die Vertriebenen treffe deshalb, so lautete dann das Fazit dieser kollektiven Verurteilung, eine besondere Schuld an ihrer eigenen Vertreibung.

Im Alltag der Vertriebenenbetreuung war eine solche Schuldzuweisung jedoch äußerst hinderlich. SED-Funktionäre, denen an der Solidarität der Mehrheit gelegen sein musste, gingen schnell dazu über, die Schuld am Krieg und an seinen Folgen auf alle Schultern zu verteilen. In jedem Fall erklärte die Verwaltung die Unterstützung der hilfsbedürftigen Flüchtlinge und Vertriebenen zu einer Pflicht des ganzen Volkes. Die Umverteilung ließ sich besonders dann legitimieren, wenn deutlich wurde, dass ihre Begünstigten bei gleicher Schuld rein zufällig die größere Last tragen müssten – ein Argument, das auch für die Bombengeschädigten galt.

Umgekehrt versuchten manche Vertriebene ihrer Forderung nach einem sozialen Lastenausgleich dadurch Nachdruck zu verleihen, dass sie den Einheimischen eine nationalsozialistische Vergangenheit vorwarfen. Schließlich sei der Nationalsozialismus aus »dem Westen« in »den Osten« gekommen. Während also die politisch belasteten Bauern in Sachsen beispielsweise den Krieg unbeschadet überstanden hatten, so das Schwarz-Weiß-Bild, sahen sich die vertriebenen Landwirte als Opfer des Westens. Die nationalsozialistische Vergangenheit spielte somit durchaus eine Rolle im Spannungsfeld von Integration und Ausgrenzung. Auch für die Einstellung im öffentlichen Dienst stellte sich etwa in Thüringen 1946 die Frage, ob tatsächlich, wie angeordnet, sämtliche 1945 übernommenen »Neubürger« zu entlassen seien, die nicht nachweisen konnten, dass sie kein NSDAP-Mitglied gewesen waren – was aufgrund der Aktenlage weit mehr Menschen ausgeschlossen hätte als die tatsächlichen ehemaligen Mitglieder. Der Personalbedarf führte schließlich zu einer großzügigen Einstellungspolitik. Während etwa 91 000 Vertriebene im Zuge der Bodenreform zu »Neubauern« wurden, fanden rund 140 000 Vertriebene bis 1949 einen Platz im Staatsdienst der SBZ, davon mehr als die Hälfte bei den Staatsverwaltungen, 35 350 arbeiteten bei der Bahn und über 23 000 als so genannte Neulehrer.[72] Hier profitierten die Vertriebenen einmal von dem Verlust ihrer Heimat – was wiederum neuen Neid unter jenen Einheimischen weckte, die nachweislich Parteigenossen gewesen waren.

Wo die integrative Sozialpolitik bestimmte Minderheitengruppen begünstigte, griff sie den vom Krieg besonders Geschädigten unter die Arme, weckte indes zugleich den Sozialneid der Mehrheit und trug so zu den Spannungen bei, die sie doch abbauen sollte. Gemessen am Ziel der Integration und am politi-

schen wie wirtschaftlichen Aufwand erreichte die Vertriebenenpolitik in Ost- und Westdeutschland eine geringe Wirkung – die
Vertriebenen blieben eine abgegrenzte Gruppe in einer weiterhin
sozial differenzierten Gesellschaft. Das Zusammentreffen von
kulturellen und sozialen Unterschieden, von Fremdheit und
Armut, steigerte nur die Ablehnung der Alteingesessenen. Das
zeigte sich auch darin, dass die Deutschen aus dem Osten als
»Polacken« oder »Polensau« angesprochen und so zynischerwei-
se mit den Vertreibenden gleichgesetzt wurden. Umgekehrt verstärkte die Konkurrenz um Ressourcen die Solidarität der Einheimischen, vor allem, wenn es um die Aufteilung des ohnehin
knappen Wohnraums ging.[73] Letztlich waren es längerfristige gesellschaftliche und wirtschaftliche Entwicklungen, die mit dem
Nachwachsen der jüngeren Generation und steigenden Aufstiegs-
chancen in den 1960er Jahren die Frontlinien verwischten.

3. Ausschluss und Integration

Zur deutschen Nachkriegsgesellschaft gehörten in den ersten Jahren auch Männer und Frauen, die das NS-Regime und den Krieg trotz Deportation, Verfolgung und Inhaftierung überlebt hatten und sich nach der Kapitulation, zumeist vorübergehend, im befreiten Deutschland aufhielten. Wie die aus ihrem Exil zurückkehrenden Deutschen gehörten auch sie nach dem Krieg zu den Entwurzelten.

»Displaced Persons«

Zu den demographischen Besonderheiten der unmittelbaren Nachkriegszeit zählten die 8 bis 10 Millionen entwurzelten Menschen, welche die Alliierten und die deutsche Zivilverwaltung als »Displaced Persons« (DPs) bezeichneten: die Zwangsverschleppten, das heißt die ehemaligen ausländischen Zwangsarbeiter, und die nichtdeutschen Flüchtlinge, die aus politischen, rassischen oder religiösen Gründen nach Deutschland gekommen waren. Laut dem gemeinsamen Oberkommando unter General Dwight D. Eisenhower, SHAEF, galten als DPs »Zivilpersonen, die sich aus Kriegsfolgegründen außerhalb ihres Staates befinden; die zwar zurückkehren oder eine neue Heimat finden wollen, dieses aber ohne Hilfestellung nicht zu leisten vermögen«[74]. Dabei wurden folgende grobe Untergruppen gebildet: die United Nations DPs (Bürger aus Staaten, die den Vereinten Nationen angehörten), ex-enemy DPs (Deutsche, Österreicher, Japaner) und staatenlose Personen, die ihre Nationalität nicht nachweisen konnten. Zu den besonderen Kategorien zählten die sowjetischen DPs, über deren Zwangsrepatriierung man sich bereits auf Jalta vertraglich geeinigt hatte, sowie nichtdeutsche Kollaborateure. Sie alle bildeten eine fremdbestimmte, verwaltete Gruppe der unmittelbaren Nachkriegszeit, die dem Militär unterstand. Die über Zonengrenzen hinweg tätigen internationalen Hilfsorganisationen: die »United Nations Relief and Rehabilitation Administration« (UNRRA, bis zum 30. Juni 1947), blieb auch nach der Auflösung des Oberkommandos ein Ausführungsorgan des Militärs, so wie auch die »International Refugee Organization« (IRO, 1. Juli 1947 bis 30. Juni 1950) von den Hohen Kommissaren abhängig war.[75]

Vergegenwärtigt man sich die Zahl der 1944 auf Reichsgebiet befindlichen ausländischen Zivilisten (5,3 Millionen) und Kriegsgefangenen (1,83 Millionen), erhält man einen ersten Eindruck von der Größenordnung des Phänomens. Für die unmittelbare Nachkriegszeit geht eine maßvolle Schätzung von rund 10,8 Millionen Displaced Persons auf dem Reichsgebiet aus. Diese Größenordnung bezeichnet in etwa die Dimension der anderen großen Kriegsfolge-Population, der Flüchtlinge und Vertriebenen, von der sich die DPs jedoch durch die größere Fluktuation unterschieden.[76] Eine hohe Zahl bildeten allein die aus den Konzentrationslagern Befreiten: darunter 60 000 in Bergen-Belsen, 31 561 in Dachau, 72 000 bis 80 000 in Mauthausen, 1600 in Flossenbürg, 16 000 in Buchenwald und Ohrdruf. In den ersten Wochen lag hier die Sterblichkeitsrate bei bis zu 20 Prozent.[77]

Als die alliierten Truppen im Westen vorrückten, stießen sie in Frankreich, Belgien und den Niederlanden auf Tausende von DPs. Anfang März 1945 waren in Westeuropa 245 730 Personen dieser Gruppe, vor allem Sowjets und Polen, befreit worden. Darin lag eine logistische Herausforderung für die anrückenden Armeen, die die DPs in 162 »Assembly Centers« unterbrachten. Waren die DPs auf deutschem Boden von der Armee überrollt worden, führte die unkontrollierte »Selbst-Repatriierung« zu neuen Problemen. Von ihrer Sklaverei befreit, vagabundierten sie in Trecks durch das Land. Die Herstellung guter hygienischer

Verhältnisse, die Ernährung und die Seuchenprophylaxe waren die vordringliche Aufgabe. Immerhin: Bis Sommer 1945 konnte die Gesundheitslage der DPs stabilisiert werden; Seuchen sind so gut wie nicht aufgetreten – wohl auch deshalb nicht, weil die Menschen mit dem Entlausungsmittel DDT besprüht wurden. Fortan bildete Tuberkulose die größte Gesundheitsgefahr. Die Gesundheitslage und die Entwicklung einer aufwändigen Gesundheitsvorsorge hing eng mit der Entscheidung der westlichen Alliierten zusammen, die ehemaligen Lager-Häftlinge wiederum in Lagern zusammenzufassen, vor allem, um die öffentliche Sicherheit zu gewährleisten. Wo das möglich war, sollten die DPs nach Nationalität konzentriert werden, um eine straffe Führung zu ermöglichen und die Rückführung in die Heimatländer vorzubereiten.

Wie lösten die Besatzungsmächte dieses Problem? In einer ersten, bis 1947 dauernden Phase ging es zeitgleich um die Zwangsrepatriierung der sowjetischen DPs und die freiwillige Repatriierung aller anderen. In den ersten fünf Monaten brachten die Alliierten 4,622 Millionen DPs aus den Westzonen in die jeweiligen Heimatstaaten zurück. Lag die Rate der täglichen Repatriierungen Ende Mai, Anfang Juni 1945 bei etwa 107 000 DPs, war sie im August auf knapp ein Viertel gesunken. Zwischen Mai und September 1945 konnten die alliierten Militärbehörden immerhin trotz widriger Umstände täglich gut 33 000 Personen aus den Westzonen in die jeweiligen Heimatstaaten zurückführen und dadurch die Zahl der DPs um über 4,6 Millionen verringern.[78] Gleichwohl befanden sich Ende September 1945 noch immer über eine Million DPs in den westlichen Besatzungszonen.

Insbesondere die polnischen DPs, die durch Kriegsemigranten und zurückgekommene Repatrianten ein Bild von der neuen Situation in Polen vor Augen hatten, zeigten nur eine geringe Bereitschaft zurückzukehren. Rund 80 Prozent aller polnischen DPs lehnten im Mai 1946 ihre Repatriierung rundheraus ab, vor allem wegen der Präsenz der sowjetischen Truppen und der kommunistischen Regierung in ihrer Heimat. Insbesondere die Ostpolen, deren Heimat an die Sowjetunion abgetreten worden war, fürchteten, unversehens zu sowjetischen Staatsbürgern zu werden. Mehr als die Hälfte derer, die nicht repatriiert werden wollten, konnte sich jedoch nicht zu einem Entschluss durchringen und zog die Scheinwelt des Lagers dem persönlichen Risiko einer Rückkehr vor. Ende 1946 lebten 507 012 osteuropäische DPs in den drei westlichen Zonen, darunter 293 086 Polen.[79]

Der Teilgruppe der sowjetischen DPs – der Armeeangehörigen und Zivilarbeiter – räumten die westlichen Alliierten 1945 eine besondere, absolute Priorität ein. Die Transportkapazitäten waren in erster Linie für die in Deutschland befindlichen sowjetischen Staatsbürger und, in umgekehrter Richtung, für englisches und amerikanisches Militärpersonal zu nutzen. Die rasche Rückkehr anderer osteuropäischer DPs wurde dadurch zunächst weitgehend verhindert. Bereits auf der Konferenz von Jalta im Februar 1945 hatten sich die Alliierten geeinigt, die sowjetischen DPs zu repatriieren – notfalls gegen deren Willen. Die personellen Verluste der Sowjetunion, das Misstrauen gegenüber den Westalliierten und die Sorge vor antikommunistischen Zusammenschlüssen, die Furcht auch vor einem Ansehensverlust, schließlich das Bewusstsein, den Krieg weitgehend aus eigener Kraft gewonnen zu haben: diese Faktoren bewirkten, dass die sowjetische Seite auf der Zwangsrepatriierung ihrer Staatsbürger beharrte.[80] Das Leipziger Abkommen vom 22. Mai 1945 konkretisierte den wechselseitigen Austausch, etwa durch die Einrichtung von Übergangsstellen. Bereits Ende September 1945 war die Mehrheit der sowjetischen DPs in die UdSSR transportiert worden. Hinter dieser »Erfolgsbilanz« verbarg sich freilich die menschliche Tragik der Betroffenen, deren verzweifelte Gegenwehr nicht selten im Massenselbstmord endete – unter den Augen der westlichen Besatzungsoffiziere. Das Auftreten der sowjetischen »Repatriierungsoffiziere« in den Lagern der Zonen sorgte vor allem unter baltischen und ukrainischen DPs immer wieder für Unruhe. Doch noch im Frühjahr 1946 kam es auch in der US-Zone zu Zwangsrepatriierungen. Erst am 1. März 1949 wurde die sowjetische Repatriierungskommission endgültig aus der amerikanischen Zone verwiesen.

Nachdem die zunächst geplante zügige Rückführung aller DPs aufgrund der logistischen Schwierigkeiten und der politischen Entscheidungen 1945 gescheitert war, wurde die Repatriierung zu einem Nachkriegsproblem, für das durch den Kalten Krieg andere Rahmenbedingungen galten als noch zu Kriegszeiten. Seit 1947 zielte die westliche Besatzungspolitik deshalb in einer zweiten Phase darauf, die verbliebenen DPs vor allem in ihrem eigenen Inland neu anzusiedeln. Den größten Erfolg erzielte die IRO 1949, als 260 000 DPs in die Aufnahmeländer vermittelt wurden.[81] Gut die Hälfte jener DPs, die noch nicht repatriiert oder angesiedelt waren, konnte im Armeedienst, in der Lagerverwaltung oder, vermittelt über deutsche Arbeitsämter, in der Wirtschaft beschäftigt werden.

Das Bild, das die Deutschen von den Displaced Persons malten, wandelte sich rasch. Hatte mancher die ehemaligen NS-Sklaven zunächst bedauert, blieb die prinzipielle Umkehr der Wahrnehmung, die dem Wandel vom Fremdarbeiter der Nationalsozialisten zum Schutzbefohlenen der Besatzungsmächte Rechnung getragen hätte, weitgehend aus. Stattdessen wirkten die älteren Stereotypen fort. In den Augen vieler Deutschen drohte Gefahr von den Millionen freigelassener »fremdvölkischer« Menschen, denen zuvor als Zwangsarbeiter ihr Platz zugewiesen worden war und die nun als kriminelle Herumtreiber und Schwarzmarkthändler das bequeme Lagerleben genossen, statt endlich in ihre Heimat zurückzukehren. Da die DPs außerhalb der Lager der deutschen Polizeigewalt unterlagen, kam es denn auch immer wieder zu Übergriffen. Die massenhaften Fälle von Raub und Plünderung vor allem durch osteuropäische DPs hingen indes weniger mit Hass- und Rachegefühlen als damit zusammen, dass viele Täter kein Bewusstsein vom Unrecht ihres

Handelns besaßen. In der Gruppe der Displaced Persons hatten die üblichen Ordnungsvorstellungen seit geraumer Zeit ihre Bedeutung verloren. Dass sie entgegen ihrer Erwartung auch nach der Befreiung in der Enklave eines Lagers leben mussten und dadurch von der Außenwelt weitgehend isoliert waren, demoralisierte die soeben Befreiten. Zudem war die Rate der Kapitalverbrechen verglichen mit der deutschen Kriminalität, zum Beispiel in Bremen, etwa gleich, die der Eigentumsdelikte lag sogar unter dem Durchschnittswert der deutschen großstädtischen Bevölkerung.[82]

Am 1. März 1949 lebten in den drei Westzonen noch 411 654 DPs in Lagern oder geschlossenen Siedlungen. Die Mehrheit bildeten Polen, gefolgt von Balten, Ukrainern, Jugoslawen und Tschechen. Zwei Jahre später sollten die ehemaligen Zwangsarbeiter ein besonderes Aufenthalts- und Niederlassungsrecht erhalten. Im Hinblick auf die künftige Regelung des Asylrechts wurde der Begriff »Displaced Person« durch den des »Heimatlosen Ausländers« ersetzt – was die deutsche Verantwortlichkeit für Deportation und Zwangsarbeit verschleierte.

Ohne Krieg hätte es keinen Holocaust gegeben, die Kapitulation setzte deshalb auch dem Massenmord an den europäischen Juden ein spätes Ende. Die Propaganda hatte die bürokratische Organisation der so genannten Endlösung der Judenfrage als »Krieg gegen die Juden« legitimiert. Gleichzeitig waren Tausende von Juden aus rüstungspolitischen Gründen von Osteuropa ins Altreich deportiert worden, wo sie als Zwangsarbeiter zum »Endsieg« beitragen sollten. Als im Frühjahr 1945 die Rote Armee näher rückte, hatte die SS zudem die Lager im Osten evakuiert und zahllose Juden nach Westen getrieben; Tausende starben auf diesen »Todesmärschen«.[83] Etwa 12 000 bis 15 000 Juden hatten außerhalb der Konzentrationslager überlebt: weil sie sich verstecken konnten, weil sie mit Nichtjuden verheiratet oder »Mischlinge 1. Grades« waren. Zu den Juden, die sich nach der

Besetzung in Deutschland befanden, zählten im Mai 1945 ferner die 20 000 bis 75 000 jüdischen Überlebenden der Konzentrationslager sowie Zehntausende jüdischer DPs. In Osteuropa befanden sich jüdische Partisanen, rund 7000 im befreiten Polen im Januar 1945, die aufgrund der Entwurzelung und des anhaltenden Antisemitismus von Polen und ukrainischen Nationalisten in die USA oder nach Palästina emigrieren wollten und auf ihrem Weg Süddeutschland durchquerten. Darüber hinaus konnten die Deutschen auf Juden treffen, die als Soldaten in den Besatzungsarmeen dienten.[84]

Eine Ironie, ja ein Sarkasmus der Geschichte ist es, dass sich viele ost- und südosteuropäische Juden in den ersten Nachkriegsjahren ausgerechnet in das verfluchte Deutschland flüchteten. Ihre Zahl wuchs in der Amerikanischen Zone innerhalb des Jahres 1946 von knapp 40 000 auf 145 000. Im Sommer 1947 betrug die Zahl der jüdischen DPs in Deutschland bereits 182 000, davon stammten 80 Prozent allein aus Polen. Eine Minderheit bestand aus ungarischen, tschechischen, russischen und rumänischen Juden. Noch etwas kam hinzu: Die jiddische und hebräische Kultur der Kriegsjahre hatte angesichts des ungebrochenen Antisemitismus und des kommunistischen Anpassungsdrucks in den Herkunftsländern keine Chance. In den Einwanderungsgesellschaften wiederum führte das Bestreben nach rascher Integration dazu, dass die jiddische Kultur nicht gepflegt wurde – zumal sie in Israel als Stigma der Ghettomentalität und Konkurrenz der hebräischen Renaissance verpönt war. Deshalb fand die jiddische Vorkriegskultur allein im Nachkriegsdeutschland einen letzten Widerhall. Die ab 1945 neu aufgebauten jüdischen Gemeinden – 1948 waren es hundert – wurden für einige Jahre von den kulturellen Ausdrucksformen der zerstörten Schtetl geprägt. Jüdische Zeitungen und Zeitschriften, Bibliotheken, Sportvereine, Theatergruppen, Kindergärten, Schulen und »Volksuniversitäten« mögen den Juden über die bittere Einsicht hinweggeholfen haben, dass sie nun im Land der Täter lebten.[85]

Für den Umgang mit den Juden in Deutschland hatte das gemeinsame Oberkommando zunächst eine folgenreiche Vorgehensweise festgelegt. Juden sollten wie andere Staatsbürger des Reiches, nicht wie eine besondere Gruppe behandelt werden. Auf diese Weise wollte man den Eindruck vermeiden, dass die Rassentheorie der Nationalsozialisten weiterhin gelte. Das führte freilich dazu, dass ehemalige jüdische KZ-Häftlinge nicht wie andere Verfolgte des Nationalsozialismus, sondern als Deutsche wie die ehemaligen Feinde behandelt wurden. Untergebracht in Lagern für Displaced Persons, fanden sich die soeben befreiten Juden häufig in Gesellschaft ihrer früheren nichtdeutschen Lagerwachen wieder. Besonders polnische Juden litten in den DP-Lagern unter dem Antisemitismus anderer Polen. Erst nachdem Earl G. Harrison im Auftrag von Präsident Truman im September 1945 einen Bericht über die Verhältnisse in jüdischen DP-Lagern vorgelegt hatte, sollte sich die Situation bessern. Harrison drang vor allem darauf, den jüdischen DPs einen eigenen Status als Juden zuzubilligen. Die Briten dagegen unterschieden zwischen deutschen Juden, die als Deutsche behandelt wurden, und jüdischen DPs oder Emigranten. Diese besatzungspolitische Entscheidung hing damit zusammen, dass die britische Regierung eine Masseneinwanderung in Palästina verhindern wollte. Als deutsche Staatsbürger sollten Juden deshalb wieder in die deutsche Gesellschaft integriert werden.[86]

Wie strikt Englands Außenminister Ernest Bevin am Einwanderungsverbot festhielt, machte ein spektakulärer Fall weithin deutlich. Die »Exodus«, ein ausrangiertes amerikanisches Ausflugsschiff, das im Juli 1947 von Marseille aus rund 5000 jüdische DPs ins gelobte Land hatte bringen sollen, war vor der Küste Palästinas von einem britischen Zerstörer aufgebracht und so beschädigt worden, dass die Passagiere auf drei Flüchtlingsschiffe umquartiert werden mussten. Der Protest der Weltöffentlichkeit half nichts: Im September 1947, nach fast drei Monaten, liefen die Schiffe im Hamburger Hafen ein, wo viele DPs mit Gewalt von Bord gebracht wurden. Diese Konfrontation zwischen Juden und Besatzungsmacht zeigte die Spannung zwischen politischen Proklamationen und pragmatischer Politik, sie untergrub die Glaubwürdigkeit der Anti-Antisemitismuspolitik.[87] Von dem Verhältnis der Deutschen zu den Juden wird noch zu reden sein.

Nach der Gründung des Staates Israel im Mai 1948 lösten sich die jüdischen DP-Lager und -Gemeinden rasch auf. Bis zum September 1948 hatte sich die Zahl der in Deutschland lebenden jüdischen DPs auf 30 000 verringert, bis 1952 waren es noch 12 000.[88] Dass die Juden in Israel nach den Jahren im Konzentrations- und DP-Lager keinen Frieden in Freiheit fanden, sondern für die Unabhängigkeit des neuen Staates kämpfen mussten, steht auf einem anderen Blatt.

Deutsche Remigranten

Unmittelbar mit der Zeit des Dritten Reiches verknüpft war schließlich die Rückkehr von Deutschen aus dem Ausland. Keine Remigration ohne Emigration. Etwa eine halbe Million Menschen aus Deutschland, Österreich und dem deutschsprachigen Teil der Tschechoslowakei war ins Exil gegangen, davon rund ein Viertel in die USA. Die große Mehrzahl, etwa 85 bis 95 Prozent, waren Juden oder galten den Nazis als Juden. Sie alle standen nach Kriegsende vor der Frage, ob sie im Exil bleiben oder nach Deutschland zurückkehren sollten – in eine Heimat, die ihnen fremd geworden war. Wer sich zur Heimkehr entschloss, dem war klar, welche Verbrechen im Dritten Reich begangen worden waren und dass es ein Wiedersehen mit Freunden und Verwandten oft nicht geben würde. Und er hatte die Umstände seiner eigenen Emigration noch deutlich vor Augen. Im Zuge der Expansion des Reiches und der Grenzverschiebung waren auch die Emigranten in immer größere Ferne gedrängt worden, zunächst aus dem deutschen Sprachraum nach dem »Anschluss« Österreichs, sodann aus dem europäischen Kulturraum nach der Eroberung Frankreichs, das vielen Intellektuellen als vorläufige Zuflucht gedient hatte. Wie die Emigration war deshalb auch die Remigration mit einer großen psychischen Belastung verbunden. Wer sie dennoch auf sich nahm, brauchte gute Argumente, nicht, wer in seiner neuen Heimat blieb. Für die nach Palästina ausgewanderten zionistischen Juden war die Rückkehr ohnehin kaum denkbar. Außerdem war Emigration häufig ein Familienschicksal, nicht zuletzt wegen der »Sippenhaft«, die das NS-Regime den Familienangehörigen der Verfolgten angedroht hatte. Für die jüngere Generation war es naturgemäß leichter, in der neuen Heimat Fuß zu fassen.[89]

Von den politisch Verfolgten dagegen trat die Hälfte den Heimweg an, darunter etwa 4000 Sozialdemokraten und 3000 Kommunisten. Insgesamt wird die Zahl der Remigranten nach 1945 auf 30 000 geschätzt, von denen wiederum nur ein kleiner Teil namentlich bekannt ist. Schwer zu schätzen ist auch der Anteil derer, die nur gelegentlich, zum Beispiel als Gastdozent oder Vortragsreisender, nach Deutschland kamen oder die aus der Ferne, etwa als Korrespondent, das kulturelle Leben der Deutschen mit prägten. Die frühen Nachkriegsjahre bildeten jene Phase der Remigration, in der die meisten Emigranten, die später in Politik und Gesellschaft eine Schlüsselposition besetzen sollten, nach Deutschland zurückkehrten. Das gilt für die westlichen Zonen wie für die SBZ. Das Gros der (jüdischen) Wissenschaftler und Künstler dagegen sollte nach längerem Abwarten erst in den 50er und 60er Jahren, in der zweiten Phase der Remigration, den Schritt zurück wagen.

Der Remigrant sah die deutsche Nachkriegsgesellschaft lange Zeit, womöglich lebenslang mit den Augen eines Fremden, der sich in Deutschland nicht mehr richtig heimisch fühlte oder faktisch nirgendwo zu Hause war. Im Rückblick erkannte der Einzelne seine Jahre in der Emigration und im Exil als einen Lebensabschnitt, der nun als ein abgeschlossenes Kapitel in die eigene Lebensgeschichte eingebunden werden musste. Die Zeit im Ausland wurde nicht zwangsläufig als Bereicherung durch die Erfahrung des Neuen, Anderen empfunden, vielmehr neigten viele zunächst zu der Auffassung, dass die Jahre als verlorene Jahre, als ein Irrweg gelten und deshalb womöglich verschwiegen werden müssten. Nicht Stolz, sondern Scham kennzeichnete ihr Selbstwertgefühl, und häufig trieb sie die Hoffnung, in Deutschland ein neues Leben aufzubauen, was im Zufluchtsland misslungen war. Gewiss, man durfte sich zu den Überlebenden zählen, aber um welchen Preis? Der Verlust von Freunden und Besitz, die Unterbrechung von Studium, Berufsausbildung und Karriere wogen schwer.

Im Krieg gegen Hitler-Deutschland standen einige deutsche Emigranten und ihre Kinder im Dienst der alliierten Armeen, nachdem sie die Staatsbürgerschaft des Zufluchtslandes angenommen hatten. In der amerikanischen Armee dienten beispielsweise Klaus Mann, Stefan Heym, Golo Mann, Hans Habe und der spätere Filmemacher und Journalist Georg Stefan Troller. In der Uniform der französischen Armee kehrte Alfred Döblin nach Deutschland zurück, in der englischen kam Peter de Mendelssohn. Andere, wie die Mitglieder der New School for Social Research in New York, hatten während des Krieges politische Analysen erstellt und Memoranden für die Neuordnung Deutschlands verfasst.[90] In den Armeen der ehemaligen deutschen Kriegsgegner betraten sie 1944/45 wieder deutschen Boden – was nicht mit Remigration und Integration zu verwechseln ist. Aufgrund ihrer Sprachkenntnisse wurden sie im Rahmen der psychologischen Kriegführung eingesetzt, um deutsche Kriegsgefangene zu verhören oder, wie Klaus Mann, Propagandaschriften zu verfassen. Nach der Besetzung halfen sie zum Beispiel, Entnazifizierungsbögen auszuwerten. Einige Journalisten blieben in Deutschland, zunächst im Dienst der Besatzungsmacht. Diese versuchte in Einzelfällen, Emigranten zur Rückkehr zu veranlassen.

Zwar unterstützten die Besatzungsmächte bisweilen die Rückkehr aus dem Exil; den Sozialdemokraten und späteren bayerischen Ministerpräsidenten Wilhelm Hoegner beispielsweise holten GIs aus der Schweiz.[91] In der Regel erschwerten jedoch die Rück- und Einreisebedingungen die dauerhafte Remigration rückkehrwilliger Deutscher. Ein »Recht auf Heimkehr« wurde ihnen nicht zugestanden. Deutschland blieb wie in den letzten Kriegsjahren von der Außenwelt mehr oder weniger abgeschottet, sieht man von den Besatzungstruppen einmal ab. Die Proklamation Nr. 2 des Alliierten Kontrollrats und das Gesetz Nr. 161 der Amerikanischen Militärregierung untersagten die Ein- und Ausreise ohne Genehmigung der Alliierten. Amerikaner und Briten setzten offensichtlich zunächst auf die Umerziehung deutscher Kriegsgefangener in amerikanischen Lagern bzw. im englischen Kriegsgefangenenzentrum Wilton-Park.[92]

Wer dennoch ins Land gelangte, stieß auf die Hürden der deutschen Behörden. Zuzugsgenehmigung, Wohnungszuteilung, schließlich der Wiedererwerb der deutschen Staatsbürgerschaft: Der Weg der Verwaltung erforderte viel, für manche zu viel Geduld. Laut einem Beschluss des Länderrats im Dezember 1947 wurde die Aberkennung der Staatsbürgerschaft durch das NS-Regime nicht automatisch aufgehoben. Vielmehr sollte durch die Prüfung eines jeden Einzelfalls, die auch polizeiliche Ermittlung nicht ausschloss, darüber entschieden werden, welchem Remigranten die deutsche Staatsbürgerschaft wieder verliehen wurde.

Neben denen, die aus wirtschaftlichen oder beruflichen Erwägungen nach Deutschland zurückkehren wollten, strebten vor allem jene Männer und Frauen eine rasche Rückkehr an, die aus politischen Gründen ausgewandert waren und nun beim Neuaufbau ihres Landes mitwirken wollten. Hin und wieder wurden sie ausdrücklich zurückgerufen. So forderte Hoegner bei seinem Amtsantritt am 1. Oktober 1945 im Radio die sozialdemokratischen Politiker zur Rückkehr nach Deutschland auf. Im

November ließ der »Kulturbund« (von dem noch die Rede sein wird) in einem Artikel der Deutschen Volkszeitung die Emigranten wissen, dass sie nicht vergessen seien und die Heimat sie brauche. Und einige Fakultäten baten emigrierte Hochschullehrer, an den Ort ihres früheren Wirkens zurückzukehren.[93] Von besonderer Bedeutung war freilich der »Aufruf an die deutsche Emigration«, den die gesamtdeutsche Konferenz der Ministerpräsidenten 1947 veröffentlichte. Die Emigranten sollten sich davon überzeugen, »dass unser Volk auch heute noch in seinem Kern gesund ist und dass seine überwältigende Mehrheit keinen anderen Wunsch hat, als friedlich und arbeitsam im Kreise der übrigen Völker zu leben«. Die Emigranten seien »besonders berufen, Mittler zwischen uns und der übrigen Welt zu sein«. Ohne die übrige Welt, vor allem nicht ohne die Deutschen im Ausland, sei an einen »wirklichen Neubeginn unseres Lebens« nicht zu denken.[94] Als politische Erscheinung jedoch kam das Exil in der Nachkriegspresse kaum vor, und auch die politischen Deutschlandpläne der Emigranten wurden nicht diskutiert. Ihr Platz war das Feuilleton – falls es einen aktuellen Anlass gab.[95]

Von den öffentlichen Rückrufen erfuhren vor allem jene Intellektuellen, die gute persönliche Verbindungen nach Deutschland besaßen. Grundsätzlich galt: Je früher die Rückkehr, desto größer die Chance, von dem Elitenwechsel profitieren zu können. Vor allem sozialdemokratische Politiker remigrierten nach 1945 und machten in der Politik Karriere, unter ihnen Willy Brandt, Willi Eichler, Fritz Heine, Wilhelm Hoegner, Heinz Kühn, Erich Ollenhauer, Ernst Reuter und Herbert Wehner. Die Hälfte des Bundesparteivorstandes setzte sich in den 40er und 50er Jahren aus Remigranten zusammen.[96] Aus dem Exil zurückgekehrte Kommunisten waren zunächst auch in den Westzonen präsent, verloren jedoch mit dem Kalten Krieg (und später mit dem Verbot der KPD) ihren Einfluss. Gute Aussichten auf Erfolg hatten in den westlichen Zonen jene Männer, die für die Kontinuität der Zeit vor 1933 standen. Dank ihrer früheren Zugehörigkeit zu einer lokalen Elite konnten sie nach 1945 in der Regel auf ein Netz persönlicher Verbindungen zurückgreifen. Das trifft auf Max Brauer, den ehemaligen Gewerkschafter und Bürgermeister von Altona, ebenso zu wie auf Ernst Reuter, den ehemaligen Berliner Stadtverordneten und Stadtrat, der nach seiner Rückkehr aus der Türkei 1947 zum Regierenden Bürgermeister von West-Berlin gewählt und in der Zeit der Blockade bekannt wurde.

In Ostdeutschland hatten die kommunistischen Exilanten und Emigranten bis 1949/50 die besten Aussichten, eine tragende Rolle bei der Errichtung einer neuen Staats- und Gesellschaftsordnung zu übernehmen – ganz gleich, in welchem Land sie zuvor Zuflucht gesucht hatten. Das sollte sich freilich Anfang der 50er Jahre ändern, als im Zuge der Parteisäuberungen die Westemigranten stigmatisiert wurden. Wer in die Schweiz, nach Frankreich oder auch, wie Paul Merker, nach Mexiko ins Exil gegangen war, sah sich im Kalten Krieg an den Pranger gestellt. Bereits Anfang 1944 war in der sowjetischen Emigration ein Teil der späteren Führungselite ausgewählt worden. Im April 1945 gelangten die Gruppen um Walter Ulbricht (Berlin), Anton Ackermann (Sachsen) und Gustav Sobottka (Mecklenburg-Vorpommern) in die sowjetische Besatzungszone; Ende des Jahres folgte eine Gruppe deutscher Kommunisten aus Schweden, und im Juni 1946 ließen die Sowjets Rückkehrer aus Mexiko in die SBZ bringen. Aus dem mexikanischen Exil kam 1947 auch die Schriftstellerin Anna Seghers als eine der wenigen politisch aktiven Remigrantinnen in die SBZ. Hier war es nicht die Tradition, sondern der dezidierte Bruch mit der Vergangenheit, die den Elitenwechsel und die antifaschistische Ordnung von Staat und Gesellschaft legitimieren sollte. Ab den frühen 50er Jahren setzte sich die recht homogene Gruppe der »Politemigranten« aus der Sowjetunion gegen jene Kommunisten durch, die das Konzentrationslager überlebt oder aus dem Exil im Westen zurückgekommen waren.

II. DEN FRIEDEN GEWINNEN: POLITISCHE NEUORIENTIERUNG ZWISCHEN BESATZUNGSPOLITIK UND SELBSTVERSTÄNDIGUNG

Zwischen dem Ende des Dritten Reiches und den Staatsgründungen 1949 liegen die Anfänge der politischen Umorientierung der Deutschen. Der Weg sollte aus der nationalsozialistischen Kriegsgesellschaft in die demokratische Friedensgesellschaft führen. Doch schon bald wurde deutlich, dass die Alliierten unterschiedliche Richtungen einschlugen. In den westlichen Zonen war der Vorgang der Demokratiegründung unverkennbar. Die Zulassung politischer Parteien – auch wenn zonale Organisationen erst 1945/46 zustande kamen –, die Wahlen auf Kommunal und Landesebene ab 1946 und die Lizenzpresse ermöglichten nach Jahren der Zensur und Propaganda die verhältnismäßig freie politische Willensbildung. Die westlichen Alliierten sorgten auch dafür, dass radikale Parteien verboten oder ihre Handlungsspielräume eingeengt wurden.[97]

Zwar konnten sich Parteien in der sowjetischen Zone auf zonaler Ebene rasch konstituieren, sie wurden jedoch schon bald zu einem »antifaschistischen Block« zusammengeschlossen. Die Besatzungsmacht beeinflusste den Zusammenschluss von SPD und KPD und griff in die Personalpolitik der Parteien ein. So wurde immer deutlicher, dass sich in der SBZ ein demokratisches Parteiensystem nicht entwickeln würde. Im letzten Jahr der SBZ 1948/49, nicht früher, aber auch nicht später, fielen die richtungweisenden politischen Entscheidungen wie die Stalinisierung der SED und die Zentralisierung der Wirtschaftslenkung. Immer mehr Kompetenz wurde von der SMAD auf die SED und den von ihr kontrollierten Apparat verlagert.[98] Am Ende stand die Gründung zweier deutscher Staaten mit unvereinbaren politischen, wirtschaftlichen und gesellschaftlichen Systemen.

1. Deutschlandpolitik zwischen Kriegsende und Kaltem Krieg

Noch bevor der Krieg gegen die Achsenmächte gewonnen war, hatten sich die Alliierten über die Zukunft Deutschlands beraten. Dabei waren wesentliche Vorentscheidungen gefallen. So hatten sich der amerikanische Präsident Franklin D. Roosevelt, der sowjetische Diktator Josef W. Stalin und der britische Premierminister Winston Churchill auf der Konferenz von Teheran (28. November bis 1. Dezember 1943) darauf verständigt, dass die Sowjetunion die Gebiete Ostpolens, die sie durch den Hitler-Stalin-Pakt von 1939 erlangt hatte, behalten und dass Polen durch die Abtretung deutscher Gebiete östlich der Oder dafür entschädigt werden sollte. Auf der Kriegskonferenz von Jalta hatten sich die »Großen Drei« im Februar 1945 geeinigt, Deutschland in drei Besatzungszonen aufzuteilen, aber durch eine Zentralkommission in Berlin zu verwalten. Die Zerstückelung Deutschlands, von der in Teheran die Rede gewesen war, stand nicht mehr auf der Tagesordnung. Zwischen Krieg und Frieden versuchten die Haupt-Siegermächte, die politischen, wirtschaftlichen und territorialen Fragen genauer zu beantworten, die mit der Zerschlagung des NS-Regimes verbunden waren. Der Neuordnung, die dann 1945 in Potsdam vorgenommen wurde, sollte mehr Erfolg beschieden sein als der Nachkriegsordnung, die 1918 in Versailles beschlossen worden war. Das zumindest hofften die Siegermächte. Den Krieg hatten sie gewonnen, nun mussten sie den Frieden gewinnen.[99]

Die Ziele einer gemeinsamen Deutschlandpolitik festzulegen war nicht so einfach. Zum einen war das gegenseitige Misstrauen gewachsen. Hatte Stalin die Sorge vor einem Separatfrieden der westlichen Alliierten mit Deutschland umgetrieben – man denke nur an die Wiederholung der Kapitulation in Karlshorst –, beobachteten die westlichen Staatsmänner mit Argwohn die sowjetische Politik in Ost- und Südosteuropa. Insbesondere schien sich die Befürchtung zu bestätigen, dass Polen ein Satellitenstaat der UdSSR werden und Moskau sich auch auf dem Balkan mehr Einfluss sichern würde. Churchill zeigte sich besonders skeptisch. Er warnte Harry S. Truman, der am 12. April 1945 nach Roosevelts plötzlichem Tod Präsident der Vereinigten Staaten geworden war, vor einer frühzeitigen Verminderung der militärischen Präsenz in Europa. Schließlich wisse man nicht, was hinter dem »Eisernen Vorhang« geschehe, den die Rote Armee heruntergelassen habe. (Das Sprachbild des »Eisernen Vorhangs«, das im Zuge des Kalten Krieges weit verbreitet werden sollte, stammte indes nicht vom englischen Premierminister, sondern von Joseph Goebbels.)[100] Als Truman auch noch die von Roosevelt unterzeichneten Leih- und Pachtverträge für die Hilfslieferungen an die Verbündeten auflöste, fühlte sich Moskau brüskiert und politisch unter Druck gesetzt. Da auch die anderen Verbündeten protestierten, nahmen die USA binnen kurzem die Lieferungen wieder auf.

Ungeachtet dieser atmosphärischen Störungen ließ eine Vielzahl von offenen Fragen eine Dreier-Konferenz dringend erforderlich scheinen. Auf Stalins Vorschlag sollte diese letzte Kriegskonferenz in Berlin, mithin nach dem Treffen in Jalta wiederum auf sowjetischem Territorium, stattfinden. Auf der Suche nach geeigneten Räumlichkeiten wichen die Organisatoren in die Vororte aus: Die Delegationen wohnten in der Villenkolonie in Babelsberg, der Ort der Zusammenkunft lag auf der anderen

Seite der Havel in dem etwa 30 Jahre zuvor gebauten und nicht zerstörten Schloss Cecilienhof, dem Kronprinzenpalais im englischen Landhausstil, in dem bis März 1945 Mitglieder der Familie Hohenzollern gewohnt hatten. Am 17. Juli begann dort hinter verschlossenen Türen die Konferenz der »Großen Drei«. Bereits in der zweiten Sitzung einigte man sich nicht nur auf die Einrichtung eines Rats der Außenminister, der erstmals im September in London tagen sollte, sondern auch auf die politischen Grundsätze zur Behandlung Deutschlands. Sie sollten die Kompetenz des Alliierten Kontrollrats regeln und ihm Handlungsanweisungen geben.

Doch was war im Sommer 1945 unter »Deutschland« zu verstehen? Darüber stritten auch Churchill, Truman und Stalin. Während der amerikanische Präsident Deutschland in den Grenzen von 1937 vor Augen hatte und argumentierte, dass es derzeit kein Deutschland gebe, hielt Stalin mit der Behauptung dagegen, es könne nur um das Deutschland gehen, wie es sich nach der Kapitulation (und, so wäre zu ergänzen, nach der faktischen sowjetischen Annexion der Gebiete östlich der Oder-Neiße-Linie) darstelle. Schließlich übernahm auch Stalin die Formel der »Grenzen von 1937«, wohl wissend, dass niemand in Potsdam die Tatsache bestritt, dass die formal unter polnische Verwaltung gestellten Ostgebiete nicht zu dem gemeinten, von den Alliierten gemeinsam zu verwaltenden Territorium zu rechnen seien. Die Frage der deutsch-polnischen Grenze blieb dennoch auf der Tagesordnung. Truman wollte die endgültige Klärung einer späteren Friedenskonferenz vorbehalten. Er verwahrte sich dagegen, dass Polen auf eigene Faust gleichsam als fünfte Besatzungsmacht eine eigene Besatzungszone auf deutschem Gebiet eingerichtet habe. Stalin konnte indes auf die Beschlüsse von Jalta verweisen. Hier hatte man in der Tat festgelegt, dass Polens Ostgrenze entlang der seit 1919 so genannten Curzon-Linie zwischen Grodno und Brest verlaufen und Polen als Entschädigung für den Verlust seiner Ostgebiete zusätzliches

Land im Westen erhalten sollte. Darüber hinaus betonte Stalin, dass angesichts der Flucht der gesamten deutschen Bevölkerung nunmehr die Verwaltung durch eine polnische Administration notwendig geworden sei, schon um die weiter vorrückende Armee nicht zu überfordern. Das ging an der Wirklichkeit vorbei. Tatsächlich war bis dahin etwa die Hälfte der 9,5 Millionen Deutschen, die 1939 östlich von Oder und Neiße gelebt hatten, geflohen; die Vertreibung der Übrigen setzte ungefähr zu der Zeit ein, als Stalin in Potsdam bereits das Ergebnis als *fait accompli* verkündete.[101]

Ein Dauerthema war seit der Konferenz von Jalta die Reparationsfrage. Auf der Krim hatte man über eine Zahlungsverpflichtung von 20 Milliarden Dollar gesprochen, von denen 10 Milliarden an die UdSSR gehen sollten. In Moskau tagte seit Ende Juni 1945 eine Reparationskommission, in der die unterschiedlichen amerikanischen und sowjetischen Auffassungen rasch deutlich wurden. Die Vertreter der sowjetischen Seite insistierten auf einer festen Summe und einem fixen Anteil, während der amerikanische Vertreter auf eine prozentuale Quote drängte. Schon wegen der Erfahrung nach dem Ersten Weltkrieg, als die Vereinigten Staaten indirekt den größten Teil des europäischen Wiederaufbaus finanziert hatten, zielte der Delegierte Edwin Pauley darauf ab, Deutschland nicht zu hohe Reparationslasten aufzubürden. Auch von Entnahmen aus der laufenden Produktion riet er ab; der Großteil sollte vielmehr aus dem bestehenden Volksvermögen sowie aus der Demontage von Fabriken und Maschinen gewonnen werden. Die um die Besatzungskosten, den deutschen Verbrauch und die Importausgaben geminderte Produktion sollte die Grundlage für Reparationen bilden. Eine Regelung, die gänzlich offen ließ, wie hoch der festgelegte Reparationsbetrag in absoluten Zahlen schließlich sein würde, konnte den sowjetischen Vertretern angesichts der wirtschaftlichen Misere in Deutschland 1945 und der desolaten Lage in der Heimat nicht zusagen. Deshalb stockte auch die Konferenz in Potsdam.

Hinter den Kulissen jedoch wurde an einem Kompromiss gearbeitet. Der amerikanische Außenminister James F. Byrnes schlug vor, das Reparations*gebiet* zu teilen, so dass es der Sowjetunion wie auch den Westmächten freistehen würde, in ihren Zonen nach Gutdünken zu verfahren – die sowjetische Zone entsprach etwa der Hälfte der Industrie- und Wirtschaftskapazität des verbliebenen deutschen Territoriums. Zugleich boten die USA ihre Zustimmung zur polnischen Westgrenze an. Tatsächlich einigten sich Truman und der sowjetische Außenminister Wjatscheslaw Molotow (Stalin fehlte wegen einer Erkältung) Ende Juli in diesem Sinne. Die amerikanische Seite akzeptierte die westliche Neiße als Grenze und bot die diplomatische Anerkennung der Regierungen in Rumänien, Bulgarien, Ungarn und Finnland an. Im Gegenzug verzichtete Molotow auf jede feste Summe in der Reparationsfrage. Die britische Seite hatte nach dem Ausgang der Parlamentswahlen neue Vertreter geschickt: Nachdem Churchill am 26. Juli 1945 wegen der Wahlniederlage zurückgetreten war, kam Clement Attlee als neuer Premierminister nach Potsdam, Ernest Bevin wurde Nachfolger von Anthony Eden im Amt des Außenministers. Beide spielten als Delegierte einer Großmacht zweiter Ordnung jedoch keine große Rolle, sondern wurden über den Ausgang der Verhandlungen lediglich informiert. Die Regelung sah vor, dass die UdSSR ihre Ansprüche in der Hauptsache aus ihrer eigenen Besatzungszone und aus deutschen Guthaben in den ost- und südosteuropäischen Ländern befriedigte. Des Weiteren sollten aus den Westzonen 10 Prozent der Reparationsentnahmen ohne Bezahlung sowie 15 Prozent deutscher Leistungen im Tausch vor allem gegen Lebensmittel, Holz, Kohle und Kali erfolgen. Gesonderte polnische Forderungen gab es nicht, sie waren in dem sowjetischen Anteil an Reparationen enthalten.[102] Tatsächlich sollte die SBZ die verhältnismäßig höchsten Reparationen im 20. Jahrhundert zahlen.[103]

Die Lösung des Reparationsproblems hatte jedoch ihren

Preis. Sieht man davon ab, dass die Abtrennung Pommerns, Schlesiens, Ost- und Westpreußens nunmehr, allen formalen Kautelen zum Trotz, beschlossene Sache war und dass auch die »Umsiedlung« offiziell akzeptiert wurde, so stellte die Einigung auf den Modus der Reparationen die Weiche für die spätere Trennung Deutschlands. Die Zweiteilung der Reparationsgebiete und die Vollmacht an die Kommandanten, das Reparationsproblem in der jeweiligen Zone zu regeln, war der folgenschwere erste Akt der Aufteilung Deutschlands in die Interessensphären der zwei rivalisierenden Weltmächte. Dieses Manko konnte nicht durch die Forderung ausgeglichen werden, Deutschland nach wie vor als eine wirtschaftliche Einheit zu behandeln. Prompt beendete General Lucius D. Clay die Reparationsleistungen an die UdSSR, als nur wenige Monate nach der Konferenz die Tauschlieferungen aus der SBZ ausblieben.[104]

Die Konferenz schloss am 2. August 1945 mit der Veröffentlichung der Ergebnisse, die als »Potsdamer Abkommen« zu einem Schlüsseldokument der Nachkriegszeit wurde. Im Unterschied zu Truman, der in einer Rundfunkansprache am 9. August den Verlauf und die Ergebnisse der Konferenz schönredete und beispielsweise von dem für die Polen notwendigen »Siedlungsraum« sprach, den die meisten Deutschen bereits »verlassen« hätten, legte Churchill als Oppositionsführer den Finger in die Wunde. In der provisorischen Westgrenze Polens sah er eine längerfristige Belastung. Er warf zudem die Frage nach dem Schicksal der Vertriebenen auf und warnte vor ähnlich schlimmen Folgen bei einer Ausweisung der Deutschen aus der Tschechoslowakei. Es sei »nicht ausgeschlossen, dass eine Tragödie ungeheuren Ausmaßes sich hinter dem Eisernen Vorhang, der Europa gegenwärtig entzweischneidet, abspielt«[105]. Die Franzosen, die von dieser letzten Kriegskonferenz ausgeschlossen waren – was General Charles de Gaulle empört zur Kenntnis nehmen musste –, erkannten nur jene Passagen des Abkommens an, die der deutschlandpolitischen Vorstellung der französischen Regierung entsprachen. Außenminister Georges Bidault machte seinen Kollegen schnell klar, dass zentrale französische Interessen nicht berücksichtigt worden seien. Vor allem dem großen Sicherheitsbedürfnis sei in Potsdam nicht Rechnung getragen worden. Die Franzosen, die ein Höchstmaß an Föderalismus bevorzugten, kritisierten Maßnahmen mit gesamtdeutscher Tendenz wie die Zulassung politischer Parteien auf gesamtdeutscher Ebene oder die Schaffung zentraler Verwaltungsbehörden. Zudem wurmte es de Gaulle, dass der Sowjetunion deutsches Territorium im Osten zugeschlagen worden war, während das Saargebiet im Westen weiterhin zu Deutschland gehörte. Das ließ für die Zusammenarbeit im Alliierten Kontrollrat nichts Gutes ahnen.

Die grundsätzliche Bedeutung des Potsdamer Abkommens ist unstrittig: Es war die »Magna Charta der Nachkriegspolitik gegenüber Deutschland«[106]. Gewiss, die endgültige Vereinbarung im Rahmen eines Friedensvertrages, von der immer wieder die Rede war, wenn es galt, den provisorischen Charakter bestimmter Regelungen zu unterstreichen, hat es nie gegeben. Dagegen war der Erste Weltkrieg acht Monate nach den letzten Kampfhandlungen in Versailles mit einem Friedensvertrag beendet worden, den außer den Vertretern des Deutschen Reiches 27 Siegerstaaten unterzeichnet hatten. Gleichwohl sollte sich die zweite Nachkriegsordnung als erheblich stabiler herausstellen als die erste, auch wenn das Abkommen, das die einen als völkerrechtlichen Vertrag, die anderen als Kommuniqué einer Konferenz verstanden wissen wollten, in dem Maße an Bedeutung verlor, wie die in ihm enthaltenen Auflagen unrealistisch wurden.

Die politisch-administrative Umgestaltung

Wie es die drei Großmächte auf der Krim vereinbart hatten, wurde Deutschland nach der bedingungslosen Kapitulation in Besatzungszonen und die Hauptstadt Berlin in Sektoren aufgeteilt; Frankreich richtete als vierte Kontrollmacht eine eigene Besatzungszone und einen eigenen Sektor ein. Am 30. Juli 1945 nahm der Alliierte Kontrollrat für Deutschland in Berlin seine Arbeit auf; er sollte lahm gelegt werden, als im März 1948 der Delegierte der Sowjetunion die Versammlung verließ. Die Oberbefehlshaber der vier Mächte übten in ihren Besatzungszonen die oberste Regierungsgewalt gemäß den Weisungen ihrer Regierungen aus; gemeinsam fällten sie im Alliierten Kontrollrat Entscheidungen »in allen Deutschland als ein Ganzes betreffenden Angelegenheiten«. Den Kontrollrat im engen Sinne bildeten also General Dwight D. Eisenhower (USA), Feldmarschall Bernard L. Montgomery (Großbritannien), General Pierre Koenig (Frankreich) und Marschall Georgi K. Schukow (UdSSR). Im weiteren Sinn zählten auch die politischen Berater der Oberbefehlshaber zum Kontrollrat: Robert Murphy (USA), Sir William Strang (Großbritannien), Andrej Wyschinski, gleichzeitig stellvertretender Außenminister der UdSSR. Die Vertreter der Oberbefehlshaber (1945 die Generale Clay, Robertson, Koeltz und Sokolowski) bereiteten im Koordinierungsausschuss die Kontrollratssitzungen vor, die dreimal im Monat im Gebäude des Berliner Kammergerichts stattfanden, wo noch wenige Monate zuvor der nationalsozialistische »Volksgerichtshof« unter dem Vorsitz von Roland Freisler Angehörige des Widerstandes in den Tod geschickt hatte. Der Rat beschäftigte in verschiedenen Fachressorts 175 Ausschüsse unter anderem mit Fragen der Politik, der Wirtschaft, des Verkehrs, der Reparationen, des Militärs und der Kriegsgefangenen. Ihre Proklamationen, Gesetze und Verordnungen wurden im Amtsblatt des Kontrollrates auf Englisch, Französisch, Russisch und Deutsch veröffentlicht.[107]

Zugleich sollte der Kontrollrat dazu dienen, die Besatzungspolitik in den einzelnen Zonen gemäß den in Potsdam beschlossenen Grundsätzen und Zielen aufeinander abzustimmen. In der Praxis übte die oberste Regierungsgewalt der jeweilige Militärgouverneur aus, der zugleich Oberbefehlshaber der Besatzungstruppe war. Für die Verwaltung der Zone waren die stellvertretenden Militärgouverneure zuständig.

Entsprechend der Doppelfunktion des Militärgouverneurs befand sich die Zonenregierung am Ort des jeweiligen Hauptquartiers; das SHAEF war am 14. Juli aufgelöst worden. Die amerikanische Militärregierung, die sich ab Herbst 1945 offiziell OMGUS (Office of Military Government for Germany, United States) nannte, residierte in Frankfurt am Main, die französische saß in Baden-Baden und die Sowjetische Militäradministration in Berlin-Karlshorst. Allein die britische Militärregierung war über mehrere kleinere, aber zentral gelegene Städte verstreut: Das militärische Hauptquartier befand sich in Bad Oeynhausen, die Zentrale der Militärregierung (Control Council Group / British Element) lag in Lübbecke, Minden und Herford.

Zu den politischen Folgen der Niederlage zählte die territoriale und politisch-administrative Neuordnung des verkleinerten Deutschland ab Sommer 1945. Die veränderten Grundstrukturen sollten bis zum Ende der direkten Besatzungsherrschaft im Herbst 1949 Bestand haben. Bereits um die Jahreswende 1945/1946 unterschieden sie sich derart, dass die im Potsdamer Abkommen festgelegte Erklärung, Deutschland im Hinblick auf Wirtschaft und Verwaltung als ein Ganzes zu behandeln, zu einer Wunschvorstellung geraten war. Die frühesten organisatorischen Grundlagen für die Bundesrepublik und die DDR wurden in der unmittelbaren Nachkriegszeit gelegt.

Was änderte sich nach dem Ende des NS-Regimes? An die Stelle des nationalsozialistischen Zentralismus trat nun, mit der Auflösung der Reichsbehörden, die dezentrale Einteilung. Die vier Zonen und die vier Sektoren Berlins grenzten neue Macht- und Verwaltungseinheiten voneinander ab, während unterhalb dieser Ebene die überkommenen politischen und administrativen Strukturen fortbestanden. In den Kreisen und Kommunen sollten die Deutschen unter der Aufsicht der Militärregierung schon bald Freiraum zur Selbstverwaltung erhalten, während die

Länder 1945 bloße Verwaltungseinheiten waren, die für den Verlauf der Zonengrenze keine Rolle spielten. Die Neugliederung revidierte die »Gleichschaltung« der Länder 1933/34 durch die Einsetzung von »Reichsstatthaltern«, die Abschaffung der Landtage und die Übertragung der Hoheitsrechte der Länder auf das Reich. Bereits nach dem Ersten Weltkrieg hatten jene einen Großteil ihrer Selbständigkeit verloren.[108]

Nach der Besetzung befanden sich in allen Zonen Teile des einst großflächigen Preußens: vor allem in der SBZ mit den Provinzen Brandenburg und Sachsen sowie Teilen von Pommern und Schlesien; in der britischen Zone mit den Provinzen Schleswig-Holstein, Hannover, Westfalen und der Rheinprovinz. Ein Großteil der Provinz Hessen-Nassau lag nun in der amerikanischen Zone, das Saarland, Hohenzollern (Sigmaringen) und Teile der Rheinprovinz standen unter französischer Herrschaft. Erst knapp zwei Jahre später, am 25. Februar 1947, beschloss der Alliierte Kontrollrat ganz formell, was in der Praxis längst deutlich geworden war: das Ende Preußens. In der Präambel des Gesetzes Nr. 46 hieß es lakonisch: »Der Staat Preußen, der seit jeher Träger des Militarismus und der Reaktion in Deutschland gewesen ist, hat in Wirklichkeit zu bestehen aufgehört.«

In Ostdeutschland bildeten die Länder Mecklenburg-Vorpommern (so die amtliche Bezeichnung bis 1947), Sachsen und Thüringen sowie die Provinzen Mark Brandenburg und Sachsen-Anhalt bereits ab Juli 1945 den Handlungsrahmen für die Besatzungspolitik. Noch vor dem Eintreffen der Westalliierten waren im Mai und Juni in Berlin ein Magistrat und eine Stadtverwaltung eingerichtet worden. Am 9. Juni 1945 beauftragte die sowjetische Regierung ihre Militäradministration, die SMAD, mit der Verwaltung der SBZ. Unter der Leitung des Oberbefehlshabers der sowjetischen Besatzungstruppen in Deutschland, des Marschall Schukow, reichte ihr Arm durch eine entsprechende administrative Gliederung über die Sowjetischen Militäradministrationen (SMA) auf Länder- und Provinzebene bis zu den sowjetischen Kommandanturen in den Städten und Kreisen.[109] Der faktisch bedeutungslose Unterschied zwischen Provinzen und Ländern wurde 1947 aufgehoben. Fortan bestand die SBZ aus fünf »Ländern«, die im Rahmen des Zentralismus der SBZ als reine Selbstverwaltungskörperschaften fungierten. Nur fünf Jahre später sollte ohnehin eine Verwaltungsreform zu einer Neugliederung der DDR in 15 Bezirke führen, die sich in der Regel nicht an den Ländergrenzen orientierte. Die durch den zunächst geheim gehaltenen SMAD-Befehl Nr. 17 vom 27. Juli 1945 geschaffenen elf Zentralverwaltungen, die im Ansatz über die politischen Fachressorts einer deutschen Regierung verfügten, blieben reine Ausführungsorgane der SMAD. Zwar dienten sie auch dem notwendigen Wiederaufbau vor allem des Wirtschaftslebens, in erster Linie waren die Zentralverwaltungen jedoch die Werkzeuge der SMAD für die Umgestaltung von Wirtschaft, Gesellschaft, Verwaltung und Politik.[110]

In der britischen Zone endete der Prozess der Länderbildung erst 1947, als nach der offiziellen Auflösung Preußens Schleswig-Holstein unter Ministerpräsident Theodor Steltzer den Status eines selbständigen Landes erhielt. Zuvor, im November 1946, war Niedersachsen gebildet worden. Im Juli 1946 entstand als drittes Land Nordrhein-Westfalen (Ministerpräsident: Rudolf Amelunxen), dem Anfang 1947 noch das kleine Land Lippe zugeschlagen wurde. Die Hansestadt Hamburg dagegen behielt ihre Größe und Selbständigkeit und wurde das vierte Land der britischen Zone.

Bayern, Württemberg-Baden und (Groß-)Hessen errichteten die Amerikaner als Länder ihrer Zone am 19. September 1945; das zunächst von den Briten besetzte Bremen kam erst im Januar 1947 hinzu. Hessen bestand aus den früher preußischen Provinzen Kurhessen und Hessen-Nassau sowie den beiden rechtsrheinischen Teilen des Landes Hessen; Wiesbaden wurde die Hauptstadt dieses Zusammenschlusses. Während Bayern – sieht man von der französisch besetzten linksrheinischen Pfalz ab – in seiner alten Größe erhalten geblieben war, wurden Württemberg und Baden geteilt. Der jeweils nördliche Bereich gehörte nun zum amerikanischen Württemberg-Baden, der südliche fiel an zwei französische Gebiete: Württemberg-Hohenzollern und Baden mit den Hauptstädten Tübingen bzw. Freiburg. Die Diskussion um einen »Südweststaat«, der die württembergischen Gebiete wieder vereint, den Verbund mit Baden beibehalten und auch (das südliche) Baden umfasst hätte, bewegte die Gemüter die ganze Besatzungszeit über. Zu der einzigen Änderung sollte es erst 1952 kommen, als die drei künstlich geschaffenen Länder in Südwestdeutschland zum Bundesland Baden-Württemberg zusammengeschlossen wurden.

Neben Baden und Württemberg-Hohenzollern bildete das im August 1946 errichtete Rheinland-Pfalz das dritte Land der französischen Besatzungszone. Es wurde zusammengefügt aus Fragmenten verschiedener Gebiete wie Bayern, Rheinpreußen, (preußisch) Hessen-Nassau oder Hessen. Das Saargebiet wurde peu à peu in das französische Wirtschaftsgebiet eingegliedert. Da Frankreich als einzige Siegermacht mit dem besiegten Reich eine gemeinsame Grenze besaß, konnte die französische Regierung ältere Annexionsabsichten verwirklichen, die sich wegen der saarländischen Kohlegruben aus wirtschaftlichen Motiven ebenso speisten wie aus dem Sicherheitsbedürfnis. Das Saarland wurde deshalb umgehend von der eigenen Besatzungszone abgeschnitten, die Zollgrenze verlief seit Dezember 1946 entlang der Demarkationslinie zwischen dem Saarland und der übrigen französischen Zone. Die westlichen Alliierten hatten der Gebietsabtrennung im Westen auf der Pariser Außenministerkonferenz zugestimmt. Der Kontrollrat besaß seitdem auf das Saarland ebenso wenig Einfluss wie auf die Territorien östlich von Oder und Neiße. Um 142 Gemeinden der Landkreise Saarburg, Trier und Birkenfeld erweitert, unterstand das Saargebiet bis Ende 1956 als selbständige Verwaltungseinheit der französischen Kontrolle. Innerhalb des Saargebiets unterstützte vor allem die

Christliche Volkspartei (CVP) unter der Führung von Johannes Hoffmann die von der Verwaltung ins Leben gerufene Bewegung für die Angliederung an Frankreich; die CVP siegte bei den Landtagswahlen vom 5. Oktober 1947 mit 51,2 Prozent der Stimmen. Am 15. Dezember 1947 verabschiedete der Landtag eine Verfassung, die in ihrer Präambel den wirtschaftlichen Anschluss an die französische Republik, die Währungs- und Zolleinheit und die politische Unabhängigkeit vom Reich als Wille der saarländischen Bevölkerung forderte. Tatsächlich war am 1. April 1948 die Eingliederung in das französische Zoll- und Währungsgebiet vollzogen, drei Monate später erhielten die Saarländer eine eigene Staatsangehörigkeit – die freilich keine internationale Anerkennung fand.

Welche Funktion den Ländern im Rahmen ihrer grundsätzlichen Abhängigkeit von der Besatzungsmacht zukam, hing nicht zuletzt von deren deutschlandpolitischen Vorstellungen ab. Eine vergleichsweise große politische Selbständigkeit genossen die Länder bis 1949 in der französischen Zone. Das entsprach der föderalistischen Konzeption eines staatenbündischen Deutschland, die sich gegen eine deutsche Zentralgewalt richtete. Baden, Württemberg-Hohenzollern und Rheinland-Pfalz bildeten deshalb die oberste politische Handlungsebene, ein übergeordnetes Gremium gab es nicht. Auch die amerikanische Besatzungsmacht ging von der Annahme aus, dass Föderalismus und Demokratie zwei Seiten einer Medaille seien. Bereits im September 1945 legte sie Legislative, Exekutive und Judikative in die Hand der Länder und stärkte so die Position der Ministerpräsidenten.

Weil die Amerikaner eine indirekte, auf Anweisung und Überwachung begrenzte Besatzungsherrschaft anstrebten, richteten sie noch im Oktober 1945 einen »Länderrat« mit Sitz in Stuttgart ein. Dieser sollte dazu dienen, das politische, wirtschaftliche, soziale und kulturelle Handeln in Stuttgart, München, Wiesbaden und Bremen aufeinander abzustimmen und im Rahmen der Richtlinien länderübergreifende Probleme zu lösen. In der britischen Zone diente der in Hamburg tagende »Zonenbeirat« als deutsches Koordinierungsorgan mit Beratungsfunktion. Schon im Sommer 1945 wurden überregionale Behörden eingesetzt, die der britischen Kontrollkommission direkt unterstanden und deren Chefs einen entsprechend hohen Stellenwert besaßen. Dem Zonenbeirat gehörten Vertreter von Parteien und Berufsständen ebenso an wie die Ministerpräsidenten und die Chefs der Zentralämter. Nach seiner Umgestaltung 1947 wurde das parlamentarische Element dadurch gestärkt, dass fortan die 37 Mitglieder in den Landtagen gewählt wurden.[111] Beide Einrichtungen oberhalb der Länderebene, der Länderrat in der amerikanischen wie der Zonenbeirat in der britischen Zone, dienten als Ausgleich dafür, dass die gesamtdeutschen Staatssekretariate, die zumindest die wirtschaftliche Einheit der vier Zonen Deutschlands im Sinne des Potsdamer Abkommens hätten sichern sollen, aufgrund des französischen Widerstandes im Kontrollrat nicht verwirklicht worden waren.

Immer waren die Länder Ausführungsorgane der Besatzungsmacht, die letzte personalpolitische Entscheidung blieb stets den Alliierten vorbehalten. Am 8. September 1945 entließ beispielsweise die amerikanische Militärregierung für Bayern kurzerhand den am 28. Mai eingesetzten Ministerpräsidenten Fritz Schäffer, dem vorgehalten wurde, die Entnazifizierung nicht entschieden genug vorangetrieben zu haben, und setzte ebenso ohne Umschweife den Sozialdemokraten Wilhelm Hoegner ein. Bei der Suche nach geeigneten Persönlichkeiten griffen die westlichen Besatzungsmächte in erster Linie auf Politiker der Weimarer Zeit zurück. Wer sich in den 20er und frühen 30er Jahren als Demokrat und Republikaner bewährt und sich vom Nationalsozialismus fern gehalten, womöglich gegen ihn opponiert hatte, kam als Kandidat für Leitungsfunktionen in Frage. Zu denen, die auf diese Weise ihren Weg zurück in die Politik fanden, zählten in Württemberg-Baden die ehemaligen liberalen Reichstagsabgeordneten Reinhold Maier als Ministerpräsident und

Theodor Heuss als Kultusminister sowie in Bremen der ehemalige sozialdemokratische Senator Wilhelm Kaisen als Bürgermeister. Unterhalb dieser Ebene galt es, unmittelbar nach Kriegsende zahlreiche Posten neu zu besetzen. Theodor Spitta, wenig später Zweiter Bürgermeister von Bremen, klagte am 8. Juni 1945 über seinen Arbeitstag im Rathaus: »Man erstickt in Personalfragen (…). So gibt es ein unerfreuliches Jagen nach Stellungen, und für viele sind die vergangenen zwölf Jahre einfach auszulöschen und ist die Zeit um die zwölf Jahre zurückzustellen.«[112]

2. Von der Besatzungsherrschaft zur Zweistaatlichkeit

Die Verhärtung der Fronten

Zwar hatten die »Großen Drei« im Abkommen von Potsdam die Möglichkeit einer gemeinsamen Verwaltung Deutschlands geschaffen, indem sie die Einrichtung zentraler deutscher Verwaltungsstellen vorsahen. Doch dazu kam es nicht. Der Vorstellung einer Zentralverwaltung stand das Ziel der führenden französischen Politiker entgegen, Deutschland auf Dauer wirtschaftlich und militärisch schwach zu halten. Hier wirkte die Erfahrung des Krieges und der Besatzung des Landes nach – sowie die Tatsache, dass General de Gaulle nicht in das Schloss Cecilienhof nach Potsdam gebeten worden war. Der Staatschef und sein Außenminister Bidault verlangten statt einer Verwaltung, welche die Einheit des Landes respektiert hätte, die territoriale Umgestaltung. Nicht nur im Osten, sondern auch im Westen sollten Gebiete abgetrennt, das Rheinland und Westfalen zu selbständigen Kleinstaaten reduziert, das Ruhrgebiet unter die Ägide einer internationalen Regierung gestellt und das Saargebiet in den französischen Wirtschafts- und Währungsraum integriert werden. Als Mitglied des Alliierten Kontrollrats blockierte Frankreich die – stets einstimmig zu fassenden – Beschlüsse, die dem Ziel der zentralen Verwaltung entsprochen hätten, wie zum Beispiel die Institutionalisierung einer gesamtdeutschen Post und einer Eisenbahn. Im Gegensatz zu den übrigen drei Zonen nahm die französische keine Flüchtlinge und Vertriebenen auf. Reparationen wurden in großem Umfang aus der laufenden Produktion entnommen.

Das unterschiedliche Vorgehen in den einzelnen Besatzungszonen kann angesichts der französischen und der sowjetischen Deutschlandpolitik nicht überraschen. Noch 1945 zerfiel das einheitliche Besatzungsgebiet mit seinen Zonen in politische Einheiten, in denen die jeweilige Besatzungsmacht den Ton angab. In der sowjetischen Besatzungszone lief die wirtschaftliche Entwicklung längerfristig – wenn auch keineswegs geradlinig – auf eine sozialistische Planwirtschaft nach dem Vorbild der UdSSR hinaus, die den Systemwechsel aus deutschlandpolitischen Gründen zunächst bremste. Von einer konsequenten Sowjetisierung kann indes schon aufgrund des unterschiedlichen Entwicklungsniveaus und der Handlungsspielräume auf deutscher Seite keine Rede sein.[113] Für weitere Spannungen sorgte die Reparationspraxis der Sowjetunion, die den Bestimmungen des Potsdamer Abkommens zuwiderlief und eine Ursache für die Versorgungsengpässe in den Westzonen bildete. Hinzu kam die politische Entwicklung. Die Gründung einer Einheitsgewerkschaft und die Vereinigung von KPD und SPD im Frühjahr 1946 waren mit dem Demokratieverständnis der Amerikaner und Briten unvereinbar. Das politische Misstrauen wurde weiter genährt durch die sowjetische Expansion in Osteuropa und die Versuche, in Persien, in der Türkei, in Griechenland und Ägypten an Einfluss zu gewinnen. Der Entschluss der britischen Labour-Regierung, das Ziel der Viermächteverwaltung aufzugeben und stattdessen eine gemeinsame Verwaltung der Westzonen in die Wege zu leiten, stieß im Frühjahr 1946 auf die Zustimmung des stellvertretenden Militärgouverneurs und Vertreters der USA im Kontrollrat. General Lucius D. Clay ließ im Mai die Reparationslieferungen aus der amerikanischen in die sowjetische und die französische Zone einstellen. Seiner Regierung unterbreitete er den Vorschlag, zumindest die amerikanische und die britische Zone zu einer einzigen Besatzungszone zusammenzuschließen.

Clays Vorschlag traf die Regierung in Washington nicht unvorbereitet, hatten amerikanische Diplomaten doch bereits diese Richtung vorgezeichnet. Insbesondere George F. Kennan war als

Kritiker der sowjetischen Expansionspolitik hervorgetreten: So hatte er in einem »langen Telegramm« aus Moskau vor der Absicht des Kremls gewarnt, zunächst die Position in Ostdeutschland zu festigen und dann mit dem Mittel der Zentralinstitutionen den Einfluss auf die westlichen Zonen auszuweiten. Die USA sollten deshalb, so lautete seine Empfehlung, die Konsolidierung der Westzonen als ihr vorrangiges Ziel begreifen.[114] Dagegen drang der amerikanische Außenminister Byrnes zunächst darauf, Deutschland nach dem Abzug der Besatzungstruppen für weitere 25 Jahre in einem entmilitarisierten Status zu belassen, den die vier Siegermächte zu überwachen hätten. Die Konferenz der Außenminister, die vom 25. April bis zum 16. Mai 1946 und vom 15. Juni bis zum 12. Juli 1946 in Paris stattfand, führte jedoch zu keiner Einigung. Molotow wies Byrnes' Plan einer vollständigen Entwaffnung und Besetzung zurück. Auch den Vorschlag der Franzosen, das Ruhrgebiet einer internationalen Kontrolle zu unterwerfen, lehnte Molotow zugunsten einer Viermächte-Kontrolle ab; zudem forderte er eine Reparationszahlung in Höhe von 10 Milliarden Dollar aus den Besatzungszonen an die Sowjetunion, was wiederum bei den westlichen Alliierten auf Ablehnung stieß. An eine gemeinsame Verwaltung des besetzten Deutschland war nicht mehr zu denken, so viel machte das Scheitern der Pariser Konferenz deutlich.

Die Folge war ein Wandel der amerikanischen Deutschlandpolitik. Am 6. September 1946 wandte sich Byrnes am Sitz des Länderrats der amerikanischen Zone an die deutsche Öffentlichkeit. In seiner Stuttgarter Rede kündigte er die Vereinigung der britischen mit der amerikanischen Besatzungszone sowie die Gründung deutscher Zentralbehörden an, die in der »Bizone« fortan die politische Verantwortung tragen sollten.[115] Seine Kritik an den sowjetischen Verstößen gegen die Potsdamer Beschlüsse und an dem französischen Vorhaben, das Ruhrgebiet und das Rheinland abzutrennen, verband er mit der Absichtserklärung, dass die Truppen der US-Armee für die Dauer des Wiederaufbaus auf dem Kontinent bleiben würden – im Gegensatz zu der Zeit nach dem Ersten Weltkrieg, als sich die Truppen einst zurückgezogen hatten. Byrnes sprach sich entschieden dagegen aus, dass Deutschland »eine Schachfigur« oder gar ein Teilnehmer in einer militärischen Auseinandersetzung zwischen Ost und West sein würde. Der Außenminister plädierte für die weitgehende wirtschaftliche Einheit des Landes und lehnte dessen Verelendung entschieden ab, wie sie die Zahlung von Reparationen aus der laufenden Produktion mit sich bringen würde. Deutschland sollte nicht in ein »Armenhaus« verwandelt werden – schon im Interesse Europas nicht. Ferner sollte dem deutschen Volk »innerhalb ganz Deutschlands die Hauptverantwortung für die Behandlung seiner eigenen Angelegenheiten bei geeigneten Sicherungen übertragen werden«.

Am Ende der viel beachteten, im Rundfunk und durch Abdrucke verbreiteten Rede hielt Byrnes fest: »Das amerikanische Volk wünscht, dem deutschen Volk die Regierung Deutschlands zurückzugeben. Das amerikanische Volk will dem deutschen Volk helfen, seinen Weg zurückzufinden zu einem ehrenvollen Platz unter den freien und friedliebenden Nationen der Welt.«[116] Die Rede, die für die interessierten Zuhörer den Wendepunkt der amerikanischen Deutschlandpolitik markierte, verdeutlichte zugleich, dass sich die Deutschen in der sowjetischen Besatzungszone offenbar bereits außerhalb des unmittelbaren Blickfeldes der westlichen Alliierten befanden. Die angekündigte Vereinigung der britischen und der amerikanischen Zone fand jedenfalls am 2. Dezember 1946 in New York ihren formalen Abschluss, wo die Außenminister ein entsprechendes Abkommen unterzeichneten, das am 1. Januar 1947 in Kraft trat.

Durch die dezentrale Organisation des »Vereinigten Wirtschaftsgebiets« sollte dem Eindruck entgegengewirkt werden, dass in der neu geschaffenen Zone eine neue deutsche Hauptstadt entstehe. Über beide Zonen verteilt, entstanden deshalb fünf Zentralämter, deren Aufgabe es war, zwischen den Landesministerien und den Besatzungsmächten zu vermitteln. Sie wurden zudem an unterschiedlichen Orten eingerichtet. So lag das Amt für Wirtschaft in Minden, für Finanzen in Bad Homburg, für Ernährung und Landwirtschaft in Stuttgart, für Verkehrswesen in Bielefeld und für das Postwesen in Frankfurt am Main. Die Konkurrenz der Ämter auf den verschiedenen Ebenen, das Fehlen einer zentralen Stelle und die Abhängigkeit der Ämter von den Militärregierungen waren für die mangelnde Effizienz der Bizonenverwaltung verantwortlich. Hinzu kam, dass wichtige wirtschaftliche Einrichtungen außerhalb ihrer Zuständigkeit lagen. So war die »Joint Export-Import Agency« (JEIA) die für den Außenhandel maßgebliche Instanz, die »North German Iron and Steel Control« herrschte von Düsseldorf aus über die beschlagnahmte Eisen- und Stahlindustrie der britischen Zone, und die Kohlegruben lagen seit Juli 1945 in den Händen der »North German Coal Control«, die im Herbst 1947 zur »UK/US Coal Control Group« erweitert wurde.[117]

Eine weitere Konferenz der Außenminister, diesmal in Moskau vom 10. März bis zum 24. April 1947, führte ebenfalls zu keinem Ergebnis; Molotow wiederholte seine Forderung nach Reparationszahlungen im Wert von 10 Milliarden Dollar und verlangte die Aufhebung des Beschlusses zur Gründung der Bizone. Dagegen wirkte die Rede nach, die Truman kurz nach Konferenzbeginn vor dem amerikanischen Kongress gehalten hatte. Truman verknüpfte die Zusage von Wirtschaftshilfe an Griechenland und die Türkei mit der Erklärung, dass die Vereinigten Staaten all jene freien Völker unterstützen würden, »die sich der Unterwerfung durch bewaffnete Minderheiten oder durch Druck von außen widersetzen«.[118] Im Rahmen der amerikanischen *containment*-Politik, die auf das Eindämmen des sowjetischen Einflusses zielte, suchte die als Truman-Doktrin bekannt gewordene Stellungnahme vor allem der UdSSR unmissverständlich klar zu machen, dass die USA ein weiteres Vordringen in Mittel- und Westeuropa nicht hinnehmen würden.

Um ihr entschlossenes Festhalten an der deutschen Einheit zu demonstrieren, trafen sich kurz nach der gescheiterten Außenministerkonferenz die deutschen Ministerpräsidenten aller vier Besatzungszonen am 6./7. Juni 1947 – zum ersten und zum letzten Mal. Der bayerische Ministerpräsident hatte dieses Treffen in München angeregt, um über die problematische Wirtschafts- und Ernährungslage der Bevölkerung sowie das Flüchtlingselend zu debattieren. Den Ministerpräsidenten der SBZ hingegen ging es um Grundsätzliches. Sie machten die »Bildung einer deutschen Zentralverwaltung durch Verständigung der demokratischen Parteien und Gewerkschaften zur Schaffung eines deutschen Einheitsstaates« zu einer Voraussetzung der Verhandlungen.[19] Weil sie eine politische Demonstration befürchteten, lehnten das die westlichen Ministerpräsidenten ab, vor allem die sozialdemokratischen Regierungschefs, die wegen der Zwangsvereinigung von SPD und KPD nichts auf die demokratische Legitimation ihrer ostdeutschen Kollegen gaben. Deren Abreise bedeutete den vorläufigen Abbruch des gesamtdeutschen Gesprächs. Die westdeutschen Ministerpräsidenten waren offensichtlich nicht bereit, mit ihren ostdeutschen Kollegen zu verhandeln, was angesichts der Spannung zwischen den Besatzungsmächten die Spaltung kaum verhindert hätte. Das erreichbare Ziel, die eigenen westlichen Zonen zu konsolidieren, drängte das Fernziel einer gesamtdeutschen Verwaltung in den Hintergrund.

Dagegen fand eine andere Vorstellung, die beides miteinander verband, in den Westzonen Zustimmung: die so genannte Magnet-Theorie. Eine wirtschaftlich konsolidierte Bizone würde, so lautete die Annahme, die Länder der sowjetischen Zone wie ein Magnet anziehen und auf diese Weise die Wiedervereinigung herbeiführen. Der SPD-Vorsitzende Kurt Schumacher hatte bereits vor der Konferenz in München diesen Gedanken zum Ausdruck gebracht: »Die Prosperität der Westzonen, die sich auf der Grundlage der Konzentrierung der bizonalen

Wirtschaftspolitik erreichen lässt, kann den Westen zum ökonomischen Magneten machen.« Schumacher zeigte sich überzeugt, dass ein ökonomisch starker Westen auf den Osten eine so große Anziehungskraft ausüben würde, »dass auf die Dauer die bloße Innehabung des Machtapparates dagegen kein sicheres Mittel ist«.[120]

Auf Seiten der Alliierten führte die Situation nach dem Scheitern der Moskauer Außenministerkonferenz Ende Mai 1947 zu einer »Neugestaltung der zweizonalen Wirtschaftsstellen«. Insbesondere wurde ein »Wirtschaftsrat« eingerichtet, der von den Landtagen der beiden Zonen gemäß dem Parteienproporz gewählt werden sollte, sowie ein von den Länderregierungen besetzter Exekutivausschuss, der die Koordination übernehmen sollte. An der Spitze der bizonalen Verwaltungsstellen wurden Direktoren mit ministerähnlichen Funktionen eingestellt. Der Wirtschaftsrat, der am 25. Juni 1947 erstmals zusammentrat, konnte Gesetze in den Bereichen Wirtschaft, Verkehr, Post, Finanzen und Landwirtschaft erlassen, welche die beiden Militärgouverneure genehmigen mussten. Ihnen gegenüber blieb der Wirtschaftsrat zudem weisungsgebunden. Das »Bipartite Control Office« (BICO) kontrollierte mit seinen rund 900 britischen und amerikanischen Fachleuten die deutsche Verwaltung der Bizone. Der Wirtschaftsrat erhielt bereits am 14. Juni sein Pendant in der SBZ. Die »Deutsche Wirtschaftskommission«, von der SMAD ins Leben gerufen, setzte sich aus den fünf Präsidenten der Zentralverwaltungen für Industrie, Verkehr, Handel und Versorgung, Landwirtschaft und Forstwirtschaft, Brennstoff und Energie sowie aus den beiden Vorsitzenden der »Vereinigung für gegenseitige Bauernhilfe« und des Freien Deutschen Gewerkschaftsbundes (FDGB) zusammen.

Als die Münchener Konferenz der Ministerpräsidenten scheiterte, hielt George Marshall, Byrnes' Nachfolger als Außenminister, an der Harvard-Universität eine Grundsatzrede, die kurz vor der Gründung des Wirtschaftsrates einen Weg in die wirtschaftliche Zukunft wies. Marshall kündigte an, dass die USA all jenen europäischen Staaten – die Sowjetunion und die osteuropäischen Länder eingeschlossen – finanzielle Hilfe anbieten, die einem gemeinsamen Plan zum Wiederaufbau Europas zustimmten. Der »Marshall-Plan« hatte den freien Handel und die Marktwirtschaft als Voraussetzung und war deshalb mit planwirtschaftlichen Vorstellungen von vornherein unvereinbar. Gleichwohl stimmten nicht nur die Außenminister Großbritanniens und Frankreichs auf der Konferenz in Paris (27. Juni bis 2. Juli 1947) zu, sondern auch Polen, Ungarn und die Tschechoslowakei signalisierten Interesse. Molotow dagegen wies den Plan als einen Eingriff in die Souveränität der Staaten zurück, behielten sich die USA doch das Recht vor, über die Verwendung ihrer Gelder in den einzelnen Staaten selbst zu bestimmen. Auf Druck der Sowjetunion mussten die osteuropäischen Länder die Einladung zu der für den Spätsommer geplanten Wirtschaftskonferenz ablehnen bzw. im Fall der Tschechoslowakei zurücknehmen. Mitte 1948 startete das Vierjahresprogramm, das die Vertreter von 16 europäischen Staaten in Paris konzipiert hatten. Während die westlichen Besatzungszonen in das Hilfsprogramm einbezogen waren, blieb die östliche Zone wegen der Haltung der Sowjetunion außen vor.

Die UdSSR schuf nun ihrerseits die institutionellen Grundlagen für eine wirtschaftliche Vereinigung, die ihren eigenen ökonomischen Prinzipien folgte. Im September 1947 wurde das Kommunistische Informationsbüro (Kominform) gegründet, in dem Delegierte von neun kommunistischen Parteien – darunter aus Frankreich und Italien – die ökonomische Neuordnung nach den Vorgaben der UdSSR erörterten. Der Sekretär des Politbüros der KPdSU, Andrej A. Shdanow, hatte die Leitlinien in seinem Referat deutlich gemacht. Die Teilung der Welt in ein »imperialistisches und antidemokratisches« Lager auf der einen Seite und ein »antiimperialistisches und demokratisches« Lager auf der anderen Seite bestimme die Rahmenbedingung der wirtschaftlichen Ordnung. Während jenes die »Weltherrschaft des amerikanischen Imperialismus« zum Ziel habe, strebe dieses den »Untergang des Imperialismus, Festigung der Demokratie und Liquidierung der Überreste des Faschismus« an.[121] Ansätze, die nicht auf dieser Linie lagen und einen nationalen Weg zu einer sozialistischen Wirtschafts- und Gesellschaftsordnung verkündeten, lehnte die von Shdanow geleitete Kominform strikt ab. Das galt der KPD/SED ebenso wie der jugoslawischen KP unter Ministerpräsident Josip Tito. Ein Jahr später sollte Tito mit der Kominform brechen.

Währungsreform und Berlin-Blockade

Im Juni 1948 erhielten die Deutschen eine neue Währung. Der Geldschnitt war eine unmittelbare wirtschafts- und finanzpolitische Folge des Krieges.[122] Denn durch Kriegführung wird die volkswirtschaftliche Produktionsleistung weitgehend in Anspruch genommen; die Erzeugung von Konsumgütern tritt hinter die Rüstungsproduktion zurück. Das bleibt in der Regel nicht ohne Folgen für den monetären Bereich. Da die Mehrausgaben nicht allein durch steuerliche Mehreinnahmen gedeckt werden können, muss sich der Staat die nötigen Mittel zur Vorfinanzierung der Kriegskosten durch Anleihen oder Geldschöpfung beschaffen. Hier liegt das Problem. Zwischen dem realen Substanzverlust der Volkswirtschaft und dem nominalen Volumen der Kaufkraft, das sich in der wachsenden Staatsschuld und dem steigenden Geldumlauf äußert, öffnet sich eine Schere, die nur aufgrund von finanzpolitischen Eingriffen wie Lohnstopp, Preisbindung und Devisenbewirtschaftung keine inflatorische Wirkung entfaltet. Bei dieser Verfahrensweise spricht man von einer zurückgestauten Inflation.

Im Ersten Weltkrieg hatte das Deutsche Reich etwa zwei Drittel der Kriegsausgaben durch die Zeichnung von Kriegsanleihen finanziert; die Hyperinflation, zu der es dann nach dem Ende der Bewirtschaftung gekommen war, wurde 1923 durch die Währungsreform beendet. Im Zweiten Weltkrieg dagegen hatte das NS-Regime eine andere Finanzierungstechnik gewählt. Um den Eindruck zu erwecken, dass der Krieg so gut wie keine Folgen für die Deutschen habe, verschuldete sich der Staat nicht bei den Anlegern, sondern bei den Geldinstituten; die Notenpresse sorgte für den übrigen Teil der Kriegsfinanzierung. Im April 1945 übertraf die Staatsschuld mit rund 452 Milliarden Reichsmark (RM) das Sozialprodukt um das Fünffache. Gleichwohl kam es nach Kriegsende nicht zu einer Inflation, weil die Bewirtschaftung beibehalten wurde. 1948 stellte dann die Währungsreform den Einklang von Geld- und Güterseite in der kapitalistischen Volkswirtschaft der Westzonen wieder her.[123]

Deutsche Finanzexperten waren an der Währungsumstellung trotz ihres Protestes nur am Rande beteiligt, hatten sich jedoch bereits zu Kriegszeiten Gedanken über eine Wirtschafts- und Währungsreform gemacht, auf die nun zurückgegriffen werden konnte.[124] Festgelegt wurde die Reformpolitik freilich in den USA, wo bereits seit Oktober 1947 die Notenpresse lief. Am 1. März wurde die »Bank deutscher Länder« (BdL) als Zentralbank eröffnet. Die Währungsumstellung erfolgte, indem alle Bank- und Sparguthaben und alle privaten Verbindlichkeiten im Verhältnis 10 Reichsmark zu 1 Deutschen Mark (DM) abgewertet wurden. Jeder Deutsche erhielt eine »Kopfquote« von zunächst 40 DM, wenig später 20 DM in bar. Diese 60 DM wurden mit dem Sparguthaben verrechnet; über dieses konnte man wiederum zunächst nur zur Hälfte verfügen, die andere Hälfte befand sich auf einem Sperrkonto. Sämtliche Schulden des Reiches galten mit dem Verfall der Reichsmark als erloschen.

Durch die generalstabsmäßig geplante und lange verheimlichte Einführung der Deutschen Mark geriet die sowjetische Militärverwaltung unter Zugzwang, hätte doch die in Ostdeutschland weiterhin gültige Reichsmark zu einer Inflation geführt, der die SMAD bereits 1945 durch das Einfrieren der Bank- und Sparguthaben entgegengewirkt hatte. So ließ die SMAD Coupons auf die Scheine der Reichsmark kleben, die dadurch ihren Wert behielt – und im Volksmund als »Tapetenmark« tituliert wurde. In der SBZ belief sich das Kopfgeld auf 70 Mark. Sparguthaben bis 100 Mark wurden 1:1, weitere 900 Mark 5:1 und höhere Beträge 10:1 umgewertet.

Es stimmt nicht, was später gerne behauptet wurde: dass alle Westdeutschen am 21. Juni 1948 an demselben Ausgangspunkt begannen. Immobilienbesitzer waren ebenso im Vorteil wie Geschäftsinhaber, da Grund und Boden bzw. Produktionsmittel und Waren ihren Wert behielten. Dagegen wurden die Besitzer von Geldwerten so gut wie enteignet. Die Westdeutschen protestierten 1948 gegen die in ihren Augen drakonischen und ungerechten Maßnahmen der Amerikaner, die vollendete Tatsachen geschaffen hatten, an der aus Angst vor einer neuen Inflation auch niemand mehr zu rütteln wagte. Allerdings wuchs nun der Druck, durch einen Lastenausgleich die Ungerechtigkeiten der Währungsreform wenigstens zum Teil wieder gutzumachen. Auf dem Weg dorthin erließ der Wirtschaftsrat am 8. August 1949 ein Soforthilfegesetz, um den Kriegsgeschädigten erste Hilfe zu leisten. In Westdeutschland sollten dann 1952 die Lastenausgleichsgesetze ein Maßnahmenpaket abschließen, das vielfältige und erhebliche Transferleistungen zugunsten der Geschädigten mit sich brachte. Wer durch die Währungsreform besonders benachteiligt und durch Vertreibung oder Verluste während des Krieges und in der Nachkriegszeit materiell geschädigt worden war, erhielt insbesondere einen Währungsausgleich, die Hauptentschädigung, Kriegsschadenrente und Hausratsentschädigungen.[125] Zwar sollten die Heimkehrer und »Neubürger« längst nicht alle Forderungen durchsetzen können; die in den frühen 50er Jahren einsetzende Phase eines raschen Wirtschaftswachstums federte jedoch die Folgen der Vertreibung ein wenig ab. Im Gegensatz zur Weimarer Zeit blieb eine politische Radikalisierung auch deshalb aus.

Tatsächlich bewirkte die Währungsreform eine enorme Produktionssteigerung.[126] Der durch die Außenwirtschaft initiierte Wachstumsschub ging mit einem binnenwirtschaftlichen Wachstumsprozess einher, der durch die Währungs- und Wirtschaftsreform eingeleitet worden war. So verbesserte sich die Ernährungslage ab Juli 1948 schlagartig. Die Produktivität der Beschäftigten stieg, weil der in funktionstüchtigem Geld ausgezahlte Lohn einen entsprechenden Anreiz lieferte. Die Unternehmer waren nicht mehr auf die aufwändigen Kompensationsgeschäfte angewiesen und wurden ihrerseits angespornt, nun, da das Geld wieder als Tauschmittel funktionierte, die Produktivität zu erhöhen, um den Profit zu maximieren. Kein Wunder, dass die Steigerungsrate der industriellen Produktion allein zwischen Juni und August 1948 bei rund 25 Prozent lag. Es sollte jedoch noch etwa vier Jahre dauern, bis Mitte 1952 in Westdeutschland der Übergang zu einem lang anhaltenden Wirtschaftswachstum gelang. Die soziale Schieflage, die aus der Währungsreform resultierte, wurde dadurch freilich nicht wettgemacht.[127] Eine andere Konsequenz des Geldschnitts war 1948 mit Händen zu greifen: Die Einführung zweier unterschiedlicher Währungen bekräftigte die Teilung des besetzten Landes.

Nach der Warschauer Konferenz der Außenminister im Juni 1948 zeichnete sich immer deutlicher ab, dass es einen ernsthaften Konflikt geben werde. Der Oberkommandierende der sowjetischen Besatzungstruppen, Marschall Wassili D. Sokolowski, kündigte Maßnahmen an, um »die Interessen der deutschen Bevölkerung und der Wirtschaft in der sowjetischen Besatzungszone zu schützen«. Berlin war der Punkt, an dem die Sowjets die westlichen Besatzungsmächte am leichtesten treffen konnten.[128] Die Stadt war Anfang 1948 noch nicht geteilt. Ein deutscher Magistrat lenkte die Geschicke der Berliner unter der Aufsicht der interalliierten »Kommandantura«, bis der sowjetische Stadtkommandant diese am 16. Juni endgültig verließ. Am 23. Juni dann gingen in West-Berlin plötzlich die Lichter aus. Das Kraftwerk Golpa-Zschornewitz, das die Stadt mit Fernstrom versorgt hatte, war abgeschaltet worden. Am nächsten Tag kam der Straßen- und Schienenverkehr zwischen den Westzonen und Berlin zum Erliegen – wegen technischer Störungen, wie es hieß. Kurz darauf war die Stadt auch auf dem Wasserwege nicht mehr zu erreichen. Seit Januar war es immer wieder zu Schikanen gekommen, doch jetzt saßen die rund zwei Millionen West-Berliner sowie die rund 25 000 alliierten Soldaten mit ihren Angehörigen und dem Personal der Militärregierungen überraschend fest. Das war ein Verstoß gegen die »Zugangsrechte« der Westalliierten, die mit ihrer Anwesenheit in Berlin verbunden, doch nur im Fall der drei Luftkorridore von Hamburg, Hannover und Frankfurt auch schriftlich vereinbart waren. Die Absicht lag auf der Hand. West-Berlin sollte ausgehungert und nach dem Abzug der westlichen Alliierten in Besitz genommen werden. Spätestens jetzt erreichte der Ost-West-Konflikt mit dem Kalten Krieg einen neuen »Aggregatzustand«.[129]

Würden die Amerikaner eine Verschlechterung ihres Verhältnisses zur Sowjetunion in Kauf nehmen, um eine Stadt zu versorgen, die in feindlichem Territorium lag? General Clay, der sich durch sein logistisches Geschick einen Namen gemacht hatte, organisierte ohne Rückversicherung aus Washington eine Luftbrücke zwischen den Westzonen und West-Berlin und blockierte zugleich die Versorgung der SBZ. Am 28. Juni entschied dann auch der amerikanische Präsident Truman, dass die USA nicht nachgeben würden. Am 25. Juni 1948 landeten die ersten »Rosinenbomber« mit 80 Tonnen Lebensmitteln in Berlin. Der Nationale Sicherheitsrat beschloss, 60 B-29-Bomber nach England und Westdeutschland zu verlegen, und die amerikanische Luftwaffe schickte Maschinen von verschiedensten Stützpunkten in den »Kampf um Berlin«. Auch die Engländer beteiligten sich, nicht jedoch die Franzosen, die zu dieser Zeit einen Kolonialkrieg um Indochina führten und keine Flugzeuge erübrigen konnten.

Die Luftbrücke, die 322 Tage währte, wurde zu dem wohl größten Transportunternehmen der Luftfahrtgeschichte. Täglich mussten etwa 6000 Tonnen in die Westsektoren verfrachtet werden, um die »Insulaner« mit Lebensmitteln, Kohle und Rohstoffen zu versorgen. Ein propagandistisch wertvoller Rekord wurde am 15. April 1949 aufgestellt, als 12 940 Tonnen in 24 Stunden mit 1398 Flügen in die Stadt geschafft wurden – über die nur drei Kilometer breiten Luftkorridore. Gleichwohl blieben scharfe Einschnitte im Alltagsleben der Berliner nicht aus. Strom und Gas waren tagsüber abgeschaltet; um zusätzliches Heizmaterial zu besorgen, mussten wieder Bäume gefällt werden. Durch den Rückgang der industriellen Produktion stieg die Zahl der Arbeitslosen um 250 Prozent. Die sowjetische »Tägliche Rundschau« berichtete eifrig über die Misere.

Während im Pentagon Kriegsszenarien durchgespielt wurden, wähnten sich die Berliner in einer Frontstadt. Am 9. September 1948 versammelten sich mehr als 300 000 Berlinerinnen und Berliner aus allen Sektoren vor der Reichstagsruine zu der größten Protestkundgebung nach 1945. Der im Westteil gewählte Oberbürgermeister, der Sozialdemokrat Ernst Reuter, sollte durch seinen Appell zu einer Symbolfigur der Standhaftigkeit werden: »Ihr Völker der Welt! (…) Schaut auf diese Stadt und erkennt, daß ihr diese Stadt und dieses Volk nicht preisgeben dürft, nicht preisgeben könnt. (…) Schaut auf Berlin und das Volk von Berlin! Seid dessen gewiß, diesen Kampf, den wollen, diesen Kampf, den werden wir gewinnen.«[130]

Der »Kampf« sollte noch ganze acht Monate weitergehen, bevor die sowjetische Seite am 12. Mai 1949 die Blockade ergebnislos aufhob. Die Luftbrücke wurde gleichwohl bis zum 6. Oktober fortgesetzt, damit Berlin für den Fall einer erneuten Isolation gewappnet war. Durch Unfälle kamen 39 Engländer, 31 Amerikaner und 8 Deutsche ums Leben. Die Blockadekosten, die zum größten Teil die Amerikaner trugen, waren enorm. Die Westdeutschen unterstützten das Unternehmen durch ein Prozent ihrer

Löhne und Gehälter sowie durch das »Notopfer Berlin«, eine Zweipfennig-Marke, die zusätzlich auf alle Postsendungen geklebt wurde. Mit der politischen Bilanz indes – darum ging es schließlich – konnten die West-Alliierten zufrieden sein, hatten sie doch ihre Absicht und ihre Fähigkeit eindrucksvoll unter Beweis gestellt, in Berlin präsent zu bleiben und die Sowjets an einer Machtübernahme zu hindern. Berlin galt fortan als Symbol des Widerstandes gegen eine zweite Diktatur.

Dennoch: In die Freude über das Ende der Blockade mischte sich die bittere Erkenntnis, dass die ehemalige Reichshauptstadt künftig eine geteilte Stadt sein würde. Während der Blockade wurde die Polizeigewalt auf zwei konkurrierende Behörden aufgeteilt, die Stadtverordnetenversammlung wich in den britischen Sektor aus, im sowjetischen Sektor wurde am 30. November 1948 ein provisorischer Ost-Magistrat unter der Leitung von Oberbürgermeister Fritz Ebert, dem Sohn des Reichstagspräsidenten der Weimarer Republik, ins Leben gerufen. In die Zeit der Blockade fiel auch die Gründung der Freien Universität durch Studenten und Professoren, die von der Humboldt-Universität in den Westteil der Stadt gewechselt hatten. Und ab dem 20. März 1949 war nach dem zeitweisen Nebeneinander von Ost- und Westwährung die Deutsche Mark in den Westsektoren das alleinige Zahlungsmittel. Die ehemalige Hauptstadt war damit geteilt – wie auch die vier Besatzungszonen in zwei Teile zerfallen sollten.

Die doppelte Staatsgründung

Die westdeutschen Politiker nahmen 1948 und 1949 an, dass die Länder und die zonalen Einrichtungen einst in einer gesamtdeutschen Republik aufgehen würden. So bezeichnete die jeweilige Landesverfassung das Land, wie in Hessen und Württemberg-Hohenzollern, als ein Glied der Deutschen Republik, oder, wie in Baden, der Gemeinschaft der deutschen Länder. Auf der Londoner Sechsmächtekonferenz im Frühjahr 1948 beschlossen die Westmächte, in ihren drei Besatzungszonen eine gemeinsame deutsche Regierung einzurichten. Die Zuspitzung des Ost-West-Konflikts und das Scheitern der in Potsdam 1945 vereinbarten Viermächteverwaltung führten auf den Weg der Gründung eines westdeutschen Staates, der in die umfangreiche Wirtschaftshilfe für Europa, den Marshall-Plan, einbezogen werden könne. Obendrein gingen die USA, Großbritannien und Frankreich davon aus, auf diese Weise die finanzielle Last ihrer Besatzungszonen abwerfen zu können.[131]

Der Weg zur Bundesrepublik wurde 1948/1949 in drei Etappen zurückgelegt. Als Erstes verständigten sich die Westmächte zwischen Februar und Juli 1948 in London gemeinsam mit den Benelux-Staaten über die Konstituierung eines neuen politischen Gemeinwesens und die notwendige Verfahrensweise. In einem zweiten Schritt unterrichteten die Militärgouverneure Clay, Robertson und Koenig die westdeutschen Ministerpräsidenten am 1. Juli 1948 über das Resultat der Konferenz und übergaben ihnen drei Dokumente, in denen die Ministerpräsidenten aufgefordert wurden, bis zum 1. September 1948 eine verfassunggebende Versammlung einzuberufen und die Ländergrenzen zu überprüfen. Zudem wurde ein Besatzungsstatut angekündigt, das die deutschen und alliierten Kompetenzen regeln sollte. Um dem Eindruck vorzubeugen, dass es um die Bildung eines neuen Staates gehe, schlugen die Ministerpräsidenten anstelle der Konstituanten einen »Parlamentarischen Rat« vor, der ein »Grundgesetz für die einheitliche Verwaltung des Besatzungsgebietes« vorbereiten sollte. Auch angesichts der Blockade Berlins schien Zurückhaltung geboten. Die Vorstellung, dass lediglich ein provisorisches Verwaltungsstatut verabschiedet werden könne, da die politische Neuordnung nur einen Teil Deutschlands umfasse und nicht auf der souveränen Entscheidung des deutschen Volkes beruhe, prägte die »Koblenzer Beschlüsse« der Ministerpräsidenten. Die Alliierten konnte das nur wundern, wollten die deutschen Politiker doch einerseits mehr Verantwortung übernehmen, andererseits drangen sie auf den nicht-staatlichen Charakter der politischen Ordnung. Die Militärgouverneure stimmten gleichwohl der Bezeichnung »Grundgesetz« mit dem Zusatz »provisorische Verfassung« zu.

Die dritte Etappe der Beratung über das Grundgesetz begann mit der Eröffnung des Verfassungskonvents auf der Herreninsel im Chiemsee am 10. August 1948.[132] Über sein Ziel, Richtlinien für ein Grundgesetz auszuarbeiten, schoss der Konvent jedoch hinaus. Am Ende stand ein vollständiger Grundgesetzentwurf. Dem hatten die Mitglieder eine Erläuterung ihrer Motivation und einen Kommentar gleich beigefügt. Das musste die Ergebnisse des Parlamentarischen Rates präjudizieren, dessen Abgeordnete die Länderparlamente im August 1948 wählten. Der Rat setzte zunächst Fachausschüsse ein, die anhand des Entwurfs die Abschnitte des Grundgesetzes erarbeiteten. Danach, von November 1948 bis Januar 1949, fanden zwei Lesungen des Grundgesetzes im Hauptausschuss statt. In dieser Zeit intervenierten die Militärgouverneure, als sie dem Präsidenten des Rates, Konrad Adenauer, ein Memorandum mit Erläuterungen zu dem Dokument I der Frankfurter Dokumente überreichten, in dem es um den Föderalismus ging. In der folgenden Phase der Grundgesetzberatung einigten sich die Vertreter der drei größten Fraktionen des Rates, der SPD, CDU/CSU und FDP, auf einen gemeinsamen Entwurf.

Die vierte Phase begann am 2. März, als die Militärgouverneure in einem Memorandum sieben Änderungswünsche vortrugen, die vor allem die Aufteilung der Gesetzgebungskompetenz zwischen Bund und Ländern betrafen. Als die Gespräche in eine Sackgasse zu geraten drohten, zeigten sich die Alliierten konzessionsbereit. Am 8. Mai 1949, am Jahrestag des Kriegsendes, an den mehrere Redner erinnerten, wurde das Grundgesetz mit 53 gegen 12 Stimmen angenommen. Die Abgeordneten der

Deutschen Partei, des Zentrums, der KPD sowie sechs Abgeordnete der CSU hatten ihre Ja-Stimme verweigert. Nachdem die Militärgouverneure formal zugestimmt und die Länderparlamente (außer dem Bayerischen Landtag) es ratifiziert hatten, trat das Grundgesetz am 23. Mai 1949 in Kraft.

In der SBZ rief daraufhin der »Volksrat« den »nationalen Notstand« aus. Im Dezember 1947 hatte die SED eine »Volkskongressbewegung für Einheit und gerechten Frieden« intiiert, aus der im März 1948 der »Volksrat« entstanden war, eine Art Vorparlament, das ab September über einen Verfassungsentwurf beriet.[133] Zudem war eine Volksabstimmung über die Einheit Deutschlands durchgeführt worden, bei der im Mai und Juni laut SED zwölf Millionen Ost- und eine Million Westdeutsche für die Einheitskonzeption votiert hatten. Aus dem 3. Volkskongress, der anhand einer Einheitsliste für den 29. und 30. Mai 1949 einberufen wurde, ging ein zweiter Volksrat hervor, der am 30. Mai den »Entwurf einer Verfassung für die Deutsche Demokratische Republik« bestätigte. Im September, als in Westdeutschland erstmals der Bundestag zusammentrat und den Bundeskanzler wählte, schloss die SED die politischen Kräfte zu einer »Nationalen Front des demokratischen Deutschland« zusammen; der Volksrat konstituierte sich als Provisorische Volkskammer, die am 11. Oktober Wilhelm Pieck zum Staatspräsidenten wählte. – Infolge des Krieges hatte Deutschland 1945 die Gebiete jenseits von Oder und Neiße hergeben müssen; nach Kriegsende hatte die Verhärtung der politischen Fronten zwischen den ehemaligen Verbündeten die Entstehung zweier Staaten mit konkurrierenden politischen Systemen zur Folge. Welch eine Ironie: Die »doppelte Staatsgründung« wurde auf beiden Seiten dadurch legitimiert, dass der Ausbau staatlicher Strukturen in dem jeweiligen Machtbereich eine notwendige Voraussetzung für die künftige nationale Einheit sei.

Wie hatte der Ost-West-Konflikt 1947 diesen neuen »Aggregatzustand« erreichen können? Die Antworten auf diese Frage haben sich seit der Frühzeit des Kalten Krieges geändert. Nach der älteren, »traditionalistischen« Auffassung reagierte der Westen in der frühen Nachkriegszeit auf die kommunistische Bedrohung. Die »Revisionisten« der 1960er und 1970er Jahre hielten dagegen: Der Antikommunismus sei eine Überreaktion der westlichen Alliierten gewesen, die den Wiederaufbau des Kapitalismus in Westdeutschland verdecken sollte. Die »post-revisionistische Synthese« der 1980er und 1990er Jahre wiederum bemühte sich um einen differenzierenden Blick. Der Rolle der europäischen Regierungen, vor allem der britischen, wurde nun größere Bedeutung beigemessen.[134] Hatten die Vereinigten Staaten die Teilung durch den Konfrontationskurs ihrer Besatzungspolitik provoziert, um einen unabhängigen Teilstaat in die kapitalistische Wirtschaftsordnung einbinden zu können?[135] Oder beeinflusste nicht doch eher die internationale Entwicklung, die versuchte Ausweitung der sowjetischen Einflusssphäre im Iran etwa, die Entscheidung, die Expansion durch eine gesamtdeutsche Politik einzudämmen und dann, nach dem Scheitern des *containment*, die Teilung vorzubereiten?[136]

3. Auf dem Weg zu Demokratie und SED-Herrschaft

Erich Kästner, der im Dritten Reich nicht hatte publizieren dürfen, hielt den plötzlichen Sinneswandel seiner Landsleute mit einem sarkastischen Unterton im Tagebuch fest:[137] In letzter Kriegsminute nähmen die Deutschen die Hitler-Bilder von den Wänden, die Frauen trennten die Hakenkreuze aus den Hakenkreuzfahnen, und die Männer rasierten die »Führerbärtchen« von den Oberlippen ab.

Aber zu hören waren auch die Stimmen derer, die endlich (wieder) politisch aktiv sein wollten. Die Gründungen der wichtigsten Parteien – der SPD, CDU/CSU und der Liberalen – sollen nun skizziert werden. Danach kann aus der Perspektive der politischen Ideengeschichte auf die verschiedenen Vorstellungen von einer demokratischen Nachkriegsordnung eingegangen werden, wie sie sich in den politischen Debatten der zweiten Hälfte der 40er Jahre herauskristallisierten.

In der Umbruchsituation nach der Besetzung gründeten vor allem ehemalige Gewerkschafter, Kommunisten und Sozialdemokraten, die zum Teil im Widerstand aktiv gewesen waren, vielerorts »Antifaschistische Ausschüsse«, kurz: Antifas.[138] Ihre Bandbreite reichte von kleinen Zirkeln eines Stadtviertels bis zu gut organisierten Zusammenschlüssen, deren Einzugsbereich sich über große Teile einer Stadt erstreckte. In allen Zonen zusammengenommen existierten schätzungsweise mindestens 137 Antifas. Sie widmeten sich den praktischen Fragen des Alltags in der Zusammenbruchgesellschaft, setzten sich für die Verhaftung ehemaliger Nationalsozialisten ein und legten erste gesellschafts- und wirtschaftspolitische Programme vor, in denen sie ein größeres Maß an Mitbestimmung und eine staatliche Wirtschaftslenkung forderten.[139]

Die Besatzungsbehörden ließen diese unmittelbaren Formen politischer Organisation zunächst gewähren, weil sie auf ihre Unterstützung angewiesen waren und ihr politisches Potenzial für die Abwendung der Deutschen vom Nationalsozialismus erkannten. Indes, je mehr die Alliierten ihre Verwaltungsstrukturen ausbauten, desto eher verdrängten, ja verboten sie die spontanen Ausschüsse, zumal die amerikanische Direktive JCS 1067 vor der Potsdamer Konferenz den Deutschen in den westlichen Besatzungszonen untersagte, sich politisch zu betätigen. Zudem weckten die Antifas mit ihren politischen Vorstellungen Misstrauen auf allen Seiten. Die Sowjets hielten die ebenso spontanen wie undogmatischen Antifaschisten für zu demokratisch, die westlichen Alliierten hingegen witterten eine sozialistische oder gar revolutionäre Tendenz.

Parteien und »Einheitsfront« in der SBZ

Nur einen Monat nach der Kapitulation ließ die SMAD durch ihren Befehl Nr. 2 vom 10. Juni 1945 die Gründung politischer Gruppierungen zu, sofern diese der »antifaschistischen« Linie folgten und »sich die endgültige Ausrottung der Überreste des Faschismus« ebenso auf die Fahnen geschrieben hatten wie »die Festigung der Grundlage der Demokratie und der bürgerlichen Freiheiten in Deutschland«.[140] Schon am folgenden Tag gab das Zentralkomitee der KPD in Berlin seinen Aufruf an »das schaffende Volk in Stadt und Land« bekannt. Zu den Unterzeichnern zählten in erster Linie Kommunisten, die am 30. April aus dem Moskauer Exil nach Frankfurt an der Oder geflogen worden waren, um in Berlin den Aufbau der Stadtverwaltung und der KPD voranzutreiben.

Die stalintreue »Gruppe Ulbricht« um den ehemaligen kommunistischen Reichstagsabgeordneten stellte sich zunächst als eine von Moskau unabhängige Bewegung dar, die es aufgrund der »gegenwärtigen Entwicklungsbedingungen« ablehnte, »Deutschland das Sowjetsystem aufzuzwingen«. Die KPD griff vielmehr auf die bürgerliche Revolution von 1848 zurück und präsentierte sich als deren Vollenderin. Sie forderte die »Aufrichtung eines antifaschistischen, demokratischen Regimes, einer parlamentarisch-demokratischen Republik mit allen demokratischen Rechten und Freiheiten für das Volk«:[141] Diese Formulierungen sollten der ausdrücklich anvisierten »Schaffung eines Blocks antifaschistisch-demokratischer Parteien« den Boden bereiten und zielten nicht zuletzt auf die politische Einheit der Arbeiterschaft.

Positiv reagierte der Berliner Zentralausschuss der Sozialdemokratischen Partei auf diese Erklärung, als er am 15. Juni in einem Aufruf den »Kampf um die Neugestaltung Deutschlands auf dem Boden der organisatorischen Einheit der Arbeiterklasse« forderte und ihn als eine »moralische Wiedergutmachung politischer Fehler der Vergangenheit« wertete. Die Berliner SPD, als deren Sprecher der ehemalige Braunschweiger Abgeordnete Otto Grotewohl auftrat, ging über die Forderung der Kommunisten, den Großgrundbesitz zu sozialisieren, noch hinaus und drang auf die Verstaatlichung der Banken, der Versicherungen und der Bergwerke. Nachdem ihr bereits im Mai unterbreiteter Vorschlag an die KPD, eine vereinte Arbeiterpartei zu gründen, zurückgewiesen worden war, einigte man sich im Juni darauf, einen gemeinsamen Arbeitsausschuss zu gründen.[142]

Auch die Christlich-Demokratische Union Deutschlands (CDU) und die Liberal-Demokratische Partei Deutschlands (LDPD) wandten sich im Juni bzw. Juli in Gründungsaufrufen an die Bevölkerung der sowjetischen Besatzungszone. Die Gründer der CDU, darunter die Gewerkschafter Jakob Kaiser und Ernst Lemmer sowie die ehemaligen Zentrumspolitiker Andreas Hermes, Heinrich Krone, Ferdinand Friedensburg und Otto Nuschke, sprachen sich für eine christliche, demokratische und soziale Politik aus. Die Berliner CDU forderte eine »straffe

Planung« des wirtschaftlichen Neuanfangs, die Verstaatlichung von Bodenschätzen, des Bergbaus und anderer »monopolartige(r) Schlüsselunternehmungen«, bejahte grundsätzlich das Privateigentum als Mittel der »Entfaltung der Persönlichkeit«, unterstrich jedoch zugleich die »Verantwortung für die Allgemeinheit«.[143]

Für die freie Wirtschaft und das Privateigentum machte sich die LDPD stark, die am 5. Juli 1945 zugelassen wurde. Auf Sozialisierungsforderungen verzichtete sie. Ihre Organisation ging wie in den Westzonen auf örtliche Zirkel zurück. Die Liberalen entwickelten schon im Herbst 1945 von Berlin aus gesamtdeutsche Initiativen dank guter Kontakte in den Westen. So entstand im Juli 1947 die »Demokratische Partei Deutschlands«. In Eisenach versammelten sich Repräsentanten aller vier Zonen; Theodor Heuss und Wilhelm Külz führten den Vorsitz. Aber schon ein Jahr später, auf der Sitzung des Vier-Zonen-Vorstands in Frankfurt Anfang 1948, zerbrach die gesamtdeutsche Einheit der liberalen Parteiorganisation. Weil die LDPD den deutschen Volkskongress unterstützte, den die SED auf den Weg gebracht hatte, riefen die westdeutschen Liberalen nach Külz' Rücktritt.[144]

Der Potsdamer Kreissekretär Wilhelm Schollwer beschrieb in seinem Tagebuch den Zwiespalt, in dem sich nichtkommunistische Politiker in der SBZ befanden: »Natürlich könnten wir versuchen, uns mit List und Tücke zu behaupten, durch die Klippen hindurchzumanövrieren, bis der rettende Tag gekommen ist. Aber wenn der Tag kommt, an dem das kommunistische Regime hinweggefegt wird, werden auch wir zu Rechenschaft gezogen werden und unsere heutige Politik verantworten müssen.«[145]

Im Juli dann bildeten SPD, KPD, CDU und LDPD die »Einheitsfront der antifaschistisch-demokratischen Parteien«, den so genannten Antifa-Block. Der gemeinsame Ausschuss, in dem die Politik abgestimmt werden sollte, konnte seine Beschlüsse nur einstimmig fassen, das hieß mit Billigung der KPD. Im Frühjahr 1948 wurde die Parteienlandschaft um zwei Hilfsorganisationen der SED ergänzt. Die »Nationaldemokratische Partei Deutschlands« (NDPD) sollte die rechtskonservativen Gruppen, nicht zuletzt die ehemaligen Mitglieder der NSDAP, in den Block einbinden. Die »Demokratische Bauernpartei Deutschlands« (DBD) zielte auf die Integration der Landbevölkerung, um das Bündnis von Arbeitern und Bauern zu stärken.

Kurz nach Kriegsende hatten die Kommunisten eine Vereinigung mit den Sozialdemokraten noch abgelehnt, doch bereits im Sommer 1945 ging ihr Interesse in die entgegengesetzte Richtung. Mit dem Makel eines Handlangers der SMAD behaftet, musste die KPD befürchten, bei freien Wahlen an Einfluss zu verlieren – das hatte nicht zuletzt die eindeutige Niederlage bei den Kommunalwahlen in Bayern gezeigt. Der Berliner Zentralausschuss, der nach einer Einigung mit der nun auch in den westlichen Zonen wiedergegründeten SPD als Vertretung der Sozialdemokraten in der sowjetischen Zone, nicht jedoch als Führung der Gesamtpartei diente und insofern an Gewicht eingebüßt hatte, sah sich immer mehr dem Vereinigungsdruck der KPD ausgesetzt. Nach einem halben Jahr unter der Militärverwaltung hatte die SPD ihre Bereitschaft zu einer organisatorischen Verschmelzung verloren. Ende 1945 beklagten sich führende Sozialdemokraten auf einer gemeinsamen Konferenz in Berlin vielmehr darüber, dass die KPD von der SMAD etwa bei der Zuteilung von Papier bevorzugt werde und dass es Übergriffe der Kommunisten auf die Sozialdemokraten gegeben habe. In einer Sieben-Punkte-Erklärung einigten sie sich gleichwohl mit den Spitzenfunktionären der KPD auf den Aufbau einer »Einheitspartei« nach demokratischen Grundsätzen, die auf den »Parteitagen für ganz Deutschland« zu beschließen sei. Beide Parteien sollten eigene Wahllisten aufstellen. Freie Meinungsbildung, freie Meinungsäußerung und freie Wahl der Instanzen wurden als unveräußerliche Rechte der Mitglieder festgeschrieben.

Bei den Sozialdemokraten der Westzonen fand dieses Programm keinen Anklang. 144 von 150 Delegierten in der amerikanischen Zone votierten im Januar 1946 gegen eine Vereinigung mit der KPD, in der britischen Zone war die Ablehnung einstimmig. In den Westsektoren Berlins – die SMAD hatte die Abstimmung im sowjetischen Sektor verboten – entschieden sich die Sozialdemokraten am 31. März, somit drei Wochen vor dem Vereinigungsparteitag, in einer Urabstimmung mit 82 Prozent (19 526 von 23 755 abgegebenen Stimmen) gegen eine sofortige Vereinigung von SPD und KPD, 12 Prozent (2937) waren dafür. Einer Kooperation beider Parteien stimmten dagegen 62 Prozent zu, nur 23 Prozent (5559) lehnten sie ab.[146] Im Februar hatte Schumacher Otto Grotewohl und Gustav Dahrendorf geraten, die SPD in der sowjetischen Zone aufzulösen. Grotewohl hoffte dagegen, durch eine Vereinigung die Einheitspartei auf eine demokratische Basis stellen zu können.[147]

Der Gründungsparteitag der Sozialistischen Einheitspartei Deutschlands (SED) fand am 21. und 22. April 1946 in Ost-Berlin statt. Die Delegierten wählten Grotewohl und Pieck zu ihren Vorsitzenden. Zuvor hatten KPD und SPD auf Landes- und Zonenparteitagen entsprechende Beschlüsse gefasst. Die Militärverwaltung hatte die Fusion durch Versammlungsverbote, durch die Förderung der Befürworter einer Einheitspartei und durch die Verhaftung von Einheitsgegnern gezielt vorangetrieben. Zugleich ließen sich die einigungswilligen Strömungen in den Betrieben nicht übersehen. Die Chance der Einheitspartei, die Masse der ostdeutschen Wähler für sich zu gewinnen, blieb jedoch gering. Für die Bevölkerung der SBZ galt die SED, die bis 1948 die Vorstellung eines eigenen deutschen Weges zum Sozialismus propagierte, in der Tat als Handlanger der SMAD. Deren Befehle wurden offensichtlich von der SED ideologisch unterfüttert; die Partei leistete bei der Durchführung praktische Schützenhilfe.[148] Während die SED bei den Landtagswahlen im Oktober 1946 in Mecklenburg, Thüringen und Sachsen knapp die absolute Mehrheit erreichte, vereinigten in Brandenburg und

Sachsen-Anhalt CDU und LDPD gemeinsam mehr Stimmen auf sich. Eine Niederlage erlitt die SED in Groß-Berlin: Sie erhielt 19,8 Prozent der Stimmen, die SPD, die hier auch zur Wahl angetreten war, dagegen 48,7 Prozent. Blickt man auf den sowjetischen Sektor der Stadt, sieht das Ergebnis kaum besser aus. Hier bekam die SPD 43,6 Prozent der Stimmen, die SED nur 29,9 Prozent.[149] Ende 1948 machte folgender »Flüsterwitz [in] der Zone« die Runde: »›Die SED ist blasenkrank.‹ ›???‹ ›95 Prozent wollen austreten und können nicht!‹«[150]

Dennoch festigte die SED ihre Stellung. Vier der fünf Ministerpräsidenten der Länder und 17 der 33 Minister in den Allparteien-Regierungen der Länder gehörten der Einheitspartei an, die sich 1948 offiziell zu einer zentralistischen »Partei neuen Typs« im Sinne Lenins, zu einer bolschewistischen Kaderpartei also, wandelte.[151] Die forcierte Fusion lag jedoch quer zu der Forderung nach einer gesamtdeutschen Einheitspartei. Deren Gegner im Westen, insbesondere Kurt Schumacher, erhielten durch die parteipolitische Entwicklung in Ostdeutschland eine willkommene Argumentationshilfe.

Parteigründungen in den Westzonen

Die Tore von Schloss Cecilienhof hatten sich nach der Potsdamer Konferenz längst wieder geschlossen, als auch in den Westzonen Parteien zugelassen wurden. Im Gegensatz zu der sowjetischen Besatzungsmacht gestatteten die westlichen Alliierten das Wiederaufleben des institutionalisierten politischen Lebens zunächst nur in den Städten und Gemeinden.[152] Ab August 1945 konnten sich in der amerikanischen Zone erste politische Vereinigungen bilden, ab September in der britischen und ab November in der französischen Zone.[153]

Bereits im April 1945, kurz nach der amerikanischen Besetzung der Stadt, hatte Kurt Schumacher, der ab 1930 Reichstagsabgeordneter der SPD gewesen war, eine Zusammenkunft ehemaliger Genossen organisiert. Ihre Forderungen, die Schumacher in einer Grundsatzerklärung zusammenfasste, zielten unter anderem auf die Verstaatlichung der Großindustrie und der Großfinanz. Im Unterschied zu den Berliner Sozialdemokraten lehnte Schumacher die Zusammenarbeit mit den Kommunisten jedoch ab. Die KPD galt ihm als der verlängerte Arm der Sowjetunion, mit dem diese ihren Einfluss in Deutschland sichern wollte. Obgleich es 1945 in einigen westdeutschen Städten Aktionsbündnisse zwischen Sozialdemokraten und Kommunisten gab, setzte sich Schumachers antikommunistischer Kurs in Hannover durch. Schumacher, der als Freiwilliger im Ersten Weltkrieg einen Arm verloren hatte und durch seine Haft in verschiedenen Konzentrationslagern gesundheitlich schwer angeschlagen war, stieg zur Leitfigur der westdeutschen Sozialdemokratie auf.[154]

Als sich Vertreter des Berliner Zentralausschusses der SPD im Oktober 1945 mit Repräsentanten der SPD aus den Westzonen trafen, stieß Grotewohls Vorstoß zu einer Aufwertung der Berliner Genossen ins Leere. Sein Vorschlag, Vertreter der westlichen SPD und des Londoner Exilvorstandes in den Zentralausschuss aufzunehmen und diesen so zu einer vorläufigen zentralen Parteiführung zu machen, fand in Wennigsen bei Hannover keine Zustimmung. Am Ende einigte man sich darauf, dass es bis zur Wiederherstellung der Reichseinheit eine Doppelspitze geben würde. In Berlin sollte der Zentralausschuss als Leitung der SPD in der SBZ fungieren, in den westlichen Besatzungszonen sollte dagegen Schumacher als Chef der Sozialdemokraten gelten. In der Frage der Zusammenarbeit mit der KPD vertraten beide Seiten konträre Ansichten. Auf dem ersten Parteitag der westzonalen SPD vom 9. bis zum 11. Mai 1946 wurde Schumacher dann mit 244 von 250 Stimmen zum Vorsitzenden gewählt; Erich Ollenhauer, der aus dem Exil in London zurückgekehrt war, übernahm das Amt des Stellvertreters.

Damit besaßen die ca. 700 000 Mitglieder, die zum größten Teil schon vor 1933 der SPD angehört hatten, wieder eine organisierte Parteiführung. Die SPD blieb zunächst eine Interessenvertretung der Industriearbeiter. Schumachers Absicht, die soziale Basis der Partei auszuweiten und Teile des Mittelstandes, vor allem deklassierte Angestellte zu mobilisieren, blieb in den ersten Nachkriegsjahren ohne Erfolg. Die »Politischen Leitsätze«, die der Parteitag im Frühjahr 1946 verabschiedete, lagen auf der traditionellen Linie einer Arbeiterpartei. Zu den politischen Zielen gehörte nicht zuletzt die Vergesellschaftung der Produktionsmittel im Rahmen einer sozialistischen Wirtschaftsordnung.[155]

Die SPD war nicht die einzige Partei, die in den Westzonen nach Kriegsende neu gegründet wurde. Wegen ihres antifaschistischen Programms wirkte hier auch die KPD mit Erfolg. Das belegen in erster Linie die Ergebnisse der Landtagswahlen von 1946/47. Die Kommunisten erhielten über 10 Prozent der abgegebenen Stimmen in Württemberg-Baden, in Hamburg und in Hessen, gar 14 Prozent in Nordrhein-Westfalen. Kommunistische Minister waren fortan in verschiedenen Regierungen vertreten. Erst die Zwangsvereinigung von SPD und KPD und die Unterstützung der sowjetischen Deutschlandpolitik durch die deutschen Kommunisten kosteten die Partei Sympathie und Stimmen bei den Wählern der westlichen Zonen und führten die KPD ins parteipolitische Abseits. Die Besatzungsmächte reagierten besorgt auf die Ereignisse in der SBZ. Aus Angst vor einer kommunistischen Gefahr in ihrer eigenen Zone verbot zunächst die britische, später auch die amerikanische Militärregierung jede Form der Vereinigung von Sozialdemokraten und Kommunisten. Die Loyalität der westzonalen KPD gegenüber der SED beeinflusste auch die Auseinandersetzungen in den Betrieben und den parteineutralen Gewerkschaften. Vor dem Hintergrund des Ost-West-Konflikts gerieten die Kommunisten bei Betriebsratswahlen ins Visier. Sieht man von einem kurzfristigen Wahlerfolg in Nordrhein-Westfalen 1947 ab, verlor die KPD in Westdeutschland ihren Rückhalt in der Bevölkerung und damit ihren politischen Einfluss, lange bevor sie 1956 durch ein Urteil des Bundesverfassungsgerichts verboten wurde.[156]

Neugründungen stellten die CDU und, in Bayern, die CSU dar. Die Christlich-Demokratische bzw. Christlich-Soziale Union zeugten von dem Versuch einer überkonfessionellen Allianz engagierter Christen. Obwohl zahlreiche Gründungsmitglieder aus der katholischen Zentrumspartei stammten, sollten die aus der Weimarer Zeit sattsam bekannten Schranken zwischen Katholizismus und Protestantismus im Zuge einer christlich-sozialen Sammlungsbewegung ebenso überwunden werden wie die Zersplitterung des Bürgertums in unterschiedliche Parteien. Die christliche Volkspartei verstand sich, wie der Namensbestandteil »Union« andeutete, als ein bürgerliches Sammelbecken, als Gegenstück eines möglichen Linksbündnisses. Im Unterschied zu SPD und KPD, die an die Tradition der 30er Jahre anknüpften, suchte sich die CDU organisatorisch und programmatisch von der Nähe zur katholischen Kirche zu lösen. Wiedergründungen der Zentrumspartei vor allem im Rheinland und in Westfalen seit Oktober 1945 blieben auf Dauer chancenlos, obgleich sie als eine links von der CDU stehende Partei im Landtag bis 1958 und im Bundestag bis 1953 vertreten sein sollte.

Zu lokalen und regionalen Parteigründungen der CDU kam es insbesondere in Berlin und im Rheinland.[157] Der ehemalige Reichsminister und Vorsitzende der CDU in der SBZ, Andreas Hermes, und 34 weitere Gründungsmitglieder riefen am 26. Juni 1945 in Berlin die »christlichen, demokratischen und sozialen Kräfte« der Deutschen zur »Sammlung« und zur Rückbesinnung auf »die kulturgestaltenden sittlichen und geistigen Kräfte des Christentums« auf.[158] Der Aufruf besaß einen gesamtdeutschen Tenor, galt jedoch nur für den Bereich der sowjetischen Besatzungszone. Am Rhein hielten im Juni 1945 die Kölner »Leitsätze der Christlichen Demokraten Deutschlands« die grundlegenden, von der katholischen Soziallehre des 19. Jahrhunderts beeinflussten Vorstellungen von einer neuen Gesellschaft und die politischen Kernforderungen fest. Die Christdemokraten sprachen sich für einen »wahren christlichen Sozialismus« aus, den sie jedoch von den »falschen kollektivistischen Zielsetzungen« deutlich abgrenzten. Ihnen ging es vielmehr darum, »die gottgegebene Freiheit des einzelnen und die Ansprüche der Gemeinschaft mit den Forderungen des Gemeinwohls zu verbinden«[159]. Als im September die »Leitsätze der Christlich-Demokratischen Partei in Rheinland und Westfalen« verabschiedet wurden, tauchte der Begriff des »christlichen Sozialismus« schon nicht mehr auf, da er als »historisch vorbelastet« galt. An seine Stelle trat die Rede vom »Sozialismus aus christlicher Verantwortung«.

In Köln, wo die CDU auf Kreisebene am 19. August 1945 zugelassen worden war, hatten sich ehemalige Zentrumspolitiker und christliche Gewerkschafter mit protestantischen Gruppierungen in Düsseldorf und Wuppertal (Bekennende Kirche) in Verbindung gesetzt und – in Unkenntnis des Berliner Appells – den erwähnten »Ruf zur Sammlung des deutschen Volkes« vorgelegt (17. Juni 1945).[160] Ende des Jahres fand in Bad Godesberg das erste »Reichstreffen« der doch sehr unterschiedlichen christlich-demokratischen Gruppierungen statt. Hermes, der den Impuls für das Treffen gegeben hatte, nahm jedoch nicht teil – die SMAD hatte ihm die Reisegenehmigung verweigert. In Bad Godesberg verständigte man sich auf den gemeinsamen Parteinamen und auf die Bildung eines »Zonenverbindungsausschusses« in Frankfurt am Main. Die Landesverbände Westfalen und Rheinland der CDU in der britischen Zone schlossen sich im Februar 1946 zu einem Zonenverband zusammen. Konrad Adenauer, der ehemalige Kölner Oberbürgermeister und Präsident des preußischen Staatsrates, wurde zum Vorsitzenden gewählt. Adenauer, den die Briten nach Kriegsende bereits als Oberbürgermeister von Köln eingesetzt, aber schon bald, wohl wegen seiner Kritik an der Besatzungsmacht, wieder abgelöst hatten, war bereits im Kaiserreich in der Zentrumspartei engagiert und vertrat nun – fernab von jeglichem »christlichen Sozialismus« – das bürgerliche Lager. Im ersten Landtag von Nordrhein-Westfalen im Herbst 1946 wählten ihn die Christdemokraten zu ihrem Fraktionsvorsitzenden.

Auch innerhalb der CDU gab es Streit um die Führung zwischen der Berliner Gruppierung und den westlichen Landesverbänden. Jakob Kaiser und Ernst Lemmer, die dem von der SMAD Ende 1945 abgesetzten Andreas Hermes als Parteivorsitzende nachfolgten, distanzierten sich nicht nur von dem Dogmatismus der SED, sondern auch von der restaurativen Wirtschaftspolitik der westlichen CDU, so dass die Stimmen aus der »Reichsgeschäftsstelle« bei Adenauer auf wenig Gegenliebe stießen. Für die Entmachtung sorgte die SMAD. Auch Kaiser und Lemmer verloren auf Druck der Militäradministration im Dezember 1947 ihre Ämter, als sie den Marshall-Plan guthießen und die Beteiligung der CDU an der Volkskongressbewegung ablehnten. In der Folge geriet die Ost-CDU 1948 zu einer Blockpartei im Dunstkreis der SED. Nachdem bereits die im Februar von Vertretern aus allen vier Zonen gegründete »Arbeitsgemeinschaft der CDU/CSU Deutschlands« ohne politischen Einfluss geblieben war, stand Adenauers Führungsrolle in der West-CDU nichts mehr entgegen.

Der formale Zusammenschluss der Landesverbände sollte jedoch erst 1950 in Goslar erfolgen. Auf dem ersten Bundesparteitag verabschiedeten die Delegierten ein Parteistatut und wählten den nunmehrigen Bundeskanzler Adenauer zu ihrem Bundesvorsitzenden. Die Wahl einer Führungsfigur des rheinischen Flügels, die letztlich auf Kosten »linker« Kontrahenten wie Jakob Kaiser und Karl Arnold in Nordrhein-Westfalen ging, unterstrich die prominente Rolle, die der Katholizismus in der neuen Partei weiterhin spielte, sowie den Einfluss des katholischen Klerus nicht zuletzt bei den Wahlen. Auch der hohe, zwischen 50 und 60 Jahren liegende Altersdurchschnitt der Gründungsmitglieder unterstrich die personelle Kontinuität zur Weimarer Republik. Dennoch: Dass es der Partei auf die Dauer gelungen ist, den konfessionellen Graben parteipolitisch zu überbrücken, macht ihre Gründung nach der Fusion von SPD und KPD in der sowjetischen Zone zu dem wohl bedeutsamsten parteigeschichtlichen Ereignis der frühen Nachkriegszeit.[161]

In Würzburg hatte der ehemalige Chef der christlichen Gewerkschaften, der Würzburger Regierungspräsident Adam Stegerwald, am 10. Oktober 1945 unter dem Einfluss der Kölner Leitsätze die CSU gegründet. Nach seinem Tod im Dezember übernahmen Josef Müller, der ehemalige Vorsitzende der Bayerischen Volkspartei, Widerstandskämpfer und KZ-Häftling, sowie Fritz Schäffer, der erste Ministerpräsident Bayerns nach Kriegsende, die Leitung. Die am 8. Januar 1946 lizenzierte CSU erhielt bei den Wahlen zur Verfassunggebenden Versammlung am 30. Juni die absolute Mehrheit.[162] Die im Oktober zugelassene Bayernpartei errang bei Landtagswahlen bis in die 50er Jahre einen Stimmenanteil von rund 20 Prozent. Ihre Wähler aus dem ländlichen und kleinstädtischen Milieu befürworteten die separatistische und monarchische Richtung. Gegen alles Preußische, gegen den Protestantismus, gegen die Flüchtlinge – die Bayernpartei blieb das Sprachrohr vieler Altbayern.[163]

Wie die Frühgeschichte der CDU ist die Parteigeschichte der Liberalen nach dem Krieg von divergierenden regionalen Gründungen geprägt. Der Mittelpunkt der liberalen Bewegung lag in Württemberg. Hier gründeten im September 1945 ehemalige Mitglieder der linksliberalen Deutschen Demokratischen Partei (DDP) wie Theodor Heuss und Reinhold Maier die »Demokratische Volkspartei« (DVP), die bei den ersten Landtagswahlen rund 20 Prozent der Stimmen erhielt. In Bayern firmierten die Liberalen unter der Bezeichnung »Freie Demokratische Partei«, während in Nordrhein-Westfalen und in Niedersachsen seit 1945 nationalliberale Gruppierungen entstanden. In Frankfurt dagegen besaßen die Liberalen um Walter Dirks ähnlich der Gruppie-

rung in Berlin stärker sozialistische Züge. Die Gründungsmitglieder stammten in den meisten Fällen aus dem ehemaligen
Zentrum, der DDP und den christlichen Gewerkschaften. In
Heppenheim, wo die südwestdeutschen Liberalen 1847 ihr Programm formuliert hatten, vereinten sich die unterschiedlichen
liberalen Parteien im Dezember 1948 zur Freien Demokratischen
Partei Deutschlands (FDP); Heuss wurde zu ihrem ersten Bundesvorsitzenden gewählt. Dieser formale Abschluss der Parteiorganisation in den Westzonen bedeutete jedoch nicht das Ende
der regionalen Divergenzen. Die Liberalen bildeten mit ihren
links- und nationalliberalen Stimmen in den südwestdeutschen
bzw. nordrhein-westfälischen und hessischen Landesverbänden
weiterhin einen vielstimmigen Chor.

In programmatischer Hinsicht bot ihr Eintreten für den
Wirtschaftsliberalismus die Möglichkeit der Koalition mit der
CDU, die im Wirtschaftsrat schon einmal geprobt wurde. Wer
aus kulturpolitischen Gründen der CDU, aus wirtschaftspolitischen der SPD und aus staatspolitischen beiden Parteien fern
stand, der fand in der FDP einen Platz. Die Partei erwies sich
durch ihre Mitgliederschaft und ihre Wähler als eine Mittel-
standspartei, die bei den Unternehmern wohl gelitten war. Dass
sie nicht nur die aus der Zeit vor 1933 bekannte Spaltung von
Links- und Nationalliberalen zumindest formal beseitigt hatte,
sondern auch ehemalige Mitglieder und Wähler der Deutsch-
Nationalen Volkspartei in ihrer Mitte aufnahm, stellte ein partei-
geschichtliches Novum dar.

Demokratievorstellungen

In einem problemgeschichtlichen Zugriff sind die Facetten der
politischen Programmatik genauer zu erläutern, die den Übergang von der diktatorischen Kriegs- zur demokratischen Frie-
densordnung kennzeichneten. Wie sollten Staat, Wirtschaft

und Gesellschaft in Westdeutschland angesichts der Notsituation der frühen Nachkriegsjahre reorganisiert werden? Mit welchen Maßstäben konnte ihr Verhältnis nach dem Krieg neu vermessen werden? Welche Rolle spielten dabei die Erfahrungen und Deutungen der Vergangenheit? Über diese Kernpunkte des demokratischen Neuanfangs entzündete sich in den Nachkriegsparlamenten, den Parteigremien und der Publizistik eine innerdeutsche Grundsatzdiskussion, in der sich unterschiedliche, zunächst parteiübergreifende Demokratievorstellungen herauskristallisierten. Je nach den Mehrheitsverhältnissen fanden sie sich 1946/47 in den einschlägigen Artikeln der Landesverfassungen wieder, wenngleich es in der Regel an der ausführenden Gesetzgebung mangelte, die sie in die politische Wirklichkeit überführt hätte.

Trotz einer vielfältigen Verästelung in Einzelfragen lassen sich zwei Konzeptionen gegenüberstellen, die als »soziale Mehrheitsdemokratie« und als »konstitutionelle Demokratie« bezeichnet werden können.[164] Während jene dem Staat durch Mehrheitsbeschlüsse eine bestimmte Richtung vorgab, zielte diese auf die Beschränkung der Macht. Den programmatischen Ordnungsvorstellungen lagen verschiedenartige Bewertungen der Weimarer Zeit und des Nationalsozialismus zu Grunde. Eine ökonomisch geprägte Deutung lieferte das historische Unterfutter für die Konzeption der sozialen Mehrheitsdemokratie, eine gesellschafts- und kulturkritische Interpretation der Vergangenheit dagegen stützte die konstitutionelle Demokratievorstellung. In beiden Fällen gab es unter den Befürwortern grundsätzliche Einigkeit über die Grundlinien des politischen und sozialen Wiederaufbaus.

Die Anhänger der sozialen Mehrheitsdemokratie sahen in dem Widerspruch zwischen der demokratischen Verfassung und dem Einfluss wirtschaftlicher Kräfte die zentrale Strukturschwäche der Weimarer Republik. Die Demokratisierung der Wirtschaft, die 1918 nicht erreicht worden war, müsse, glaubten sie, nunmehr nachgeholt werden. Nach dem Zweiten Weltkrieg schien es endgültig an der Zeit, mit der politischen auch die »wirtschaftliche« oder »soziale« Demokratie zu verwirklichen. Nicht als Gegensatz, sondern als Ergänzung zur bürgerlichen Demokratie wurde eine Wirtschaftsdemokratie gefordert, in welcher der Einfluss privater Entscheidungen in Angelegenheiten von gesamtwirtschaftlicher Bedeutung zugunsten des Staates zurückgeschraubt wurde und umgekehrt die Arbeitnehmer in der Wirtschafts- und Sozialpolitik mitreden konnten. In der Nachkriegszeit ging es in erster Linie um drei Forderungen: die planmäßige Wirtschaftslenkung, die Mitbestimmung der Arbeitnehmerschaft und die Überführung bestimmter Betriebe in Gemeineigentum. Nicht die Marktwirtschaft, sondern die »Gemeinwirtschaft« schien die richtige wirtschaftspolitische Antwort auf die Mangelsituation der unmittelbaren Nachkriegszeit zu sein. Die Planung sollte indes mit der totalitären Zentralverwaltungswirtschaft der Kriegszeit und auch mit dem sowjetischen Beispiel nichts zu tun haben. Freie Preisbildung und Wettbewerb waren durchaus vorgesehen – innerhalb eines Lenkungssystems, das durch Rückkopplungsprozesse dynamisch bleiben sollte.

Die gemeinwirtschaftlichen und sozialpolitischen Bestrebungen erforderten eine passende Verfassungskonstruktion. Das verfassungspolitische Ziel lautete deshalb, dem unmittelbar gewählten Parlament einen möglichst großen Handlungsspielraum zu sichern, damit seine Mehrheit die wirtschafts- und sozialpolitische Entwicklung kontinuierlich steuern konnte. Eine zweite Kammer auf Länderebene, über deren Einführung 1946/1947 diskutiert wurde, lehnte man folglich ab, allein ein Verfassungsgerichtshof sollte als Korrektiv des Parlaments wirken. Die überkommene Trennung von Staat und Gesellschaft schien damit überwunden. Dieser Ordnungsvorstellung entsprach eine bedingt zentralistische Position. Innerhalb einer bundesstaatlichen Verfassung sollte der Bund in wirtschaftspolitischen Fragen die alleinige Gesetzgebungskompetenz besitzen.

Auch die Befürworter einer konstitutionellen Demokratie gründeten ihre Motive auf eine eigene, gesellschafts- und kulturkritische Deutung und Beurteilung der Vergangenheit, die zugleich umfassender und begrifflich unschärfer war. Nicht die ausgebliebene Demokratisierung der Wirtschaft, sondern die Entwicklung der modernen Massengesellschaft, die jüngst ihren Höhepunkt gefunden habe, bildete den historischen Ausgangspunkt der Überlegungen. Hier flossen ganz unterschiedliche ideologische Strömungen ein: die katholische Soziallehre, der protestantische Konservativismus oder auch der Neoliberalismus. Der Zweite Weltkrieg hatte, das schien sicher, die Desintegration der Gesellschaft weit vorangetrieben. Die Diagnose der Zeitgenossen, die sich auch aus der Schweiz zu Wort meldeten, führte zu einem ausgeprägten Krisenbewusstsein. Die einen stellten soziale Auflösungserscheinungen im engeren Sinne fest, die sie als »Vermassung« brandmarkten; die anderen geißelten die tief greifenden »geistig-moralischen« Verwerfungen der modernen Gesellschaft.

Welche Ursachen wurden ausgemacht? Die Stichworte der in das 19. Jahrhundert zurückreichenden Kulturkritik lieferten nach 1945 unter anderem die Volkswirtschaftler und Soziologen Wilhelm Röpke und Alfred Müller-Armack sowie der Mitbegründer der CDU, Otto Heinrich von der Gablentz. Sie lauteten: Bevölkerungszuwachs, Industrialisierung, Massenproduktion, Arbeitsmonotonie, Verstädterung, Naturentfremdung und nicht zuletzt Säkularisierung. Der Begriff »Masse« gehörte in der unmittelbaren Nachkriegszeit zu den Grundbegriffen der politischen Debatte. Aus der Massenpsychologie Gustave Le Bons und der Gesellschaftskritik Karl Jaspers' bekannt, stieß der Massenbegriff seit 1947 auch durch die Arbeit des spanischen Kulturphilosophen José Ortega y Gasset auf große Resonanz.[165] Die »Masse« habe die Diktatur ermöglicht, die ihrerseits die Vermassung gefördert habe: In dieser Perspektive erschien der National-sozialismus als ein »Massenphänomen«.

Die Überwindung der Massengesellschaft und des Massenmenschen musste mithin das vorrangige Ziel der sozialen und politischen Neuordnung sein. Die Neugliederung der Gesellschaft sollte wieder dezentrale Strukturen schaffen, überschaubare Lebenskreise, die es dem Individuum als selbstverantwortlicher »Person« ermöglichten, sich in der Gesellschaft zurechtzufinden und auf eigenen Beinen zu stehen. Hier gab es Anknüpfungspunkte an Vorstellungen, die vor allem im Kreisauer Kreis, dem konservativen Widerstand um Helmuth James Graf von Moltke, entwickelt worden waren. Es galt das Subsidiaritätsprinzip: Der Staat dürfe nur dann in das soziale Geschehen eingreifen, wenn Einzelne oder untergeordnete Gruppen ein Problem trotz Hilfestellung nicht zu bewältigen vermochten. Der Föderalismus-Gedanke verband diese gesellschaftspolitische Vorstellung mit der verfassungspolitischen.

Was folgerte nun aus der Gesellschafts- und Kulturkritik für die verfassungspolitische Neuordnung nach 1945? Das Ziel, die Macht des Staates zu beschränken, beherrschte die Konzeption der konstitutionellen Demokratie. Ein föderaler Staatsaufbau entsprach dem Gliederungsprinzip und galt als Korrektiv einer Machtanhäufung. Bestand nicht ein enger Zusammenhang zwischen der Vermassung und der Machtkonzentration? Die Kritik galt dem »Totalitarismus«: nicht nur der nationalsozialistischen und kommunistischen Diktatur, sondern auch den Zwängen einer staatlichen Bürokratie. Dazu kam die Sorge, dass nicht allein die Exekutive, sondern vor allem die Legislative so viel Macht anhäufen könnte, dass eine »Parlamentsdiktatur« drohte (die einige für die so genannte Machtergreifung Hitlers verantwortlich machten). Durch die strikte Trennung von exekutiver, legislativer und judikativer Gewalt sollte die Macht deshalb aufgeteilt werden. Ein System von »checks and balances«, zu dem etwa eine zweite Kammer und das Amt des Staatspräsidenten gehörten, sollte als Ausgleich der parlamentarischen Mehrheitsentscheidungen wirken. Die Demokratie musste gewissermaßen vor sich selbst in Schutz genommen werden.

Die Haltung zu den sozial- und wirtschaftspolitischen wie auch den verfassungspolitischen Fragen deckte sich nicht mit parteipolitischen Grenzen. Das lag nicht zuletzt an dem dezentralen Wiederaufbau des Parteiensystems. Eine Ausnahme bildeten die Sozialdemokraten, die nahezu ausschließlich mehrheitsdemokratische Positionen vertraten. Das schloss innerparteilichen Zwist nicht aus, beispielsweise zwischen der Parteiführung und dem bayerischen Ministerpräsidenten Wilhelm Hoegner, der sich für einen föderalistischen Staatsaufbau aussprach. Mehrheitspolitisch argumentierte zunächst auch die KPD, die 1945 das »Sowjetsystem« aufgrund der andersartigen »Entwicklungsbedingungen« im Nachkriegsdeutschland ablehnte. In mehreren Landesregierungen vertreten, setzte sie sich bis 1948 dafür ein, in einem gleichsam nachholenden Akt zunächst die bürgerliche Revolution von 1848 zu vollenden. Allerdings traten Kommunisten wie der nordrhein-westfälische Landtagsabgeordnete Max Reimann für eine Verstaatlichung bestimmter Industriezweige ein. Die Gewaltenteilung indes lehnte die KPD zugunsten einer einheitlichen Staatsgewalt ab.

Und die Christdemokraten? Unter den programmatischen Erklärungen der Gruppierungen von CDU/CSU lassen sich ebenfalls Übereinstimmungen mit der Konzeption der sozialen Mehrheitsdemokratie feststellen. Die Kölner Leitsätze vom Juni/September 1945 und das Ahlener Programm vom Februar 1947 zeigen deutlich die historisch begründete skeptische, ja ablehnende Haltung gegenüber dem kapitalistischen Wirtschaftssystem, vor allem gegenüber der »Vorherrschaft des Großkapitals« und den »Rüstungsmagnaten«. Insbesondere die Vertreter des so genannten christlichen Sozialismus, vor allem in Hessen der »Oberurseler Kreis« um die Herausgeber der Frankfurter Hefte Walter Dirks und Eugen Kogon, vertraten die Auffassung, dass man der außergewöhnlichen Krise der Nachkriegszeit mit »sozialistischen« Mitteln beikommen müsse.[166]

Das Ahlener Programm sollte als das frühe Bekenntnis der CDU zu einer bedingten Sozialisierung in die Parteigeschichte eingehen. Auch hier standen die Erfahrung des Nationalsozialismus und seine wirtschaftliche Erklärung Pate für die Feststellung, dass »das kapitalistische Wirtschaftssystem (…) den staatlichen und sozialen Lebensinteressen des deutschen Volkes nicht gerecht geworden« sei. Die Deutschen sollten »durch eine gemeinwirtschaftliche Ordnung (…) eine Wirtschafts- und Sozialverfassung erhalten, die dem Recht und der Würde des Menschen entspricht«. Konkret hieß das unter anderem: Lenkung der Wirtschaft, Vergesellschaftung des Bergbaus und der Stahlindustrie und Mitbestimmungsrecht der Arbeitnehmer.[167] Im nordrhein-westfälischen Landtagswahlkampf konnte die CDU der britischen Zone so dem politischen Gegner auf der Linken vor dem Hintergrund der Sozialisierungsdebatte erfolgreich Paroli bieten, half sie doch den Vorwurf einer reaktionären Politik zu entkräften.

Die vom linken Flügel der CDU durchgesetzten Forderungen, die jedoch bereits in Ahlen nicht explizit unter dem Rubrum des »christlichen Sozialismus« formuliert worden waren, wurden ein Jahr später auf dem Parteitag in Recklinghausen in dem Maße ausgehöhlt, wie Ludwig Erhard mit geistiger Schützenhilfe von Alfred Müller-Armack die Konzeption einer »sozial verpflichteten Marktwirtschaft« zur Geltung brachte, die sich dann mit den »Düsseldorfer Leitsätzen« im Juni 1949 endgültig durchsetzen sollte. Diese Leitsätze wurden von der CDU und CSU der amerikanischen Zone übernommen und sollten die wirtschafts- und gesellschaftspolitische Auffassung der Christdemokraten in den nächsten Jahrzehnten bestimmen. Die erfolgreiche Formel von der »sozialen Marktwirtschaft« bildete den kleinsten gemeinsamen Nenner der ansonsten heterogenen Integrationspartei. Dass sich hinter dem

Schlagwort wenig Neues verbarg und letztlich vor allem die wirtschaftsliberale Position fortgeschrieben wurde, blieb im Hintergrund des öffentlichen Bewusstseins.

Auch unter einigen Liberalen, den »sozialen Demokraten«, gab es Stimmen, die vor der Monopolbildung warnten.[168] In verfassungspolitischer Hinsicht dagegen vertraten die Liberalen eher mehrheitsdemokratische Konzeptionen, wenn sie sich wie Reinhold Maier in Württemberg-Baden für das Einkammersystem aussprachen. Die kulturkritisch begründeten Forderungen fanden sich ausschließlich unter liberalen und christlich-demokratischen Gruppen. Der Nachkriegsliberalismus wandte sich nicht nur gegen die staatliche Planungsbürokratie der Diktatur, sondern auch gegen die privatwirtschaftliche Monopolbildung, die gleichfalls als Ursache der »Vermassung« angesehen wurde. Der Vorsitzende der CDU in der britischen Zone, Konrad Adenauer, erklärte am 24. März 1946 vor Kölner Studenten:»In der heimatlosen, durcheinandergeschobenen, atomisierten Masse, als die sich jetzt unser Volk darstellt, muss jedes Einzelwesen angesprochen und zu Selbstbewusstsein und Verantwortungsgefühl geführt werden. Wieweit das gelingt, ist heute die Schicksalsfrage unseres Volkes (…)«[169]

In beiden Ordnungsvorstellungen spiegelte sich die spezifische Notlage der unmittelbaren Nachkriegszeit wider, und beide resultierten aus einer bestimmten Deutung der jüngsten deutschen Vergangenheit. Auch orientierten sich beide an den keineswegs identischen Vorbildern der Westmächte. Während die Konzeption der sozialen Mehrheitsdemokratie Elemente des britischen Demokratieverständnisses und seiner sozialstaatlichen Tradition aufgriff – das Programm der Labour-Regierung lieferte nach 1945 eine Planungsvorlage –, stand die amerikanische Verfassungstradition Pate für die konstitutionell-demokratische Konzeption. Gleichwohl scheiterte die Durchsetzung von ordnungspolitischen Vorstellungen, die auf die Vergesellschaftung von Produktionsmitteln hinausliefen, am Widerspruch der

Besatzungsmächte. Wo entsprechende Artikel in die Verfassungen eingebracht werden sollten, wurden sie suspendiert – auch durch die Briten.

4. Umerziehung und Selbstbesinnung in der Freizeit

Im Zuge der »Reeducation« bemühten sich die Alliierten in allen Zonen insbesondere um eine soziale Gruppe: die Jugendlichen. Schließlich waren die Jungen und Mädchen, die am ehesten die Früchte der Umerziehung tragen würden, am meisten vom Nationalsozialismus betroffen, da sie nichts anderes kennen gelernt hatten. Für die Umerziehung bildete die deutsche Jugend in jedem Fall den größten Aktivposten. Ohne sie war kein Staat zu machen. Die Ausgangslage ähnelte sich in allen Zonen. Die Generation der Fünfzehn- bis Dreißigjährigen erlebte das Kriegsende in besonderem Maße als einen Zusammenbruch – auch im Vergleich mit den Jugendlichen nach 1918. Der Nationalsozialismus hatte die Jugendlichen gleichermaßen geprägt; der Zusammenbruch des Regimes und die Niederlage stürzten sie in eine weit reichende Sinn- und Orientierungskrise. Zerstört war die Werteordnung, auf die sich auch ihre Selbstgewissheit stützte: die NS-Ideologie mit dem Führer-Mythos, Deutschland als Vaterland, die vertraute Umgebung der Schulklasse, der Verlust der Familie.[170] Deshalb richtet sich der Blick zunächst auf die Nachkriegsjugend und die Jugendpolitik der Alliierten, bevor die Rolle der Kultur als Forum der Umerziehung und Selbstbesinnung betrachtet wird.[171]

Nachkriegsgeneration und Jugendpolitik

Wer im ersten Nachkriegsjahrzehnt zwischen 15 und 25 Jahre alt war, hatte seine Kindheit und frühe Jugend im Dritten Reich verbracht, den Krieg miterlebt und war vor allem in der Hitler-Jugend entsprechend den Zielen des Nationalsozialismus sozialisiert worden. Organisierte Geselligkeit, Kameradschaft und ein national überhöhtes Gemeinschaftserlebnis hatte die einzige legale Jugendorganisation des Nationalsozialismus den Jugendlichen geboten, die gleichwohl nicht zu dessen ideellen Wegbereitern zählte. Im Unterschied zu der Generation, die den Krieg geführt hatte, kann deshalb statt von einer »Kriegsgeneration« treffender von einer »Nachkriegsgeneration« gesprochen werden. Ende 1945 lebten etwa zweieinhalb Millionen Vierzehn- bis Fünfundzwanzigjährige in Deutschland; ihre Zahl stieg im Zuge der Vertreibung und Kriegsheimkehr binnen eines Jahres auf 2,8 Millionen. Zu ihren Grunderfahrungen zählten der Krieg, der Zusammenbruch am 8. Mai 1945, die Vertreibung, Hunger und materielle Not, die Zerrüttung der Familienverhältnisse sowie die Konfrontation mit den NS-Verbrechen nach 1945.[172]

Drei Gruppen lassen sich unterscheiden. Aus den Jahrgängen 1921 bis 1925/26 stammten die jungen Soldaten, die zumindest in der zweiten Kriegshälfte im Einsatz gewesen waren; diejenigen unter ihnen, die 1945 zwischen 22 und 24 Jahre alt waren, zählten zu den »Stalingrad-Jahrgängen«. Aus den Jahrgängen 1926 bis 1928 rekrutierte sich die so genannte Flakhelfergeneration; die Ältesten waren noch zum Reichsarbeitsdienst (RAD) oder zur Wehrmacht einberufen worden. Der Jahrgang 1929 schließlich war nicht mehr zum Kriegsdienst ausgebildet, aber auf vielfältige Weise in den Kriegshilfsdienst einbezogen worden. Die Mädchen, die 1944 noch keine 19 Jahre alt waren, hatte der Reichsarbeitsdienst in der Regel nicht mehr erfasst; die älteren waren zum Kriegshilfsdienst herangezogen worden. Der historische – nicht der entwicklungspsychologische – Blick auf die »Jugend« der Nachkriegszeit gilt mithin jenen jungen Menschen, die bis 1945 zwar unterschiedliche Grenzerfahrungen machen mussten, aber keine anderen Lebensformen kennen gelernt hatten als die des NS-Regimes.[173]

Autobiographische Zeugnisse und lebensgeschichtliche Interviews lassen ein deutliches Mentalitätsprofil der Jugend in der unmittelbaren Nachkriegszeit erkennen. Wer spät im Dritten Reich sozialisiert und durch die Niederlage enttäuscht war, dem fiel es vergleichsweise leicht, sich neu zu orientieren. Schwieriger war das für die Älteren, die an der Front gewesen waren oder eine Lehre beendet hatten. Sie fühlten sich isoliert und sahen sich plötzlich den fremden Besatzungsmächten oder älteren Vertretern der Weimarer Funktionselite gegenüber. Das führte zu unterschiedlichen Verhaltensweisen. Während eine Minderheit neue ideologische Orientierung in der sozialistischen Bewegung suchte, lehnte die Mehrheit die Zugehörigkeit zu einer staatlichen Jugendorganisation ebenso ab wie die Mitgliedschaft in einer politischen Partei. Sie hatte erfahren, wie leicht (junge) Menschen in die Irre geführt werden konnten. Die »enttäuschte Generation« blieb weitgehend politisch passiv. Gleichwohl nahmen viele Jugendliche die älteren Ideale der Leistungsbereitschaft und des Pflichtbewusstseins mit in die Nachkriegszeit und engagierten sich in sozialen Organisationen: den Gewerkschaften, dem Roten Kreuz oder der Kirche. Im Rückblick stellten sich auch die Aktivitäten der HJ den Jugendlichen als eine unpolitische Veranstaltung dar, und viele empfanden es als ungerecht, dass die neue politische Führung sie nun um ihre gute Erinnerung bringen wollte.

Jenseits der vielfältigen Einzelschicksale zeigen sich allgemeine, passive Grundzüge der Bewusstseinslage: ein tiefes Erschrockensein, ein Gefühl, betrogen worden zu sein, ein Bewusstsein der verlorenen Jahre. Zentrale Ingredienzen des Nationalsozialismus wie der Rassismus, der Antisemitismus oder das geopolitische Raumdenken spielten für die meisten keine Rolle mehr; die Niederlage hatte die auf den Sieg fixierte Ideologie, die für viele bereits in den letzten Kriegsjahren ihre Überzeugungskraft eingebüßt hatte, endgültig desavouiert.[174] Andere Bestandteile indes wie der Antikommunismus und der Nationalismus dauerten an. Gegenüber neuerlichen Versuchen der politischen Indoktrination reagierten die Jugendlichen mit großer Zurückhaltung. Diese »skeptische Generation«, wie sie der Hamburger Sozialwissenschaftler Helmut Schelsky 1957 nennen sollte, konzentrierte sich notgedrungen darauf, die private Existenzgrundlage wiederherzustellen und zu sichern. Das erklärt das Schweigen, das in Ost und West zwischen den Generationen herrschte. In der SBZ wählten die meisten pragmatisch den Weg des geringsten Widerstands.

Während die Jugendlichen jedoch in den Westzonen einen Freiraum fanden, in dem sie ihre Erlebnisse verarbeiten und sich neu orientieren konnten, gerieten sie in der Ostzone unter den Druck eines politischen Aktionismus und einer sozialen Kontrolle, der diesen Schonraum nicht gewährte. In der SBZ war die Desorientierung besonders groß, weil die meisten die russische Besatzungsmacht aufgrund der Erfahrung der brutalen Besetzung und des rassistischen Feindbildes verachteten. Der hohe Anteil an Ostflüchtlingen mit ihrer Gewalterfahrung tat ein Übriges. In jedem Fall wurden die Jugendlichen zum Ziel einer Jugendpolitik, deren jeweilige Leitlinien bereits während des Krieges entwickelt worden waren.

Noch vor der Besetzung Deutschlands hatten sich die Alliierten ein Bild von der deutschen Jugend gemacht. Geheimdienstanalysen des nationalsozialistischen Erziehungssystems, nicht zuletzt die Sozialisation in der HJ, in Adolf-Hitler-Schulen und Napolas, ließen sie für den Fall der Niederlage des Reiches Schlimmes befürchten. Die Befragung deutscher Kriegsgefangener und die Auswertung erbeuteter Feinddokumente hatten zudem die Angst vor einer jugendlichen Sabotage- und Guerillabewegung genährt, die Goebbels in der Öffentlichkeit als »Werwolf« angekündigt hatte. Wenngleich dieses »letzte Aufgebot«, mit dem die deutsche Bevölkerung aus Furcht vor Vergeltungsmaßnahmen nichts zu tun haben wollte, nicht die geplante Größenordnung erreichte, gab es doch nationalsozialistische Partisanengruppen, in denen vor allem ehemalige HJ-Angehörige bewaffnete Aktionen gegen die Besatzungsmacht planten.

Wenig Vertrauen erweckten auch Vorfälle an den wiedereröffneten Universitäten in Erlangen, Göttingen oder Jena, die an der reaktionären, nationalistischen Haltung vieler Studierender keinen Zweifel ließen. Schließlich konnten selbst unpolitische Banden von Jugendlichen wie die »Edelweißpiraten«, die doch durch ihr nonkonformes Verhalten im Dritten Reich aufgefallen waren, nun durch ihre Überfälle auf Geschäfte und ehemalige Zwangsarbeiter die Alliierten in ihrem Eindruck bestärken, dass die nationalsozialistische Propaganda unter den Jugendlichen tiefe Spuren hinterlassen habe. In dem Fraternisierungsverbot der amerikanischen Besatzungsarmee, das den Kontakt zur deutschen Bevölkerung aus Gründen der Sicherheit untersagte, spiegelte sich diese Auffassung der ersten Monate wider.

In den frühen Besatzungsjahren bestätigte sich, wie schlecht es um die Jugend stand: Die überkommene soziale Bindung war großteils zerstört, ein Aufbau neuer Bezugssysteme nicht in Sicht. Viele Jugendliche waren unterernährt, hatten weder Bleibe noch Arbeit, zogen durch die Lande und wurden in Notunterkünften versorgt. Einer ganzen Generation dieser »vaterlosen Gesellschaft« – wie der Psychoanalytiker Alexander Mitscherlich später formulieren sollte – mussten neue Wertmaßstäbe und Orientierungsmuster vermittelt werden, sollte die Befreiung vom Nationalsozialismus zu einer dauerhaften Verankerung demokratischer Normen in der politischen Kultur Deutschlands führen.[175] Das geschah zum einen im Bildungsbereich, in den Schulen und Universitäten. Sieht man von der SBZ ab, wo Schulen und Hochschulen zu einem Vehikel der kommunistischen Indoktrination umgestaltet wurden, räumten insbesondere die französischen Hochschuloffiziere der Vermittlung der eigenen Sprache und Kultur, der *civilisation française*, an den Universitäten in Freiburg, Tübingen und Mainz höchste Priorität ein.[176] Doch wie suchten die Besatzungsmächte auf die Jugendlichen in der Freizeit einzuwirken? Nach dem Verbot der Hitler-Jugend musste die Jugendarbeit von allen nationalsozialistischem Ballast befreit und nunmehr dezentral, auf lokaler Ebene neu aufgebaut werden. Dafür sollten ab Oktober 1945 die Kreisjugendausschüsse sorgen. Zu der Altersgruppe der Jugendlichen zählten die Zehn- bis Achtzehnjährigen, bald lag die Obergrenze bei den Fünfundzwanzigjährigen. Bereits im November wurden die ersten Gruppen der evangelischen und katholischen Jugend, der Pfadfinder, der Sport-, Gewerkschafts- und Naturfreunde-Jugend zugelassen. In den evangelischen Gemeinden kümmerte sich der Christliche Verein Junger Männer (CVJM) um den Nachwuchs. Die Jugendämter jedoch, die 1922 durch das Reichsjugendwohlfahrtgesetz eingerichtet worden waren, wurden von den Amerikanern an der Jugendarbeit nicht beteiligt. Sie waren ohnehin mit Fürsorgeproblemen überlastet und schienen wegen ihrer nationalsozialistischen Vergangenheit belastet. Auch ausländische Organisationen durften schließlich in der amerikanischen Zone die Jugendarbeit unterstützen. Ein Austauschprogramm sollte dagegen erst Anfang der 50er Jahre greifen.

Von großer Bedeutung war die Jugendamnestie, die Clay am 2. Juli 1946 vor dem Länderrat verkündete. Danach brauchten sich alle Jugendlichen, die nach dem 1. Januar 1919 geboren worden und keine Kriegsverbrecher oder aktive Nationalsozialisten waren, nicht mehr der Entnazifizierung durch die Spruchkammer zu unterziehen. Auch der Beschluss, nach der Erfahrung mit der HJ keine politischen Jugendgruppen zu genehmigen, wurde bald von der Entwicklung überholt und im Frühjahr 1947 aufgehoben. Im Herbst 1946 entstand die Organisation »Die Falken – Sozialistische Arbeiterjugend« neu, bereits im Frühjahr hatten die Kommunisten in der SBZ die »Freie Deutsche Jugend« gegründet.

Gleichwohl blieb der Anteil der politisch organisierten Jugendlichen vergleichsweise gering. In Bayern gab es im Oktober 1947 8000 Falken- und gut 2000 FDJ-Mitglieder, während etwa 200 000 junge Menschen in katholischen, 40 000 in evangelischen Jugendgruppen und 100 000 in lizenzierten Sportverbänden aktiv waren.[177] In der gesamten US-Zone betreuten am 1. August 1946 186 Kreisjugendausschüsse 2866 lizenzierte Jugendgruppen mit fast einer halben Millionen Mitglieder – lediglich ein Viertel in der Altersgruppe der Zehn- bis Achtzehnjährigen.[178] Nicht organisierte Jugendliche hatten in »Jugendparlamenten« und auf »Jugendtagen« wie am 13. Oktober 1946 auf dem Hohen Meißner, der Kultstätte der deutschen Jugendbewegung seit 1913, eine Möglichkeit, ihre Bedürfnisse zu äußern. Diese Zielgruppe sollte auch durch das Jugendprogramm der amerikanischen Armee (German Youth Activities, GYA) erreicht werden. Obwohl es mit der Erziehungsarbeit der Militärregierung konkurrierte, nutzten auch die etablierten Jugendorganisationen das Angebot des GYA-Programms.[179] Im März war die Zahl der Jugendlichen, die von der öffentlichen Jugendarbeit profitierten, auf 1,3 Millionen gestiegen. Damit sich das Verhältnis zwischen dem Leiter einer Gruppe und den Jugendlichen nicht mehr autoritär, sondern demokratisch gestaltete, richtete die Militärregierung ab 1948/49 mehrere Ausbildungszentren für Jugendleiter ein. Ebenso förderte sie die Ausbildung bezahlter Jugendpfleger.[180]

Auch in der SBZ sollten die jungen Menschen in der Schule und in Jugendorganisationen resozialisiert werden – der Familie dagegen war als Sozialisationsinstanz keine große Rolle zugedacht. Auch für die Jugendpolitik galt die Einheits- und Volksfrontpolitik, mit der alle »fortschrittlichen Kräfte« gewonnen werden sollten. Diesen neuen Kurs hatte die Kommunistische Internationale bereits 1935 festgelegt. Deshalb plante die KPD-Führung 1945 statt eines separaten kommunistischen Jugendverbandes eine einheitliche Jugendorganisation, die von der Partei formal unabhängig war. Das lag wohl auch daran, dass es nach der NS-Diktatur an Jungkommunisten mangelte, die als Nachwuchskräfte eine flächendeckende Jugendpolitik hätten betreiben können. Stattdessen sollte die »Freie Deutsche Jugend« (FDJ) als eine übergreifende, zentral gesteuerte Einheitsorganisation möglichen Konkurrenten aus dem Umfeld der anderen Parteien und der Kirchen das Wasser abgraben. Hinzu kam auch auf sowjetischer Seite und unter den Emigranten die Befürchtung, dass es sonst zu Sabotageakten der Werwolf-Bewegung kommen könnte. Das Modell der einheitlichen FDJ hatten deutsche Kommunisten in England bereits während der Kriegsjahre vorexerziert.[181]

Jugendausschüsse sollten seit dem Sommer 1945 die Einheitsjugend vorbereiten. Die nach Kriegsende spontan entstandenen Organisationsformen der »Antifa-Jugend«, des jugendlichen Gegenstücks der Antifa-Ausschüsse, waren nach wenigen Wochen aufgelöst worden. Die Jugendausschüsse besaßen eine doppelte Funktion: Zum einen wirkten sie als kommunale Einrichtungen im Bereich der Jugendpflege. Sie holten orientierungslose Jugendliche von der Straße und gaben ihnen die Möglichkeit, sich sinnvoll zu beschäftigen. Zum anderen dienten sie längerfristig dazu, eine Monopolorganisation mit gesamtdeutschem Anspruch ins Leben zu rufen, was den wenigsten klar war. Andere Parteien maßen deshalb der vermeintlich unpolitischen Jugendarbeit eine geringere Bedeutung bei oder warteten die Möglichkeit einer gesamtdeutschen Neuordnung des Jugendverbandswesens ab.

In den Jugendausschüssen vor Ort entwickelte sich derweil eine bunte Jugendarbeit, auch wenn nur eine Minderheit der Heranwachsenden erreicht wurde. Junge Menschen trafen sich zum gemeinsamen Spielen, Basteln und Singen, zu Film- und Diaabenden, zu Volkstanz- und Sportveranstaltungen. Sie hörten Referate über historisch-politische Themen der jüngeren Vergangenheit; Zeitzeugen berichteten über ihren Widerstand im Dritten Reich oder über die Nürnberger Kriegsverbrecherprozesse. Manchmal beteiligten sich die jungen Leute an einem »Arbeitseinsatz« und beseitigten gemeinsam Trümmer, betreuten Flüchtlinge oder halfen beim Bau von Jugendheimen.

Um die Ausschüsse in eine einheitliche »Freie Deutsche Jugend« zu überführen, hatten Ulbricht und Pieck den früheren Dachdeckerlehrling Erich Honecker vorgesehen. Honecker war ZK-Mitglied und Leiter des kommunistischen Jugendverbandes in Berlin gewesen, bevor er Ende 1935 verhaftet worden war. Am 27. April 1945 aus dem Gefängnis Brandenburg-Görden befreit, war Honecker Jugendsekretär beim ZK der KPD und im Jugendamt der Deutschen Zentralverwaltung für Volksbildung (DVV) beschäftigt, wo ein Zentraler Jugendausschuss vorbereitet wurde.[182] Zur Jahreswende 1945/1946 initiierte die KPD Resolutionen der Basis für eine einheitliche Jugendorganisation. Sie fürchtete mittlerweile, dass die Sozialdemokraten von der gemeinsamen Jugendarbeit abrücken würden. Zudem erschwerte die kommunale Einbindung der Ausschüsse ihre zentrale Steuerung. Ende Januar genehmigte die SMAD die Gründung der »Freien Deutschen Jugend«. Weitere Jugendorganisationen würden, so stand zu vermuten, nicht lizenziert. Auch deshalb haben sich wohl Vertreter der übrigen Parteien und der Kirchen zur Mitarbeit in den Leitungsgremien bereit gefunden, obwohl sie die Idee einer Einheitsjugend eigentlich ablehnten. Zudem glaubten die meisten weiterhin daran, dass ohnehin alles unter dem Vorbehalt einer gesamtdeutschen Lösung stehe.

Zwar war die FDJ kein gesamtdeutscher Verband (dazu hätte es der Zustimmung der westlichen Alliierten bedurft), aber sie war die einzige Jugendorganisation, die in ganz Deutschland vertreten war. Im Westen hatten kommunistische Remigranten, ehemalige Widerstandskämpfer und frühere Leiter der bündischen Jugend die ersten FDJ-Gruppen unter verschiedenen Bezeichnungen seit 1945 gegründet; mehr als 50 000 Jugendliche gehörten ihnen jedoch nie an. Erst als sich die Gruppen 1946/47 auf der Zonenebene zusammenschlossen, wuchs der Einfluss der Berliner FDJ-Führung. Politische Bedeutung erlangte die westdeutsche FDJ indes nicht.

Das künftige Programm der FDJ erläuterte Honecker auf ihrer ersten zentralen Konferenz in Berlin. Zu den »Grundrechten der jungen Generation« zählten die politischen Rechte, das Recht auf Arbeit und Erholung, auf Bildung und auf »Freude und Frohsinn«. Die Gründungsphase endete im Juni 1946 mit dem »Ersten Parlament der Freien Deutschen Jugend« in Brandenburg/Havel. Honecker wurde ihr erster Vorsitzender. Die bis 1949 gültigen Statuten legten fest, dass der Verband allen vierzehn- bis fünfundzwanzigjährigen Jugendlichen offen stehe – mit Ausnahme ehemals besoldeter HJ-Führer und BDM-Führerinnen. Die Statuten entsprachen durchaus demokratischen Grundregeln, deren Missbrauch unter den entsprechenden gesellschaftlichen Rahmenbedingungen jedoch nichts im Wege stand. Wenn es etwa hieß, dass nur derjenige Funktionen ausüben durfte, der dazu »charakterlich geeignet« war: Wer legte dann den Maßstab fest? Das Leitungsgremium der FDJ bestätigte die Überparteilichkeit, so schien es zumindest. Zwar gehörten dem Sekretariat neben neun SED-Mitgliedern auch zwei Christdemokraten, ein Liberaler und zwei Kirchenvertreter an. Die wichtigsten Funktionen jedoch übten bewährte Funktionäre aus, Partei und Verband waren personell vielfach verflochten, und das jugendpolitische Programm der SED entsprach dem der FDJ. Das letzte Wort hatte in jedem Fall die SMAD.

Bis Ende 1946 zählte die FDJ rund 400 000 Mitglieder. Sie konnte Freizeitangebote im Stadtviertel oder auf dem Dorf organisieren oder in der Schule und im Betrieb wirken. Da das Freizeitangebot vor allem auf dem Lande und in den Kleinstädten gering war, übte der so genannte Heimabend, womöglich in einem eigenen Jugendheim, eine große Anziehungskraft auf die Heranwachsenden aus. Ob Laienspiele, Tanzveranstaltungen, Sport oder Wandern: die Aktivitäten der FDJ eröffneten willkommene Möglichkeiten, der häuslichen Enge zu entfliehen und unter sich zu sein. Doch die FDJ war nicht ohne Konkurrenz. In den ersten zwei bis drei Nachkriegsjahren, in denen die KPD/SED ihren politischen Herrschaftsanspruch in der SBZ im politischen Wettbewerb durchzusetzen suchte, duldete sie die Jugendarbeit der Kirchen und der »bürgerlichen« Parteien in den größeren Städten. Vor dem Hintergrund des vielfältigen Verbandswesens, das sich mittlerweile in Westdeutschland herausgebildet hatte, schien auch die FDJ in der SBZ bald nur noch eine Jugendorganisation neben anderen zu sein.

In der zweiten Jahreshälfte 1947 begann die Sowjetisierung des Jugendverbandes. Auch die FDJ sollte nun Partei ergreifen und sich engagieren: für die UdSSR, für die deutsche Einheit, für wirtschaftliche Mehrleistung. Mit der Volkskongressbewegung begann die Transformation des politischen Systems in der SBZ, in dessen Verlauf die SED zu der allein herrschenden Partei wurde und die übrigen Parteien und Verbände nur noch als Transmissionsriemen ihrer Politik nutzte. Hatte die Jugendpolitik der SED zunächst darauf gezielt, Jugendliche mit jugendspezifischen, ideologiefernen Themen zu gewinnen, orientierte sie sich ab 1948 an dem marxistisch-leninistischen Jugendbild, das die Jugend als Teil der klassengebundenen Erwachsenenwelt darstellte. Auf dem Weg zur SED-Massenorganisation setzte die FDJ ihren Vormachtanspruch auf den verschiedenen Ebenen durch. Mit der Gründung der »Jungen Pioniere« im Dezember 1948 wurden bereits die Sechs- bis Vierzehnjährigen an den Schulen erfolgreich als Nachwuchs der FDJ gewonnen; an den Oberschulen und den Universitäten dauerte es dagegen länger, bis der Widerstand gebrochen wurde – nicht zuletzt mit Gewalt.[183]

In manchen Fällen gab es den unkomplizierten Übergang von der HJ in die FDJ, wo man jene Elemente der Jugendbewegung finden konnte, die schon die HJ attraktiv gemacht hatten. Das Angebot der Besatzungsmacht, das durch den Krieg abhanden gekommene Jugendleben fortzusetzen und den alten Aktionismus jetzt in die neuen Formen der Aufbausituation zu gießen, die Freundschaft mit der starken Sowjetunion und ihrem Führer zu kultivieren und das Gemeinschaftsgefühl der antifaschistischen Arbeiterklasse zu vermitteln – dieses Angebot wurde jedoch, wie lebensgeschichtliche Interviews zeigen, nicht immer angenommen.[184]

Die Jugendlichen spielten auch in der öffentlichen Diskussion über die veränderten Geschlecherrollen eine große Rolle. Politiker, Pädagogen und Journalisten äußerten sich besorgt über das Fehlverhalten junger Menschen. Im Unterschied zu anderen Staaten, wo ebenfalls über Jugenddelinquenz debattiert wurde, stellte sich in der deutschen Gesellschaft die Frage, ob die Aggressivität männlicher Jugendlicher nicht eine Folge von Nationalsozialismus und Militarismus sei? Bis Mitte der 50er Jahre, als der Konsum im Westen neue Leitbilder schuf, schien vielen Älteren in Ost- *und* Westdeutschland die neue soziale Stabilität auch durch die aggressiven »Rebellen« bedroht. Männliche Jugendliche mit ihrer Vorliebe für amerikanische Mode und Musik schienen die Wiederherstellung älterer Ideale von Männlichkeit zu unterlaufen.[185] Hier wirkten Vorurteile gegen die »Negerkultur« fort. Aus deutscher Sicht gründete das Problem in dem amerikanischen Kulturimport. Filme aus Hollywood, Jazz und Rock'n'Roll schienen einen schlechten Einfluss auf die deutsche Jugend auszuüben, für die in den 50er Jahren der Begriff der »Halbstarken« geprägt werden sollte. Umerziehung war demnach auch ein Aspekt der Nachkriegskultur.

Kultur im Aufbruch

Den jugendlichen Jazz-»Fan« hatte Carlo Schmid, einer der wenigen *hommes de lettres*, die einen Platz auf der politischen Bühne der frühen Nachkriegszeit fanden, sicherlich nicht vor Augen, als er sich nach Kriegsende überzeugt zeigte, dass »die Schaffung von Zentren geistigen und musischen Lebens so wichtig [sei] wie die Beschaffung von Wohnung und Brot«, sollten die Deutschen nicht »in Stumpfheit und Trostlosigkeit versinken«.[186] Dem amerikanischen Jazz haftete wie vor 1945 etwas

Oppositionelles an. Das interessierte Publikum begeisterte sich nach dem Krieg vielmehr für die in Deutschland so genannte »ernste« Musik. Sie hatte deshalb ihren Platz im Programm der Rundfunkanstalten. Ab 1945 sendeten der amerikanische RIAS Berlin und der sowjetische Berliner Rundfunk; 1946 richteten britische Kontrolloffiziere in der Viersektorenstadt auch eine Zweigstelle des Hamburger Senders Nordwestdeutscher Rundfunk (NWDR) ein. 1948 wurden etwa Radio Bremen, der Bayerische Rundfunk in München, der Süddeutsche Rundfunk in Stuttgart und der Hessische Rundfunk in Frankfurt am Main sowie der Südwestfunk in Baden-Baden gegründet.[187]

In der unmittelbaren Nachkriegszeit wurde die Kultur zu einer Überlebenshilfe und zu einem Medium der Umerziehung. Sie sorgte nicht nur für Zerstreuung und Ablenkung von den Nöten des Alltags, sondern bot auch Orientierung in einer Zeit des radikalen Wertewandels. Die Besatzungsmächte betrieben deshalb eine aktive Kulturpolitik.[188] Die kulturelle Tradition, an die man in den Städten aller Zonen anknüpfte, reichte gleichwohl zurück in die Weimarer Zeit. Konzertsäle, Theater und Museen wurden nach 1945 wieder aufgebaut, ohne dass die meisten Direktoren, Intendanten oder Regisseure ihren Posten verloren hätten. Die Nachkriegstheater sollten als moralische und politische Umerziehungsanstalt wirken, aber auch Vergnügen bereiten.[189] Keine vier Wochen nach der Kapitulation, am 27. Mai, wurde im Berliner Renaissance-Theater Franz von Schönthans Posse »Der Raub der Sabinerinnen« aufgeführt. Insgesamt fanden in Berlin zwischen Juni und Dezember 1945 mindestens 121 Premieren statt. 1947 gab es allein in der amerikanischen Zone 74 feste Theater. Gustaf Gründgens, der im Dritten Reich zehn Jahre als Intendant des Berliner Staatstheaters gewirkt hatte und nach Kriegsende zunächst nicht zugelassen worden war, übernahm 1947 in Düsseldorf die Intendanz des Schauspielhauses; in Recklinghausen gab es 1947 die ersten »Ruhrfestspiele«, und im sowjetischen Sektor Berlins gründete Bertolt Brecht das »Berliner Ensemble«.

Auf dem Spielplan standen zum einen ältere Stücke, zum anderen importierten die Alliierten neue, indem zunächst die Militärregierungen die Übersetzungs- und Aufführungsrechte erwarben. Zu den erfolgreichen Stücken zählten etwa Jean Anouilhs »Antigone«, Jean-Paul Sartres »Die Fliegen« und Albert Camus' »Die Pest«. Neben die Existenzialisten, die Freiheit als innere, nicht gesellschaftliche Unabhängigkeit interpretierten, traten geschichtsfatalistische Stücke wie Thornton Wilders »Wir sind noch einmal davongekommen« und religiöse Dramen, etwa von T. S. Eliot, Paul Claudel und François Mauriac, die immaterielle Werte beschworen. Den größten Erfolg unter den deutschen Dramen der Nachkriegszeit erzielte Carl Zuckmayers Stück »Des Teufels General«. Die tragische Geschichte eines letztlich unpolitischen Menschen, der vom Nationalsozialismus verführt wird und dafür büßt, traf offensichtlich den Nerv des Nachkriegspublikums. Auch die Klassiker waren häufig zu sehen – nicht obwohl, sondern weil die Nationalsozialisten versucht hatten, auch sie als Heroen zu vereinnahmen. Lessings »Nathan der Weise«, Goethes »Iphigenie« und Schillers »Kabale und Liebe« rangierten in den Spielplänen auf den vordersten Plätzen. Wem nach 1945 der Sinn für große Worte verloren gegangen war, dem bot die Kleinkunst Ersatz: in München beispielsweise ab August 1945 die »Schaubude«, deren bekanntester Autor schon bald Erich Kästner werden sollte.

Theater und Kabarett gab es nur in den größeren Städten, sieht man von den fahrenden Theatergruppen ab. Das Kino dagegen bildete auch auf dem Land den Mittelpunkt des kulturellen Lebens.[190] Bis Ende 1945 waren bereits 1150 Kinos wiedereröffnet worden; Ende 1949 existierten in den westlichen Zonen 3360 Lichtspielhäuser. Hier zeigten die Alliierten ihre Nachrichtensendung, die Wochenschau. Am 18. Mai 1945 lief erstmals »Welt im Film«, eine englisch-amerikanische Koproduktion, in der die Besatzungsmächte ihre Politik ins rechte Licht rückten. Ein besonderes Instrument der Umerziehung waren Filme, die dem deutschen Publikum die Kriegsverbrechen vor Augen führten. Der bekannteste, »Die Todesmühlen« von Hans H. Burger, zeigte Aufnahmen, welche die Alliierten bei der Befreiung der Konzentrationslager gemacht hatten. Ebenso wie »Nürnberg und seine Lehren« (1947) sollte der Film die Schuld der deutschen Mehrheit an den Verbrechen verdeutlichen.[191]

Der jüngsten Vergangenheit widmete sich auch der erste deutsche Film, den die 1946 gegründete Deutsche Film AG, die DEFA, in Zusammenarbeit mit der SMAD am 15. Oktober 1946 herausbrachte: »Die Mörder sind unter uns« (Regie: Wolfgang Staudte). Die Kulisse bildeten die Trümmerberge Berlins, die manchmal eher als Symbole der Zerrissenheit denn als echte Zeichen der Zerstörung erschienen. Die Geschichte: Der Arzt Dr. Mertens, der in Polen Zeuge geworden war, wie ein Offizier unschuldige Geiseln erschießen ließ, trifft nach seiner Heimkehr diesen in Gestalt des ehrbaren Fabrikanten Brückner wieder. Als Mertens ihn erschießen will, wird er von einer ehemaligen KZ-Insassin (Hildegard Knef) davon abgebracht – was im Drehbuch ursprünglich nicht vorgesehen war. Der sowjetische Kulturoffizier, der kein Beispiel von Selbstjustiz propagieren wollte, hatte die Szene umschreiben lassen. Auch »In jenen Tagen« (Helmut Käutner, 1947) und »Über uns der Himmel« (Josef von Baky, 1947) waren frühe Nachkriegsfilme, in denen sich die Gegenwart und die jüngste Vergangenheit widerspiegelten. Radikale Neuerungen in Inhalt und Form konnte der Trümmerfilm gleichwohl nicht aufweisen.

Der »Film ohne Titel« (Regie: Rudolf Jugert, Drehbuch: Helmut Käutner, 1947) nahm die Entwicklung raffiniert vorweg. Ein Schauspieler, ein Filmregisseur und ein Drehbuchautor, die es als Flüchtlinge in ein Bauerndorf verschlagen hat, diskutieren darüber, wie sich die Liebesgeschichte des Kunsthändlers Delius und des Bauernmädchens Christine, die ebenfalls anwesend sind, verfilmen ließe. Während des Krieges hatten die beiden wegen des Standesunterschieds nicht heiraten können. Nach

Kriegsende kehrte sich die Situation um, als der mittellose Flüchtling Delius die nun besser gestellte Bäuerin wiedertrifft. In einer eingeschobenen Sequenz malt der Schauspieler ein publikumswirksames Happy End aus, das an der Wirklichkeit vorbeigeht, doch: »Die Leute wollen sich amüsieren. Alles andere interessiert nicht.«

Zwischen den Trümmern ließ sich auch gut träumen. Nach der Währungsreform orientierten sich die Filmemacher dann noch stärker an den Erwartungen des Massenpublikums. »Schwarzwaldmädel« hieß der westdeutsche Heimatfilm, der fünf Jahre nach Kriegsende die Sentimentalität in das Nachkriegskino einziehen ließ.[192]

Zu zentralen Orten der Meinungsbildung wurden die politisch-kulturellen Zeitschriften, die in den ersten Nachkriegsjahren einen nie wieder erreichten Aufschwung erlebten. Sobald die Alliierten Presselizenzen vergaben, sahen es viele Intellektuelle, ob liberaler oder konservativer Gesinnung, als ihre Aufgabe an, in der Tradition des kritischen Individualjournalismus der Weimarer Jahre eine überregionale Zeitschrift zu gründen oder bei einer Neugründung mitzuarbeiten, um so den politischen und kulturellen Wandel in der Nachkriegsgesellschaft voranzutreiben. Das entsprach dem Gedanken der Umerziehung und bot den deutschen Herausgebern und Autoren zugleich Raum für die eigene Selbstbesinnung.

Zwischen 1945 und 1948 schwankte die Zahl aller Zeitschriften zwischen 1400 und 1500 Titeln; trotz der Limitierung des Papiers erreichten sie die hohe Auflage von 10 000 bis 30 000 Exemplaren. Drei Arten »politisch-kultureller Zeitschriften« lassen sich unterscheiden: Blätter aus dem katholischen Milieu, Zeitschriften aus linksintellektuellen Kreisen, zum Teil im Umfeld der SPD, sowie, als das größte Segment, Zeitschriften des liberalen Bürgertums – einer Gruppe, die wesentlich diffuser war als die ersten beiden. Die meisten Autoren kamen aus der so genannten Inneren Emigration; dagegen übten die Exilanten einen vergleichsweise geringen Einfluss auf die Presselandschaft aus.[193] Alle betonten den aufklärerischen Gestus, die Notwendigkeit auch einer »geistigen« Neuordnung auf philosophischer und historischer Grundlage.

Zu den einflussreichsten politisch-kulturellen Zeitschriften gehörten: die traditionsreiche, in Berlin erscheinende »Deutsche Rundschau«, die Rudolf Pechel durch die NS-Zeit geführt hatte und die nach 1945 vor allem konservativen, preußisch-orientierten Autoren Raum gab; die links-katholischen »Frankfurter Hefte«, die Eugen Kogon und Walter Dirks mit Unterstützung der amerikanischen Besatzungsmacht im April 1946 ins Leben riefen; »Der Ruf«, den die Heimkehrer Alfred Andersch und Hans Werner Richter als Fortsetzung der gleichnamigen Kriegsgefangenenzeitschrift 1946 gründeten; »Die Sammlung«, eine Zeitschrift mit reformpädagogischem Hintergrund; sowie nicht zuletzt »Die Wandlung«, die in Heidelberg erscheinende Zeitschrift liberaler Akademiker, die vor allem Dolf Sternberger, Karl Jaspers, Werner Krauss und Alfred Weber prägten.[194] Die Namen waren Programm. In den ersten zweieinhalb Jahren nach Kriegsende etwa, bis 1947, standen Selbstreflexion, Orientierung und Kulturkritik im Zentrum der Beiträge. Gesucht wurde eine Antwort auf die Doppelfrage, die auch die Leser beschäftigte: Wie konnte das passieren? Und wer war schuld daran? Dieser eher philosophische, literarische Grundzug verblasste ab 1948 gegenüber dem gewachsenen Interesse an tagespolitischen Fragen. Aber auch als es um die politische Neuordnung Deutschlands und der Welt ging, blieb Grundsätzliches zu erörtern. Mit der Währungsreform und dem Ende des Lizenzzwangs entstand jedoch ein Konkurrenzdruck, dem nur wenige Zeitschriften gewachsen waren.[195]

Ergänzt wurde die Palette schon bald durch die bis heute erscheinenden Wochenzeitungen. Ab Januar 1947 erschien der »Rheinische Merkur« des katholischen Remigranten Franz Albert Kramer; ab Februar 1948 das »Deutsche Allgemeine Sonntagsblatt«, herausgegeben von dem damaligen Landesbischof Hanns Lilje (Hannover); ab Juni 1948 »Christ und Welt«, ein Organ, für das der Leiter des Hilfswerks der Evangelischen Kirche, Eugen Gerstenmeier, verantwortlich zeichnete. In die ersten Nachkriegsjahre fielen auch die Gründungsdaten der Wochenzeitschriften »Die Zeit« (21. Februar 1946) und schließlich »Der Spiegel«. Das 1946 ursprünglich von britischen Presseoffizieren in Hannover gegründete Nachrichtenmagazin »Diese Woche« ging 1947 in deutsche Hände über und wurde unter dem neuen Namen von Rudolf Augstein herausgegeben.[196]

Neben dem Theater, dem Kino und der Presse konnte sich auch die bildende Kunst nach Kriegsende neu entfalten. Es ist für das kulturelle Klima der frühen Nachkriegszeit bezeichnend, dass die Rehabilitierung der im Dritten Reich verfemten Künstler in der Bevölkerung auf eine verhältnismäßig große Resonanz stieß, denkt man an die materielle Notlage und die Kulturpolitik vor 1945. Die Nationalsozialisten hatten einen Kreuzzug gegen die Moderne geführt. Ihre Agitation gegen die zeitgenössische Literatur, Musik und Kunst klang noch im Ohr. Sie hatten kritischen Künstlern Berufs- und Arbeitsverbot erteilt, Museen von der Gegenwartskunst »gesäubert« und diese als so genannte Entartete Kunst ausgestellt. Mythologisierender Kitsch, Heroismus und Idyllen bestimmten das Bild. Das Kriegsende bedeutete deshalb auch eine Befreiung der Künstler in Deutschland. Alliierte Kulturoffiziere förderten die Erziehung zur modernen Kunst – auch das gehörte zur Umerziehung. Literatur, Musik und Kunstproduktion aus dem deutschen Exil wie aus dem Ausland waren wieder zugänglich und trafen auf den großen Nachholbedarf einer Bevölkerung, die nach dem »Neuen« hungerte.

Carlo Schmid, der sich als Staatsrat unter dem württembergischen Ministerpräsidenten Reinhold Maier um Kultur und Erziehung kümmerte, setzte sich für ein Museum der bildenden Künste ein, um den in Stuttgart und Umgebung lebenden Künstlern eine Ausstellungsmöglichkeit zu geben, und erreichte, dass noch im Juli 1945 in den Räumen des Kunstvereins eine Ausstellung stattfand, in der vor allem Arbeiten von Willi Baumeister, einem Hauptvertreter der abstrakten Malerei, auf Interesse stießen. Die erste deutsche Kunstausstellung war bereits im Frühsommer 1945 in Berlin zu sehen, weitere folgten bald. Vormals verbotene Arbeiten konnte man insbesondere 1947 in der Augsburger Schau »Extreme Kunst« besichtigen.[197]

Welche Rolle spielten Kriegs- und Nachkriegserfahrung für die Kunst? Was bekam das deutsche Publikum in den frühen Ausstellungen gezeigt? Zwar waren Expressionismus und Surrealismus, die vor allem Beachtung fanden, keineswegs neu, ihre Rezeption war jedoch durch die NS-Zeit unterbrochen worden. Die »abstrakte« Trümmerlandschaft, die der Krieg hinterlassen hatte, sollte »gereinigt« und neu geordnet werden. Ungegenständliche Bilder und Skulpturen schienen die triste Wirklichkeit der Ruinenlandschaft auf das Wesentliche hin zu transzendieren. Zugleich sah diese Landschaft selbst so aus, als wäre sie von einem Surrealisten entworfen worden. Künstler wie Theodor Werner (bei Kriegsende 59 Jahre alt), Max Ackermann (58), Willi Baumeister (56), Adolf Fleischmann (53), Werner Gilles (51) und Friedrich Vordemberge-Gildewart (46) verband bei allen Unterschieden das Gestaltungsprinzip: die Naturferne, die Beschränkung auf Form und Farbe. Die inhaltsleeren Kompositionen sollten bei dem Betrachter eigene Stimmungen hervorrufen. Die heitere Vielfalt der Formen und Farben stand in einem angenehmen Kontrast zu dem Grau-in-Grau der Ruinenwelt.

Die Reaktion des Publikums auf die Unterdrückung der Kunst durch die Nationalsozialisten war gleichwohl ambivalent. Auf der einen Seite schien die an Gegenständen orientierte Kunst wegen der naturalisierenden Formensprache des Dritten Reiches diskreditiert, die Abstraktion hatte insofern nach 1945 einen leichten Sieg. Auf der anderen Seite wurde die Avantgarde nach zwölfjähriger Missachtung weiterhin belächelt oder galt gar nach wie vor als »entartet«. Sollte nicht die Qualität von Kunst danach bemessen werden, wie genau sie die Natur wiedergab? War mithin eine Kunst um ihrer selbst willen, »l'art pour l'art«, nicht kunstlos? Davon war das Massenpublikum der Nachkriegsgesellschaft bei aller Neugier auf das Fremdartige zumeist überzeugt. Veröffentlichungen wie Hans Sedlmayrs Kampfschrift »Verlust der Mitte« 1948 schienen diese überholte Kunstauffassung von einer klerikal-konservativen Warte wissenschaftlich zu bekräftigen.

Ein moderner Künstler wie Willi Baumeister dagegen, der 1947 seine noch im Krieg geschriebene Programmschrift »Das Unbekannte in der Kunst« vorgelegt hatte, »bildet nicht nach der Natur, sondern wie die Natur«.[198] Der Neubeginn des künstlerischen Lebens ging dementsprechend nicht ohne Querelen ab. Vertreter der Moderne und des Traditionalismus stritten schon früh über das Kunstverständnis nach 1945. Während viele Lehrstühle für Kunstgeschichte an den Universitäten der westlichen Zonen mit Wissenschaftlern besetzt wurden, die Mitläufer, wenn nicht überzeugte Nationalsozialisten gewesen waren, befanden sich an den Kunstakademien überwiegend Vertreter der Moderne, die zuvor in der »Inneren Emigration« oder mit Berufsverbot belegt waren. So wurde Baumeister 1946 an die Kunstakademie in Stuttgart berufen. Nach 1948 hinterließ zudem die politische Konfrontation ihre Spuren auch in der Kunst.

Auch die sowjetische Seite ging davon aus, dass im Bereich der Kultur ein Schlüssel zur Entnazifizierung und Umerziehung lag.[199] Zuständig war die SMAD-Verwaltung für Propaganda und Zensur, die Oberst Sergei Iwanowitsch Tjulpanow unterstand.[200] Das Volksfront-Konzept, das die Komintern auf ihrem VII. Weltkongress 1935 definiert hatte, bestimmte auch die kulturpolitische Leitlinie der Kommunisten in Nachkriegsdeutschland.[201] Nicht nur kommunistische, sondern auch sozialdemokratische und katholische Arbeiter, der Mittelstand und die Intellektuellen sollten im Kampf gegen den Faschismus vereint werden. Georgi Dimitroff, bis zur Auflösung der Komintern 1943 ihr Generalsekretär, hatte schon früh die Idee, nach dem Vorbild des Freien Deutschen Kulturbundes in Großbritannien und Schweden auch die Angehörigen der deutschen Intelligenz nach der Befreiung Deutschlands in einer Kulturorganisation zusammenzufassen, um sie so in den Neuaufbau einzubeziehen.[202] Die Politik der KPD in der unmittelbaren Nachkriegszeit entsprach ganz dieser Linie. Indem sie Liberalität propagierte und den Kulturbegriff so weit fasste, dass er auch bürgerlichen Vorstellungen entsprach, konnte sie breite Teile der Bevölkerung für kulturelle Aktivitäten gewinnen. Das galt für alle kulturpolitischen Verbände in der SBZ: die Jugendausschüsse etwa, den »Demokratischen Frauenbund Deutschlands« (DFD), die »Gesellschaft zum Studium der Kultur der Sowjetunion« und auch für den »Kulturbund zur demokratischen Erneuerung Deutschlands«.

Der Kulturbund wurde Ende Juni 1945 in Berlin-Dahlem ins Leben gerufen. Seine Mitglieder forderten in dem Programm, das auf der ersten öffentliche Kundgebung am 4. Juli beschlossen wurde, »die Bildung einer nationalen Einheitsfront der deutschen Geistesarbeiter«. Ihr Ziel: die »Wiederentdeckung und Förderung der freiheitlichen humanistischen, wahrhaft nationalen Tugenden unseres Volkes«.[203] Kann es da verwundern, dass auch Schriftsteller wie Gerhart Hauptmann und Hans Fallada eingebunden wurden? Zum Präsidenten des Kulturbundes wählte ein Präsidialrat den Schriftsteller Johannes R. Becher, den von 1928 bis 1933 ersten Vorsitzenden des »Bundes proletarisch-revolutionärer Schriftsteller« und Mitbegründer des Nationalkomitees Freies Deutschland. Der kulturpolitischen Vorstellung der Kommunisten entsprach die formale Überparteilichkeit – und die Kontrolle des Apparates.

Rasch entstanden Kulturbund-Gruppierungen in den vier Sektoren Berlins, Anfang Juni gab es bereits 25 mit rund 9200 Mitgliedern. In den Ländern der SBZ formierten sich bis Ende 1946 Landesverbände, die unter der Führung der Berliner Zentrale für die kulturpolitische Arbeit in den Kreisen und Gemeinden sorgten, möglichst in Zusammenarbeit mit den Kulturverwaltungen. Seinen gesellschaftlichen Einfluss sicherte der Kulturbund durch die personelle Verflechtung seiner Funktionäre mit staatlichen Ämtern. Eine gesamtdeutsche Organisation kam wegen der alliierten Lizenzierungspraxis nicht in Frage; so bildeten sich in den westlichen Zonen Kulturbund-Gruppierungen mit unterschiedlichen Bezeichnungen wie etwa die »Freie deutsche Kulturgesellschaft« in Frankfurt am Main. Am 8. Oktober 1947 verbot die amerikanische Militärregierung den Kulturbund, am 12. November folgte das Verbot der britischen. Die Zentrale musste nach Ost-Berlin umziehen, was den Einfluss im Westen verringerte.

Die zunächst liberale Linie der Kulturpolitik zeigte sich beispielsweise bei der Organisation der Allgemeinen Deutschen Kunstausstellung im Sommer 1946 in Dresden, wo rund 75 000 Besucher unter anderem expressionistische Bilder zu sehen bekamen. Auch der vom Kulturbund mitorganisierte »Erste Deutsche Schriftstellerkongress«, der vom 4. bis 8. Oktober 1947 in Berlin tagte, zeugte durch die Vielfalt der Teilnehmer von dieser anfänglichen Offenheit. Als sich jedoch durch die Entwicklung des Ost-West-Konfliktes auch der innenpolitische Kurs der SED seit 1947/48 verschärfte und die Volksfronttaktik aufgegeben wurde, wechselte die Kulturpolitik in der SBZ ebenfalls ihre Richtung. Wie zuvor in der UdSSR und auf der Gründungskonferenz der Kominform 1947 grenzten sich die Kommunisten nun von der bürgerlichen Kunst und Literatur scharf ab. Ulbricht verurteilte den »Formalismus«, mit dem man die Werktätigen nicht für sich gewinnen könne; dazu bedürfe es »einer wirklichen volkstümlichen realistischen Kunst«. Die neue Linie war klar: An die Stelle der Liberalität trat die politische Instrumentalisierung der Kunst durch die SED. Der Kulturbund, dem wenig später zur besseren Kontrolle zahlreiche kleinere Literaturgesellschaften, Heimat- und Naturschutzvereine sowie Fotografie-

und Bastelgruppen zugeschlagen wurden, spielte dabei eine zentrale Rolle.[204] Die Kunst wurde für Jahrzehnte in die Sackgasse des Sozialistischen Realismus gedrängt. Die abstrakte Kunst wurde als formalistisch, dekadent und volksfeindlich diffamiert. Umgekehrt verteufelten Kritiker in Westdeutschland die gegenständliche Kunst nicht nur als ein Instrument reaktionärer Gesinnung, sondern auch als ein Vehikel kommunistischer Propaganda.

III. IM SCHATTEN DES KRIEGES:
DIE KONFRONTATION
MIT DER VERGANGENHEIT

Als das NS-Regime zusammenbrach, verschwanden auch die Nationalsozialisten. Die Deutschen hatten mit der NSDAP, der Wehrmacht und dem Völkermord an den europäischen Juden nichts zu tun gehabt. Diesen Eindruck sollten zumindest die Angehörigen der Besatzungsmächte gewinnen, sobald sie mit Deutschen ins Gespräch kamen. Die amerikanische Journalistin Martha Gellhorn beschrieb die Erfahrung, die sie im April 1945 im Rheinland gesammelt hatte, folgendermaßen: »Niemand ist ein Nazi. Niemand ist je einer gewesen. Es hat vielleicht ein paar Nazis im nächsten Dorf gegeben, und es stimmt schon, diese Stadt da, zwanzig Kilometer entfernt, war eine regelrechte Brutstätte des Nationalsozialismus. Um die Wahrheit zu sagen, ganz im Vertrauen, es hat hier eine Menge Kommunisten gegeben. Wir waren schon immer als Rote verschrien. Oh, die Juden? Tja, es gab eigentlich in der Gegend nicht viele Juden. Zwei vielleicht, vielleicht auch sechs. Sie wurden weggebracht. Ich habe sechs Wochen lang einen Juden versteckt. (…) Wir haben nichts gegen Juden; wir sind immer gut mit ihnen ausgekommen. Wir haben lange schon auf die Amerikaner gewartet. Ihr seid gekommen und habt uns befreit. (…) Die Nazis sind Schweinehunde. Die Wehrmacht will aufgeben, aber weiß nicht wie. Nein, ich habe keine Verwandten in der Wehrmacht. (…) Ach, wie wir gelitten haben. Die Bomben. Wir haben wochenlang im Keller gelebt. (…) Sie reden alle so. Wir stehen mit fassungslosen und verächtlichen Gesichtern da (…)«[205]

Wie hatte die NS-Regierung, der niemand Gefolgschaft leistete, einen Krieg so lange führen können, den kein Deutscher wollte? Diese rhetorische Frage stellte sich nicht nur Gellhorn. Zur Verblüffung der Besetzer zeichneten die meisten Deutschen ein Selbstbild, das sie weniger als Mitläufer oder gar Täter des Regimes denn als Leidtragende des Krieges darstellte. Die Auseinandersetzung mit der Vergangenheit, die mit der Besetzung begann, prägte auf lange Zeit das Verhältnis zu den Siegermächten. Rührte sie doch an einen Nerv der Nachkriegsgesellschaft: das Problem der Verantwortung, der Schuld und der Sühne. Die »Entnazifizierung« in allen vier Zonen, die Strafprozesse gegen prominente Kriegsverbrecher und eine entsprechende Propaganda sollten die Deutschen mit ihrer jüngsten Vergangenheit konfrontieren und ein angemessenes Schuldbewusstsein erzeugen. Auch die Kriegsheimkehrer und Remigranten sorgten für die Gegenwart des Krieges in der Nachkriegsgesellschaft. Schon bald entwickelte sich jedoch ein Opferdiskurs, in dem *die* Deutschen ihre nationale Identität zwischen Schuldzuweisungen und Rechtfertigungen neu definierten.

1. Politische Säuberung und strafrechtliche Verfolgung der Kriegsverbrecher

Internierung und Entnazifizierung

Schon vor Kriegsende war den Alliierten klar: Die Mehrheit der Deutschen unterstützte das NS-Regime, im festen Glauben an den Führer Adolf Hitler. Das deutsche Volk schien vom Bazillus des Nationalsozialismus infiziert. Deshalb musste Deutschland nach dem Sieg von den Nationalsozialisten »gesäubert« werden. Die zeitgenössische Metapher der Reinlichkeit, mit der im Dritten Reich der Massenmord an den Juden schöngeredet worden war, bezeichnete nach 1945 auch diesen Prozess der »Entnazifizierung« – ein Begriff, der wiederum aus dem amerikanischen *denazification* abgeleitet wurde. Bereits die Direktive JCS 1067 vom 26. April 1945 beinhaltete konkrete Vorschläge, die sich dann in den Potsdamer Beschlüssen wiederfanden. Der Alliierte Kontrollrat erließ in der Folge zwei Direktiven: Nr. 24 vom 12. Januar 1946 (»Entfernung von Nationalsozialisten und Personen, die den Bestrebungen der Alliierten feindlich gegenüberstehen, aus Ämtern und verantwortlichen Stellungen«) und Nr. 38 vom 12. Oktober 1946 (»Verhaftung und Bestrafung von Kriegsverbrechern, Nationalsozialisten und Militaristen und Internierung, Kontrolle und Überwachung von möglicherweise gefährlichen Deutschen«).

Die grobe Richtung war also klar. Die Säuberungen sollten auf drei Gebieten stattfinden: Potenziell gefährliche Deutsche wurden interniert, politisch belastete Personen aus wichtigen Ämtern entfernt und die Kriegsverbrecher vor Gericht gestellt. Doch schnell zeigte sich, dass es mit der Einheitlichkeit der Entnazifizierung, für die ja der Kontrollrat sorgen sollte, nicht weit her war – zu sehr wichen die besatzungspolitischen Vorstellungen voneinander ab.[206]

Um die Sicherheit der Besatzungstruppen zu gewährleisten, wurden 1945 bestimmte Deutsche umgehend verhaftet. Anhand eines Handbuches, das Kriterien für einen »Automatic Arrest« festlegte, konnten Personen auf der Stelle interniert werden, die im Dritten Reich eine bestimmte Funktion innegehabt hatten. Das betraf vor allem Angehörige des Mittelbaus der NSDAP, ab dem Rang eines Amtsleiters, später eines Ortsgruppenleiters bis zum Gauleiter. Das galt auch für Angehörige der SS, von Gestapo und SD sowie für die Führer von nationalsozialistischen Organisationen wie HJ und SA. Sie alle bildeten die Mehrheit der rund 90 000 Menschen, die in einem der elf streng isolierten Internierungslager der britischen Besatzungszone festgesetzt wurden. In der amerikanischen Zone lag die Zahl vermutlich über 100 000. Rund 2000 Personen wurden aufgrund ihrer besonderen Gefährlichkeit inhaftiert, weitere 4000, darunter die Wachmannschaften der Konzentrationslager, bildeten als mutmaßliche Kriegsverbrecher die dritte Gruppe.[207]

Auch in der sowjetischen Besatzungszone wurden unmittelbar nach der Kapitulation so genannte Speziallager eingerichtet, die dem NKWD (nach der Umbenennung 1946: MWD) unterstanden. Zu den insgesamt zehn Lagern westlich der Oder gehörten die Lager Buchenwald bei Weimar, Jamlitz bei Lieberose und Sachsenhausen bei Oranienburg – drei ehemalige Konzentrationslager. Im Unterschied zur Inhaftierungspraxis in den westlichen Zonen wurden Angehörige der SS einschließlich des KZ-Personals, des Führungskorps der Waffen-SS und der SA in Kriegsgefangenenlager geführt und zur Zwangsarbeit in die Sowjetunion verbracht. Auch diejenigen, die von den sowjetischen Militärtribunalen zu Freiheitsstrafen verurteilt worden waren, wurden in die Speziallager gesperrt. Nach 1948 waren die meisten Häftlinge entlassen oder deportiert, die übrigen verblieben bis zur Auflösung der Speziallager Anfang 1950 in Buchenwald, Sachsenhausen und Bautzen. Schätzungsweise 150 000 zumeist willkürlich verhaftete Männer und Frauen waren über kurz oder lang den unzureichenden Haftbedingungen ausgesetzt und von der Außenwelt abgeschnitten; ein Drittel starb, insbesondere an Unterernährung oder Tuberkulose. Zu den Inhaftierten zählten nicht zuletzt zahlreiche Jugendliche, die man für »Werwölfe« hielt, aber auch Kritiker der Besatzungsmacht, sogar ehemalige Gegner des NS-Regimes.[208]

In der SBZ stand die Entnazifizierung auch im Dienst der politischen, gesellschaftlichen und wirtschaftlichen Umwälzung.[209] Die Abrechnung mit der Vergangenheit, an der deutsche Stellen von Beginn an beteiligt waren, zielte auf eine Zukunft, in der die »Monopolherren« und »Junker« ihren Einfluss verloren haben und die Arbeiterklasse die Schlüsselpositionen besetzen sollte. Bis Ende Februar 1948, als die SMAD die Entnazifizierung offiziell für beendet erklärte, waren 520 734 ehemalige Nationalsozialisten entlassen oder nicht wieder eingestellt worden. Vor allem in der Justiz, der Wirtschaft, der Verwaltung und dem Bildungswesen wurde das verantwortliche Personal ausgewechselt. An den Schulen unterrichteten fortan »Neulehrer«.[210] Zwar gab es auch die zum Teil gegenläufige Tendenz, bloß nominellen NSDAP-Mitgliedern seit 1947 das Wahlrecht zurückzugeben, um sie in die neue Gesellschaft zu integrieren; dennoch schien die Säuberungspraxis den propagierten Antifaschismus eindrucksvoll zu belegen. Im offiziellen Rückblick jedenfalls galten die sowjetische Entnazifizierung und der durch sie eingeleitete Elitentausch als leuchtendes Zeichen des Bruchs mit der nationalsozialistischen Vergangenheit.

Ganz anders in Westdeutschland. Für Verärgerung sorgte schon bald der umfangreiche, 131 Fragen umfassende Erhebungsbogen, mit dem die Amerikaner jeden Deutschen ihrer Zone, der eine wichtige Funktion im öffentlichen Leben besessen hatte oder erhalten wollte, auf seine Vergangenheit prüften.

Nach der Auswertung der bis März 1946 immerhin 1,39 Millionen Fragebögen wurde der Betroffene in eine von fünf Kategorien eingestuft, die über eine Weiterbeschäftigung entschieden. Erst ab März wirkten deutsche Einrichtungen als Laiengerichte mit, die so genannten Spruchkammern. Sie sollten für alle über 18-jährigen Staatsbürger klären, ob sie als Hauptschuldige (Kategorie I), Belastete (II), Minderbelastete (III), Mitläufer (IV) oder Entlastete (V) zu gelten und die entsprechenden Strafen zu verbüßen hatten.[211] Ab Februar 1947 wurde das Spruchkammerverfahren mit den fünf Belastungskategorien auch in der französischen und britischen Zone übernommen.[212]

In der Bevölkerung wuchs nach anfänglicher Zustimmung die Ablehnung der Internierungs- und Entnazifizierungspraxis. Die Verfahren zogen sich immer länger hin. Dazu kam es immer wieder zu Fehlurteilen. Vor allem in den britischen »Review Boards« saßen oft Beamte, die sich mit den Verhältnissen im Dritten Reich nur schlecht auskannten und hoch belastete Nationalsozialisten als »Mitläufer« einstuften – was die Seriosität der Prozesse aushöhlte. Wie sollte eine deutsche Spruchkammer die kleinen Parteigenossen gerecht beurteilen, wenn internierte Schwerbelastete mit einem blauen Auge davonkamen?

Die Entnazifizierung endete nach den Staatsgründungen. Mitte Dezember 1950 verabschiedete der Deutsche Bundestag die entsprechenden Richtlinien, die unter anderem die Tätigkeitsbeschränkungen für die Gruppen I und II aufhoben. Das im folgenden Jahr beschlossene Ausführungsgesetz zum Artikel 131 des Grundgesetzes ermöglichte die Wiedereinstellung der aus politischen Gründen entlassenen ehemaligen Angehörigen des öffentlichen Dienstes. Zuvor waren mehr als 3 660 000 Verfahren durchgeführt worden, bei denen 1667 Personen als Hauptschuldige, 20 060 als Belastete, 150 425 als Minderbelastete und über 1 Million als Mitläufer eingestuft wurden. Die in der DDR lebenden ehemaligen NSDAP-Mitglieder erhielten, abgesehen von den Bereichen Justiz und innere Verwaltung, noch im November

1949 die Berufsfreiheit zurück – das richtige politische Bekenntnis vorausgesetzt. Auch das aktive und passive Wahlrecht besaßen sie wieder, sofern sie nicht zu einer mehr als einjährigen Gefängnisstrafe verurteilt worden waren. Auf das eingezogene Eigentum und Vermögen indes mussten sie verzichten.

Die Entnazifizierung im Westen wurde lange Zeit als Fehlschlag bewertet. Das negative Urteil über die »Mitläuferfabriken« und die Kompetenz der Beteiligten hatte nicht zuletzt Clays Berater in Entnazifizierungsfragen, Walter L. Dorn, geprägt, dessen Berichte Anfang der 70er Jahre auf Deutsch veröffentlicht worden waren.[213] Verbreitet war das Klischeebild vom unqualifizierten, linkslastigen Personal einer Spruchkammer, die viele missbrauchten, um Mitbürger zu diffamieren und lokalpolitische Fehden mit juristischen Mitteln auszutragen. Die geringe Zahl belastender Urteile schien auf Verdrängungsstrategie und Schlussstrichmentalität hinzudeuten.

Historisiert man dagegen die Entnazifizierungspraxis, fragt man also nach ihren strukturellen und sozialen Bedingungen, nach den Sachzwängen und Handlungsspielräumen der Beteiligten, dann ergibt sich ein differenzierteres Bild.[214] Die Säuberungspolitik, wie immer sie die jeweilige Besatzungsmacht definierte, stieß auf praktische Schwierigkeiten. Wie sollte eine Gesellschaft vom Nationalsozialismus »gesäubert« werden, die sich ja keineswegs nur unter Zwang und durch Manipulation mit dem NS-Regime arrangiert hatte? Der Führer-Mythos hatte erst dann Risse bekommen, als sich das Kriegsglück 1942 wendete. Ohne den Konsens der Mehrheit indessen musste diese drastische Form der Umerziehung auf unüberwindliche Hindernisse stoßen.

Einen Anhaltspunkt gibt der Blick auf die Beisitzer, Vorsitzenden und Kläger der Spruch- und Berufungskammern. In Nordbaden etwa repräsentierten die Beisitzer einen sozialen und politischen Querschnitt durch die Bevölkerung. Unter den Kammervorsitzenden und Klägern fällt der hohe Anteil an politisch unbelasteten Juristen auf. Die Justizbeamten und freiberuflichen Juristen erledigten ihre Aufgaben pflichtbewusst, aber auch illusionslos, und versachlichten so das Verfahren. Nicht obwohl, sondern weil juristische Fachleute die politische Säuberung mit den Mitteln der Justiz bewerkstelligten, kam es zu einer eher milden Spruchpraxis. Da sich politisches Fehlverhalten nicht zwangsläufig als Straftatbestand geäußert hatte, musste im Zweifel für den Angeklagten entschieden werden. Die Tätigkeit der Spruchkammer wurde durch die zunehmende Verweigerungshaltung der Bevölkerung erschwert; außerdem mangelte es den Juristen häufig an Dokumenten, um einen Fall aufzuklären.[215] Dass immer mehr Betroffene als »Mitläufer« eingestuft wurden, ist deshalb nicht zwangsläufig auf eine Komplizenschaft des Spruchkammerpersonals zurückzuführen.[216]

Moderater zu urteilen heißt nicht, die Gesamtbilanz zu schönen. Kein Zweifel: Die Entnazifizierung zunächst durch alliierte, dann durch deutsche Beamte erwies sich als ein Strohfeuer, über das ab den späten 40er Jahren die Wellen der Rehabilitierung hinweggingen. Einen weit reichenden Austausch der Funktionseliten hat es in Westdeutschland nicht gegeben. In Wirtschaft und Verwaltung, im Erziehungswesen, in der Justiz: auf allen Ebenen fanden sich ehemalige Parteigenossen mit ungebrochenem Korpsgeist, selbst wenn sie zuvor als schwer belastet eingestuft worden waren. Die meisten setzten ihre Karriere dort fort, wo Kriegsende und Entnazifizierung sie unterbrochen hatten. Andererseits: Woher hätte eine breite Gegenelite auch kommen sollen – sieht man von den älteren, wieder eingesetzten Politikern einmal ab? Auf jeden Fall blieb der NS-Prominenz die sofortige Rückkehr in die neue Funktionselite in den meisten Fällen verwehrt. Die Integration vor allem der zahllosen Mitläufer in die Nachkriegsgesellschaft war wohl der Preis, der für ihre politische Stabilität gezahlt werden musste. Die oft befürchtete »Renazifizierung« hat es immerhin nicht gegeben, dafür waren die meisten Menschen zu »anpassungsfreudig« und leistungsorientiert.[217]

Einen Sonderfall stellten ausgewählte Wissenschaftler und Rüstungsingenieure dar. Sie setzten nach Kriegsende ihre Forschung in dem Land der jeweiligen Besatzungsmacht fort. Die sowjetische Regierung verschleppte allein im Oktober 1946 2300 Fachleute gen Osten, wo sie mit Kriegsgefangenen und Zivilinternierten als Spezialisten vor allem im Bereich des Strahlflugzeugbaus eingesetzt wurden.[218] Um diese sowjetische Form der »intellektuellen Reparation« zu kaschieren, bat die »Tägliche Rundschau«, »von weiteren Bewerbungen für eine Arbeit in der UdSSR Abstand zu nehmen«.[219] Deutsche Atomwissenschaftler waren bis Dezember 1945 im englischen Farm-Hall interniert, und mehr als 600 hoch qualifizierte Fachleute – darunter die Raketenexperten um Wernher von Braun – wurden im Rahmen der Projekte »Overcast« und »Paperclip« in die Vereinigten Staaten gebracht.[220]

Die unterschiedlichen Motive der westlichen Alliierten hingen mit dem Krieg unmittelbar zusammen. Solange Amerikaner und Briten noch Krieg gegen Japan führten, interessierten sie sich dafür, ob und welches Wissen die Deutschen an die Japaner weitergegeben hatten. Natürlich waren sie ihrerseits daran interessiert, von dem fremden Know-how zu profitieren und eigene Entwicklungsarbeit zu sparen. Auf keinen Fall sollte das geistige Potenzial und die Rüstungstechnik in die Hände der Sowjetunion oder anderer Mächte fallen. Schließlich galt es zu verhindern, dass Deutschland eines Tages seine militärische Stärke wiedererlangte. Wie konnten die Siegermächte dem besser entgegenwirken, als dass sie die deutschen Fachleute für sich forschen ließen? Ein schlechtes Gewissen störte diesen Technologietransfer aus dem Dritten Reich auf keiner Seite. Denn die deutschen Experten gingen ebenso wie ihre Arbeitgeber davon aus, dass ihre Tätigkeit als Wissenschaftler und Ingenieure im Gegensatz zu der »arischen Wissenschaft« ideologiefrei gewesen und allein nach fachlichen Kriterien zu beurteilen sei. Beide Seiten hielten Forschung und Anwendung streng auseinander.[221]

Die strafrechtliche Verfolgung und Verurteilung der Kriegsverbrecher, in erster Linie der spektakuläre Nürnberger Prozess und
die Nürnberger Nachfolgeprozesse, verbanden die frühe Nachkriegszeit mit der jüngsten Vergangenheit von Nationalsozialismus und Krieg. Die Alliierten hatten sich noch während des
Krieges geeinigt, die Verbrechen der Deutschen in speziellen
Kriegsverbrecherprozessen zu sühnen. Die theoretische Möglichkeit, ohne Prozess zu strafen, kam ebenso wenig in Frage wie
der Verzicht auf jegliche Sühne. Dass die Täter für die Gräueltaten in den besetzten Gebieten zur Rechenschaft gezogen würden,
hatten Roosevelt und Churchill bereits im Oktober 1941 angekündigt; ein Jahr später hatte die Interalliierte Kommission
zur Bestrafung von Kriegsverbrechen ihre Arbeit aufgenommen.
Sie sollte (ab 1944) gemeinsam mit der United War Crimes Com-
mission die Gerichtsverfahren vorbereiten. Nach Kriegsende
kam es zu unterschiedlichen Arten von Prozessen. Die Verbrechen der jüngsten Vergangenheit wurden zum einen vor deutschen Gerichten, zum anderen vor Gerichten der Alliierten verhandelt.

Das Kontrollratsgesetz Nr. 4 vom 30. Oktober 1945 hatte deutsche Gerichte in jenen Fällen für nicht zuständig erklärt, die sich
gegen Staatsangehörige der alliierten Nationen richteten. Nicht
nur die alliierte, auch die deutsche Justiz verfolgte dagegen in der
zweiten Hälfte der 40er Jahre Verbrechen, die zwischen 1933 und
1945 von Deutschen an politischen Gegnern des NS-Regimes, an
Juden, Geisteskranken und Zwangsarbeitern begangen wurden.
Insgesamt erfolgten zwischen 1945 und 1949 in Westdeutschland
4419 rechtskräftige Verurteilungen durch deutsche Gerichte. Bis
Ende Oktober 1949 wurden allein in Nordrhein-Westfalen in 877
Verfahren mit 1946 Angeklagten 1201 Personen verurteilt.[222] Zur
Vereinheitlichung der Strafverfolgung hatte der Kontrollrat die
neuen Tatbestände Kriegsverbrechen und Verbrechen gegen die

Menschlichkeit eingeführt, die nun neben den Vorschriften des Strafgesetzbuchs zur Rechtsgrundlage wurden, wenngleich sich manche Richter mit der rückwirkenden Strafvorschrift schwer taten.

Zu den Tatkomplexen, welche die Gerichte für Verbrechen gegen die Menschlichkeit hielten, zählten die Verbrechen in der Endphase des Krieges: Zum Beispiel die Ermordung von Menschen, die kapitulieren wollten oder den Dienst im Volkssturm verweigerten sowie die Erschießung von Zwangsarbeitern auf offener Straße. Zudem ging es um Tötungsdelikte, Freiheitsberaubung und Gefangenenmisshandlung aus der Zeit der »Machtergreifung« 1933/34, um die Ermordung von Geisteskranken in Heil- und Pflegeanstalten, um die Ausschreitungen beim Pogrom im November 1938 sowie um die Denunziation von Mitbürgern wegen »defätistischer« Äußerungen bei der Gestapo und der NSDAP.

Gegen andere, zumeist prominente Täter, die Verbrechen gegen Ausländer verübt hatten, hielten die Alliierten selbst Gericht. Sieht man von den Verfahren in den ehemals besetzten Ländern selbst ab, auf deren Territorium Kriegsverbrechen stattgefunden hatten, lassen sich drei Arten von Prozessen unterscheiden.[223]

Erstens wurde vor einem Sondergericht, dem »Internationalen Militärtribunal« (IMT) verhandelt – in Nürnberg vom 20. November 1945 bis zum 30. September 1946 gegen die »Hauptkriegsverbrecher« sowie in Tokio von Mai 1946 bis November 1948 gegen hohe japanische Militärs und Bürokraten. Am 8. August 1945 einigten sich die USA, Großbritannien, die Sowjetunion und Frankreich darauf, einen Internationalen Militärgerichtshof einzurichten, vor dem die Taten verhandelt werden sollten, für die es keinen eindeutig bestimmbaren Tatort gab.[224] Die Anklagepunkte lauteten: Verbrechen gegen den Frieden, das heißt: Vorbereitung und Führung eines Angriffskriegs; Kriegsverbrechen, also Verstöße gegen das Kriegsrecht; sowie Verbrechen gegen die Menschlichkeit, vor allem Gewalttaten gegenüber der Zivilbevölkerung. Sie richteten sich gegen 22 so genannte Hauptkriegsverbrecher und sechs als verbrecherisch angeklagte Organisationen.

Nürnberg, die Stadt der »Reichsparteitage« und der Rassegesetze von 1935, war bewusst als Ort des Internationalen Militärgerichtshofs ausgewählt worden. Dem Gerichtshof gehörte je ein Vertreter und Stellvertreter der USA, UdSSR, Großbritanniens und Frankreichs an. Das Statut vom 8. August sicherte den Angeklagten die Grundsätze eines »gerechten Verfahrens« zu; unter anderem konnte auch die Verteidigung die Zeugen der Anklage ins Kreuzverhör nehmen. Die Verhandlungen, die Präsentation der umfangreichen Beweismittel und das Urteil stießen damals auf große Aufmerksamkeit im In- und Ausland, wenngleich das Interesse der Deutschen angesichts ihrer Alltagssorgen nicht überschätzt werden darf.[225] Da der Prozess nicht zuletzt der Umerziehung der Deutschen dienen sollte, berichtete die Lizenzpresse ausführlich und mit schonungsloser Deutlichkeit.

Am 30. September und 1. Oktober 1946 erging das Urteil.[226] Für »nicht schuldig« wurden drei Angeklagte befunden: der Reichskanzler Franz von Papen, der Reichsbankpräsident und Wirtschaftsminister Hjalmar Schacht sowie der Leiter der Presseabteilung im Propagandaministerium Hans Fritzsche. Gefängnisstrafen zwischen zehn und zwanzig Jahren erhielten vier Angeklagte: Großadmiral (und letzter Reichskanzler) Karl Dönitz, Außenminister Konstantin von Neurath, Reichsjugendführer Baldur von Schirach und Rüstungsminister Albert Speer. Eine lebenslange Haftstrafe erhielten Wirtschaftsminister Walter Funk, Hitlers Stellvertreter Rudolf Hess und Großadmiral Erich Raeder.

Zum »Tode durch den Strang« wurden die übrigen Angeklagten verurteilt: Generalgouverneur Hans Frank, Generaloberst Alfred Jodl, der Chef des Reichssicherheitshauptamtes und der Sicherheitspolizei Ernst Kaltenbrunner, der Chef des Oberkommandos der Wehrmacht Generalfeldmarschall Wilhelm Keitel, Innenminister Wilhelm Frick, Hermann Göring (der sich vor der Hinrichtung das Leben nahm), der Gauleiter Julius Streicher, der Reichsstatthalter in Österreich und Reichskommissar in den besetzten Niederlanden Arthur Seyß-Inquart, der Generalbevollmächtigte für den Arbeitseinsatz Fritz Sauckel, der Rassenideologe und Reichsminister für die besetzten Ostgebiete Alfred Rosenberg, der Reichsaußenminister Joachim von Ribbentrop sowie – in Abwesenheit – der Reichsleiter der NSDAP Martin Bormann. Noch während des Verfahrens hatte sich Robert Ley, der ehemalige Reichsführer der Deutschen Arbeitsfront, das Leben genommen.

Im Nachkriegsdeutschland war der Nürnberger Prozess ein aufsehenerregendes Ereignis, aber auch ein höchst umstrittenes. Zwar meldeten sich prominente Befürworter wie Karl Jaspers zu Wort, und die »Lizenzpresse« berichtete ausführlich. Bei den meisten Zeitgenossen war der Prozess jedoch schon bald als ein Tribunal der Sieger, als »Siegerjustiz« verschrien. Gewiss, es gab deutliche Schwachpunkte. So wurde das Verfahren dadurch diskreditiert, dass die Verfehlungen der alliierten Seite – der Angriff auf Polen, die Erschießung polnischer Offiziere in Katyn oder das *moral bombing*, der Luftkrieg gegen die deutsche Zivilbevölkerung – nicht zur Sprache gebracht werden durften. Auch blieb strittig, inwiefern das IMT auf den völkerrechtlich unklaren Tatkomplex des »Verbrechens gegen den Frieden« zurückgreifen konnte. Immerhin ist der späteren Bewertung des amerikanischen Mitanklägers Telford Taylor zuzustimmen: In Nürnberg wurde ein Präzedenzfall für die Ächtung künftiger Angriffskriege geschaffen.[227]

Kritiker sahen vor allem jedoch einen Verstoß des Rechtsgrundsatzes »nulla poena sine lege«, demzufolge eine Tat nur bestraft werden kann, wenn ihre Strafbarkeit vor der Begehung gesetzlich bestimmt war. Dagegen ist daran zu erinnern, dass zumindest die Tatbestände des Kriegsverbrechens und des Verbrechens gegen die Menschlichkeit gegen das Kriegs- und damalige Strafrecht sowie gegen naturrechtliche Verfassungsnormen verstießen.

Auch der deutschen Bevölkerung war im Übrigen an der Aufklärung der Verbrechen und der Bestrafung der Verantwortlichen gelegen – spätestens nachdem sie sich dank des Prozesses von den Gräueltaten überzeugen konnte. Auch im deutschen Widerstand, vor allem im Kreisauer Kreis, hatte man ja die Bestrafung von Rechtsverstößen gefordert. Unbestreitbar ist zudem, dass der Prozess eine unumgängliche Aufklärungsfunktion erfüllte, die an den Kriegsplänen, der verbrecherischen Herrschaftspraxis und dem Vernichtungskrieg im Osten keinen Zweifel ließ und der Mythenbildung den Boden entzog. Durch die Beschaffung des umfangreichen Beweismaterials – auch das eine beeindruckende Leistung – wurde zudem eine bis heute gültige Grundlage für die geschichtswissenschaftliche Erforschung des NS-Regimes und des Zweiten Weltkriegs geschaffen. Indes blieb die Verurteilung der »Hauptkriegsverbrecher« nicht ohne Folgen für die Beurteilung von Täterschaft und Mitläufertum im Bewusstsein vieler Deutscher – darauf ist noch zurückzukommen.

Zweitens konnten die Oberbefehlshaber in ihren Zonen aufgrund des Kontrollratsgesetzes Nr. 10 vom 20. Dezember 1945 Personen wegen Verbrechen gegen den Frieden, Kriegsverbrechen und Verbrechen gegen die Menschlichkeit vor Gericht stellen,[228] wie das insbesondere in den zwölf Nürnberger »Nachfolgeprozessen« unter amerikanischer Militärgerichtsbarkeit geschehen ist. Bis in den April 1949, wenige Tage vor Gründung der Bundesrepublik, führten die Amerikaner Prozesse gegen knapp 200 Funktionsträger des Dritten Reiches, prominente Ärzte, Juristen, Industrielle, Diplomaten, Beamte und Generale.[229] Hier standen zwölf »Fälle« im Mittelpunkt, die im ersten Nürnberger Prozess nur beiläufig zur Sprache gekommen waren. Der OKW-Prozess gegen Wilhelm Ritter von Leeb und andere (Fall 12) sowie der Prozess gegen die so genannten Südost-Generale (Fall 7) beispielsweise hing damit zusammen, dass das IMT das OKW nicht als eine verbrecherische Organisation anerkannt hatte, damit die Beschuldigten individuell angeklagt und in Einzelverfahren abgeurteilt werden könnten. Am verbrecherischen Charakter ihres Tuns hegte das Gericht dagegen keinen Zweifel – das sollte später immer wieder übersehen werden. In gesonderten Verfahren ging es nun auch um Friedrich Flick (Fall 5), den IG-Farben-Konzern, Alfried Krupp von Bohlen und Halbach (Fall 10) sowie die leitenden Funktionsträger, um das SS-Rasse- und Siedlungsamt (Fall 8), das SS-Wirtschafts-Verwaltungshauptamt (Fall 4), im »Wilhelmstraßen-Prozess« um das Auswärtige Amt (Fall 11) und schließlich um die Einsatzgruppen (Fall 9).

Drittens gab es zahlreiche weitere Prozesse auf der Basis der JCS Directive 1023/10, mit der im Juli 1945 die Vereinigten Stabschefs die Besatzungsarmeen in allen vier Zonen zur umfassenden Aufarbeitung der Kriegsverbrechen vor Militärgerichten verpflichtet hatten. In diesen Einzelverfahren stand nicht die NS-Elite, sondern das »einfache Mordpersonal« im Vordergrund. Die Prozesse vor sowjetischen und britischen Militärgerichtshöfen fanden an unterschiedlichen Orten statt, in der französischen Zone urteilte das Tribunal Général in Rastatt, in der amerikanischen Zone wurde in Darmstadt, Ludwigsburg und Dachau verhandelt. Bei den Dachauer Prozessen ging es vor allem um die Verbrechen in den Konzentrationslagern. Sie standen später lange im Schatten der Nürnberger Prozesse und sollen deshalb näher erläutert werden.

Zu den Prozessen, die überwiegend in Dachau stattfanden, zählten die sechs Hauptverfahren, die nach dem jeweiligen Konzentrationslager benannt wurden: Dachau (15.11. bis 13.12.1945), Buchenwald (11.4. bis 14.8.1947), Flossenbürg (12.6.1946 bis 22.1.1947), Mauthausen (29.3. bis 13.5.1946), Nordhausen/Mittelbau-Dora (bis 30.12.1947) sowie Mühldorf

(1.4. bis 13.5.1947).[230] Die Sachverhalte, die in den jeweiligen Hauptverfahren festgestellt worden waren, dienten als Beweismittel in den etwa 250 Anschlussverfahren gegen weitere Angehörige der Lagerverwaltung und der Wachmannschaften. Hinzu kamen die »Fliegerprozesse«, in denen es um die Misshandlung und Tötung alliierter Piloten ging, die abgeschossen und in deutsche Kriegsgefangenschaft gelangt waren. Eine weitere Gruppe umfasste unterschiedliche Verfahren wie den Hadamar-Prozess, den ersten großen Kriegsverbrecherprozess gegen Angehörige der Landesheil- und Pflegeanstalt Hadamar bei Wiesbaden, wo im Rahmen des nationalsozialistischen Euthanasieprogramms etwa 15 000 Menschen ermordet worden waren, und den Malmedy-Prozess, in dem es um die Ermordung amerikanischer Kriegsgefangener durch SS-Angehörige ging.

Grundsätzlich nicht berücksichtigt wurden Verbrechen, deren Opfer Deutsche waren, sowie Verbrechen, die vor Kriegsbeginn begangen wurden. Die Tat musste im Zusammenhang mit dem Krieg stehen, Täter und Opfer hatten unterschiedlicher Nationalität zu sein, und das Verbrechen musste internationales Recht verletzen – so lauteten die Bedingungen dafür, dass ein Verbrechen als Kriegsverbrechen vor einem amerikanischen Militärgericht verhandelt wurde. Jede Tat im Einzelfall nachzuweisen wäre kaum möglich gewesen, waren doch die meisten Zeugen ermordet worden, und die Überlebenden konnten sich wegen der Gleichförmigkeit der fortgesetzten Verbrechen an einzelne Taten nicht genau erinnern. Die rechtstheoretische Grundlage der Prozesse bildete deshalb die Vorstellung, dass zwei oder mehrere Personen in der Begehung einer unrechtmäßigen Tat übereinstimmten. Im Gegensatz zur Rechtsfigur der Verschwörung setzte die des »Common Design« nicht voraus, dass es eine Vereinbarung gegeben habe. Vielmehr reichte die Teilhabe an einem System aus, dessen verbrecherischer Charakter nachzuweisen war. Der Tatbestand der Mitwirkung an dem System des Konzentrationslagers etwa führte dann zu der

Schuldvermutung. Fotos von der Befreiung der Lager, Toten-bücher, Dienstpläne der SS und die Aussagen von Angeklagten und Zeugen dienten als Beweismittel. Immer wieder beriefen sich die Angeklagten auf den Befehlsnotstand. Auf Befehl eines Vorgesetzten gehandelt zu haben galt jedoch nicht als Strafaus-schließungsgrund und wurde auch nicht (was möglich gewesen wäre) als strafmildernd gewertet.

Das Ausmaß und die Bedeutung der Dachauer Prozesse, die 1948 abgeschlossen wurden, verdeutlicht ihre Bilanz. In 489 Pro-zessen hatten sich 1672 Angeklagte zu verantworten; wegen Mas-sengrausamkeiten (*mass atrocities*) waren allein 1022 Personen angeklagt, davon ein Drittel in den sechs Hauptverfahren. Die Gerichte sprachen 426-mal die Todesstrafe aus, die in mehr als der Hälfte der Fälle durch Urteilsüberprüfung, Begnadigung und Amnestie in Haftstrafen umgewandelt wurde, die wiederum selten in voller Länge verbüßt werden mussten. Die Zahl der Ver-fahren erscheint zudem geringer, wenn man bedenkt, dass im-merhin 3887 Verfahren eingeleitet, aber nicht eröffnet wurden.[231]

Die Urteile, die am 30. Dezember 1947 in dem letzten KZ-Pro-zess Mittelbau-Dora (Nordhausen) verkündet wurden, fielen vergleichsweise milde aus. Dass nur ein Todesurteil darunter war, hing nicht zuletzt mit dem zeitlichen Abstand zu dem Ge-schehen in den unterirdischen Stollen im Harz zusammen, wo Tausende Häftlinge für den Bau der »Wunderwaffen« ohne Rücksicht auf Leben und Tod ausgebeutet worden waren. Das politische Klima hatte sich gewandelt, die deutsche, aber auch die amerikanische Öffentlichkeit war von der harten Bestrafung deutscher Kriegsverbrecher nicht mehr so überzeugt, wie das in der unmittelbaren Nachkriegszeit der Fall war. Der neue Feind ließ die Verbrechen des ehemaligen Kriegsgegners ein Stück weit in den Hintergrund treten. Zudem wurde die Arbeit der Ermitt-lungsbehörden immer schwerer, weil die meisten Augenzeugen Deutschland längst verlassen hatten und die inhaftierten deut-schen SS-Angehörigen beharrlich schwiegen.

Die öffentliche Kritik an den Prozessen der Alliierten, den Dachauer wie auch den Nürnberger, verstummte jedoch auch nach dem Ende der Kriegsverbrecherprozesse und der Auflösung der War Crimes Group Ende Juni 1947 nicht. Sie sollte in den frühen 50er Jahren in der pauschalen Forderung nach Strafnachlässen und Amnestie der Verurteilten gipfeln. Die Prozesse und ihre Folgen wandelten sich immer mehr von einem juristischen zu einem politischen Problem.[232]

Das (erste) Gesetz über die Gewährung von Straffreiheit vom 31. Dezember 1949 führte zu einer weit reichenden Amnestie. Erlassen wurden alle rechtskräftigen Freiheitsstrafen bis zu sechs Monaten und die entsprechenden Geldstrafen, soweit sie noch nicht verbüßt bzw. bezahlt waren. Laufende Verfahren mussten eingestellt werden, sofern sie keine höhere Strafe erwarten ließen. Ebenfalls erlassen wurden noch nicht verbüßte Gefängnisstrafen bis zu einem Jahr, sofern die Verurteilten nicht »aus Grausamkeit, aus ehrloser Gesinnung oder aus Gewinnsucht gehandelt hatten«.[233] Die deutsche Justiz, die gerade angefangen hatte, die politische Bereinigung zu einem Teil selbst in die Hand zu nehmen, zeigte nach dem Ende der Besatzungszeit wenig Interesse, NS-Täter zu verfolgen. Erst nach dem Ulmer Prozess gegen ehemalige Angehörige der »Einsatzgruppen« 1956/57 und der Gründung der Zentralen Stelle der Landesjustizverwaltungen in Ludwigsburg 1958 sollte die Strafverfolgung noch unaufgeklärter NS-Verbrechen systematisch fortgeführt werden – wenngleich die Regierung 1960 Totschlag hatte verjähren lassen.

2. Kampf der Geschlechter

Nie wieder wichen die Lebensbedingungen von Männern und Frauen so sehr voneinander ab wie in der unmittelbaren Nachkriegszeit. »Heimkehrer«, »Trümmerfrau« und »Flüchtlingsfamilie«: diese Begriffe wiesen in typisierender Weise auch auf einen Wandel der Geschlechterrollen hin. Denn angesichts der sozialen Verwerfungen nach dem Krieg musste das Verhältnis der Geschlechter neu bestimmt werden. Während die Frauen an der so genannten Heimatfront zu größerer Selbständigkeit gelangt waren, hatten die Männer im Krieg auch als Geschlecht eine Niederlage erlitten: Hatten sie nicht offensichtlich als Soldaten und als Beschützer ihrer Familie versagt?[234] Die Familie war der soziale Brennpunkt, in dem sich die gegensätzlichen Erwartungen, die von unterschiedlichen Erfahrungen gespeist wurden, unter dem Druck der Existenzprobleme bündelten. Deshalb sind auch die Kriegsfolgen in Bezug auf die private Sphäre sowie die Reaktionen der Nachkriegsgesellschaft zu betrachten.

Die Lage der Heimkehrer

»Wenn man über unsere Landstraßen geht, kann man Gestalten begegnen, wie man sie nie gesehen hat«, notierte Ernst Jünger im Dezember 1945. »Es sind die Heimkehrer mit ihrer grauen Aura von allerletztem Leid. Ihnen ist alles zugefügt, was uns von Menschen zugefügt werden, und alles geraubt, was uns von Menschen geraubt werden kann. Sie sind Sendboten von Stätten, an denen Zahllose zu Tode geplagt, verhungert, erfroren sind.«[235] Bis 1956 sollten mehr als elf Millionen deutsche Kriegsgefangene aus westlichem und östlichem Gewahrsam zurückkehren. Der Großteil der ehemaligen Wehrmachtsoldaten freilich traf bis

1949 zu Hause ein; 1948 galt als Jahr der Heimkehr.[236] Mehr noch als die Flüchtlinge und Vertriebenen verkörperten die Kriegsheimkehrer die Auswirkungen des totalen Krieges und der Niederlage. Auf Jahre hinaus sorgten sie unmittelbar für die Gegenwart des Krieges in der Nachkriegsgesellschaft, während die vermissten Soldaten oder die noch in sowjetischer Gefangenschaft befindlichen Männer mittelbar, durch die private und öffentliche Erinnerung an ihre Abwesenheit, eine Projektionsfläche der Kriegsvergangenheit lieferten.

Geht man davon aus, dass rund 40 Prozent der etwa 8,7 Millionen Kriegsgefangenen verheiratet waren, kehrten bis Ende 1945 etwa 1,8 Millionen, 1946 knapp zwei Millionen, 1947 eine weitere Million und 1948 800 000 Soldaten, darunter die letzten aus westlicher Gefangenschaft, nach Hause zurück. Die Sowjets entließen 1949 fast eine halbe Million Gefangene, 1950 22 000; nach 1950 blieben offiziell 28 711 Männer in der Sowjetunion. Im gleichen Jahr galt über eine Million Männer als »vermisst«.[237]

Die Erlebnisse von Krieg und Gefangenschaft hatten für viele Männer und Frauen traumatische Folgen. Das betraf nicht nur, aber vor allem die Heimkehrer aus sowjetischer Kriegsgefangenschaft. Zur physischen Schädigung kam nicht selten eine psychische Beeinträchtigung, die sich noch Jahre nach der Rückkehr im Alltag bemerkbar machte. Während körperliche Mangelerscheinungen wie Unterernährung und Ödeme gezielt behandelt werden konnten, halfen die bekannten Krankheitsbilder im Falle der psychischen Kriegsfolgen häufig nicht weiter. Konzentrationsschwäche, Müdigkeit, Schlaflosigkeit, Verfolgungs- und Todesangst: die Bandbreite der Symptome wies auf eine »Krankheit« hin, die Fachleute als »Dystrophie« bezeichneten. Auch in der Öffentlichkeit war schon bald allenthalben von Dystrophie und Dystrophikern die Rede. Wer sich in psychiatrische Behandlung begab, hatte sich mit seiner eigenen Erfahrung von Gewalt im Krieg auseinander zu setzen. Im Einzelfall musste jedoch geklärt werden, ob und inwieweit die nach 1945 diagnostizierte psychische Beeinträchtigung tatsächlich als eine Folge der Gewalterfahrung im letzten Krieg anerkannt wurde, so dass sich daraus versorgungsrechtliche Ansprüche ableiten ließen.[238]

Die ehemaligen deutschen Soldaten, die zwischen 1945 und 1948/49 in das besiegte Restreich zurückkehrten, wurden nicht als Helden gefeiert, im Gegenteil. Sie sahen sich auch von deutscher Seite dem Vorwurf ausgesetzt, den Krieg erst ermöglicht und dann zu lange geführt zu haben. Die Alliierten waren sich einig: Künftig sollte von Deutschland nie mehr eine Gefahr für den Weltfrieden ausgehen. Die bedingungslose Kapitulation bildete deshalb den Ausgangspunkt für die »Entmilitarisierung« des besetzten Landes unter der Aufsicht des Alliierten Kontrollrats. Sie umfasste nicht nur die Auflösung der deutschen Land-, Luft- und Seestreitkräfte, die Zerstörung der Waffen und allen Kriegsgeräts, das Verbot jeder Kriegswirtschaft sowie die Kontrolle der Industrie, die Rüstungsgüter produzieren könnte. Vielmehr zielte die Entmilitarisierungspolitik auch auf den »Militarismus« der Deutschen, ihre »preußische« Neigung, militärischen Grundsätzen in Staat und Gesellschaft zu viel Gewicht beizumessen. So untersagte der Befehl Nr. 1 des Kontrollrats im August 1945 das Tragen von Uniformen, Rangabzeichen und Orden, und selbstverständlich wurden auch das Tragen von Waffen, jede militärische Propaganda und Traditionspflege verboten. Der Kontrollrats-Befehl Nr. 4 vom 13. Mai 1946 ordnete die »Einziehung von Literatur und Werken nationalsozialistischen und militaristischen Charakters« an. Büchereien, Buchhandlungen und Verlage hatten zwei Monate Zeit, NS- und Kriegsliteratur auszusortieren und abzuliefern.[239]

Nach dem 8. Mai 1945 war für deutsche Soldaten kein Platz mehr – beinahe. Dass zunächst noch zwischen 60 000 und 80 000 Mann von den Besatzungstruppen zur Arbeit unter Aufsicht in Diensteinheiten verpflichtet waren, ist lediglich eine Randnotiz. Die britische Militärregierung bildete aus entwaffneten deutschen Kriegsgefangenen ab Juni 1945 Arbeits-, Versorgungs- und Wacheinheiten und setzte Marinesoldaten im Minenräumdienst ein, während die Amerikaner ehemalige Wehrmachtsoldaten in technischen Dienstgruppen arbeiten ließen. Eine Ausnahme stellten auch jene Offiziere und Generale dar, die ihr militärisches Expertenwissen in der »Historical Division« den Amerikanern zur Verfügung stellten.[240]

Dass die Wehrmacht, zumindest ihre Führung, unmittelbar nach dem Krieg nicht wohl gelitten war, dafür sorgten 1945/46 insbesondere die Verhandlungen vor dem Internationalen Militärgerichtshof in Nürnberg. Es gehörte zur Entmilitarisierung und Umerziehung, dass die Zeitungen über die Kriegsziele und die Kriegsverbrechen ausgiebig informierten. Gewiss, die Kritik, ja Verachtung traf in erster Linie die Generalität, die sich auf der Anklagebank verantworten musste. Sie ließ aber auch die Wehrmacht als Institution des NS-Regimes für einen kurzen Moment in einem anderen Licht erscheinen.[241] Kurz nach der totalen Niederlage blieb der »Dank des Vaterlandes« offenkundig aus.

Doch das zeitlose Bild *des* deutschen Soldaten, das über der konkreten historischen Situation zu schweben schien, hatte keine größeren Kratzer bekommen. In der subjektiven Sichtweise fielen Nationalsozialismus und Soldatentum im Zweiten Weltkrieg auseinander, so dass die kollektive Krise der Nachkriegsgesellschaft für den Einzelnen keine Gefahr bedeutete und ihm keine kritische Reflexion aufnötigte. Die Lebensphase als Soldat im Dritten Reich verlor ihre Berechtigung nicht. Sinn stiftend wirkte vor allem die Vorstellung, für Deutschland und gegen den Bolschewismus gekämpft, dabei seine Pflicht erfüllt und seinen Mann gestanden zu haben. Nein, nicht der Soldat geriet nach 1945 unter Legitimationsdruck, sondern der Deserteur und der Emigrant – hatten sich nicht beide ihrem Dienst für das Vaterland entzogen? Vor allem die Veteranen priesen die Frontkameradschaft, die nach 1918 als Archetyp der totalitären Volksgemeinschaft verklärt worden war, als ein Element des Modells

für die demokratische Zivilgesellschaft. Für die meisten Heimkehrer blieb insofern die notwendige Kohärenz ihres Lebenslaufs
gewahrt.[242] Wen wundert es da, dass der militärische Widerstand
kein Vorbild, sondern ein Gegenbild der privaten Kriegserinnerung darstellte? Insbesondere die Verschwörer des 20. Juli 1944
galten noch bis in die 60er Jahre weithin als Vaterlandsverräter.
Freilich konnte auch den Alliierten nach Kriegsende nicht daran
gelegen sein, auf helle Flecken in dem dunklen Bild der nationalsozialistischen Wehrmacht hinzuweisen.

Doch die Rolle, die deutsche Soldaten im Kalkül der Alliierten und in der Öffentlichkeit der Nachkriegsgesellschaft spielten,
wandelte sich in dem Maße, wie sich der Ost-West-Konflikt zu-
spitzte. Schon früh ging es darum, die ehemaligen Soldaten zu
einwandfreien Staatsbürgern zu erziehen – entsprechend den jeweiligen ideologischen Vorgaben in Ost- und Westdeutschland.
Organisieren durften sich die Veteranen dagegen (zunächst)
nicht, stattdessen bildeten sich informelle Netzwerke heraus; die
Heimkehrer suchten den schriftlichen Kontakt mit ihren ehemaligen Kameraden, besuchten sich privat und sorgten für die materielle Unterstützung Bedürftiger.[243] In den späten 40er Jahren
indes begannen die westlichen Alliierten, Organisationen der
Veteranen stillschweigend hinzunehmen.

Den ehemaligen Offizieren ging es zunächst darum, durch
eine geschickte Lobby Einfluss auf die Politik zu nehmen, um
ihre wirtschaftliche Lage zu verbessern, vor allem um ihre Pen-
sionsrechte wiederherzustellen und gegen ihre »Diffamierung«
anzugehen, die sie der deutschen Öffentlichkeit, vor allem aber
den Alliierten vorwarfen. Sie verwahrten sich gegen eine, wie sie
es sahen, ungerechte Behandlung durch die Siegermächte, die in
den Urteilen der Nürnberger Prozesse ihren Höhepunkt erreicht
habe. Die Tatsache, dass ehemalige Kameraden und Vorgesetzte
in Landsberg, Wittlich und Werl hinter Gitter saßen, erhitzte die
Gemüter. Der Protest sollte in den frühen 50er Jahren zum Erfolg
führen, als die Wiederherstellung der Pensionsansprüche für Be-

amte des NS-Staates auch auf die ehemaligen Offiziere ausgedehnt wurde. Vor dem Hintergrund der anstehenden Wiederbewaffnung wurden Haftstrafen gemildert oder erlassen, und prominente Offiziere fanden ihren Weg in die politischen Parteien und den Bundestag. In den späten 40er und frühen 50er Jahren passten sich die ehemaligen Offiziere jedoch an die neuen demokratischen Strukturen an. Statt die Demokratie rundheraus abzulehnen, beteiligten sie sich an der politischen Auseinandersetzung und trugen so auf ihre Weise dazu bei, die junge westdeutsche Nachkriegsordnung zu legitimieren.[244]

Indessen fanden nicht alle Heimkehrer ihren Weg in die Nachkriegsgesellschaft. So manchem ehemaligen Soldaten wurde der Platz in West- wie in Ostdeutschland regelrecht verwehrt – wenn auch aus unterschiedlichen Gründen. In Westdeutschland gehörten zu dieser Gruppe jene Heimkehrer, denen vorgeworfen wurde, in sowjetischer Kriegsgefangenschaft mit sowjetischen Funktionären Hand in Hand gearbeitet zu haben, sei es, dass sie Aufgaben der Lagerverwaltung übernommen, sei es, dass sie an antifaschistischen Aktivitäten teilgenommen hatten. Sie mussten sich seit den späten 40er Jahren unter Umständen in »Kameradenschinder-Prozessen« verantworten.[245]

In Ostdeutschland dagegen sorgten zur gleichen Zeit die so genannten Parteisäuberungen dafür, dass Kriegsgefangene vor Gericht gestellt wurden, die sich in westlicher Gefangenschaft an Maßnahmen zur politischen Umerziehung beteiligt hatten. Demgegenüber spielten antifaschistische Heimkehrer für die SED eine positive Rolle. Denn was hätte den Ostdeutschen die Abkehr von der nationalsozialistischen Volksgemeinschaft hin zu einem antifaschistischen Staatsbürgertum besser vor Augen führen können als die Lebensgeschichte dieser Kriegsgefangenen? So nimmt es nicht wunder, dass ihre Wandlung auf mehreren »Heimkehrerkonferenzen« 1949 propagandistisch in Szene gesetzt wurde. Die Partei hegte an dem verbrecherischen Charakter der Wehrmacht keinen Zweifel. Wer also aus ihren

Reihen stammte, musste – anders als im Westen – erst »gesellschaftstauglich« gemacht werden. In der sowjetischen Zone kam die Wandlung vom Saulus zum Paulus, der innere und äußere Bruch mit Hitlers Armee in der sowjetischen Gefangenschaft, einer Katharsis gleich, die spätestens nach der Bewährung beim Wiederaufbau der neuen Ordnung individuelle Schuld vergessen ließ. Auch die SED war auf die ehemaligen Soldaten angewiesen – begann doch bereits 1947/48 die »verdeckte Aufrüstung« der SBZ mit der »Kasernierten Volkspolizei«.[246]

Die Stunde der Frauen

Die erste Volkszählung nach Kriegsende im Oktober 1946 fasste ein Missverhältnis in Zahlen, das den Zeitgenossen überdeutlich war. Im besetzten Deutschland lebten 7 Millionen mehr Frauen als Männer.[247] Entsprechend groß war der Anteil der Unverheirateten, der Geschiedenen, der Witwen. Zwischen 1942/43 und 1948/49 erreichte die Zahl der »allein stehenden« Frauen aufgrund der Einberufung auch der alten und kriegsuntauglichen Männer sowie durch die Kriegsgefangenschaft ihren Höhepunkt. Die Kriegsmobilisierung hatte in den letzten Kriegsmonaten zu ungeheuren Anstrengungen geführt, die den Anteil der Frauen in der Wirtschaft sowie ihre Präsenz in der Öffentlichkeit erhöhte. In den letzten Kriegsmonaten und in der Besatzungszeit schlug deshalb »die Stunde der Frauen«. Zu ihren gemeinsamen Erfahrungen zählten Bombenangriffe, Evakuierungen, Flucht und Vertreibung ebenso wie Vergewaltigung, Hunger und die Suche nach vermissten Angehörigen.

Die Nachkriegsfrauen, die das Überleben organisierten, die Brennholz schlugen, Kohlen stahlen, auf dem Schwarzmarkt handelten und nach Lebensmitteln anstanden, beherrschten das öffentliche Frauenbild dieser Zeit. Die allein stehenden Frauen standen indes nicht allein, sondern lebten mit ihren Kindern, mit Eltern, Vermietern und Geliebten zusammen. Und sie waren nicht, wie es die Legende will, vom Krieg zu einem lebenslangen Single-Dasein verurteilt, sondern sollten durchaus ein weiteres Mal heiraten.[248]

In der frühen Nachkriegszeit äußerte sich das veränderte Rollenverhalten in dem Willen, entgegen dem im Dritten Reich gepflegten Verständnis der Frau als Mutter und Hausfrau eigene Interessen öffentlich zu artikulieren und Ansprüche selbstbewusst anzumelden. Ab Herbst 1945 waren deutsche Frauenverbände (wieder) zugelassen. Im Mai 1947 fand die erste und letzte interzonale Frauenkonferenz in Bad Boll bei Göppingen statt, auf der zwischen dem ostzonalen Demokratischen Frauenbund Deutschlands (DFD) und den verschiedenen westdeutschen Verbänden unüberbrückbare Differenzen deutlich wurden. Ob in spontanen Frauenausschüssen oder organisierten Frauenverbänden, in Zeitschriften oder Journalen – Frauen meldeten sich zu Wort.

Impulse kamen auch von außen. Verhältnismäßig spät, am 1. März 1948, richtete die amerikanische Militärverwaltung eine spezielle »Women's Affaire Section« ein. Seitdem existierte ein besonderes Programm, das den Demokratisierungsprozess im Sinne einer *grass roots democracy*, an der alle Staatsbürger direkt teilhaben sollten, nun auch durch Austauschprogramme, Konferenzen und Publikationen über Frauenthemen geschlechtsspezifisch vorantreiben sollte. Auf diesem Weg würden, so hofften die Alliierten, autoritäre Strukturen in der deutschen Gesellschaft nachhaltig abgebaut werden, schließlich stellte die Frau durch die Erziehung ihrer Kinder die Weichen für die Zukunft.[249] Manche Frauen schwärmten ihrerseits gar von einem Staat nach Frauenart, schien doch die Friedfertigkeit der Frau, die schließlich keine Waffen getragen habe, ein Garant für die friedliche Zivilgesellschaft zu sein. Dass Frauen Hitler verehrt, ihre Nachbarn bespitzelt und im Konzentrationslager Aufsicht geführt hatten, war mit diesem Schwarz-Weiß-Bild freilich nicht vereinbar.

Wie zu Kriegszeiten mussten Frauen in der Nachkriegswirtschaft einer Arbeit nachgehen, besonders da es an männlichen Arbeitskräften auf absehbare Zeit fehlte. Solange sich zahlreiche Männer in Kriegsgefangenschaft befanden, versuchten die westlichen Besatzungsbehörden durch Rekrutierungskampagnen Frauen für den Arbeitsmarkt zu gewinnen. Das ökonomische Erfordernis bildete die treibende Kraft; dagegen stand die Überzeugung, dass die Frau ihren Platz im Haushalt hatte und auf Dauer auch wieder haben werde. Im westdeutschen Rückblick erscheint die zweite Hälfte der 40er Jahre gleichwohl als Ausnahme in der Übergangsphase zwischen dem Frauenbild des Nationalsozialismus und dem der restaurativen 50er Jahre. Am Ende sollten die Männer wieder die alten Plätze einnehmen. Dass nur vier Frauen zu den 65 »Vätern« des Grundgesetzes zählten, war symptomatisch.

Aus ostdeutschem Blickwinkel zeichnete sich eher eine geradlinige Entwicklung ab. Die Krisenjahre trugen zu einer dauerhaften Veränderung der Frauenrolle bei.[250] Während in den Westzonen die Frauen in einer Zeit des Arbeitskräftemangels als Reserve bereitstanden, um die zerbombten Straßen von den Trümmern zu säubern, sollte in der SBZ die Position der Frau auf dem Arbeitsmarkt grundlegend revolutioniert werden. Die Gleichberechtigung der sozialistischen Frau, nicht zuletzt am Arbeitsplatz, gehörte zu den kommunistischen und sozialistischen Zielen seit Friedrich Engels und hatte ihren festen Platz im Weltbild der ostdeutschen Funktionäre und »Funktionärinnen«. Gleicher Lohn für gleiche Arbeit – dieses Prinzip verkündete die Militärregierung im August 1946.[251] Anders als in den westlichen Zonen wurde die Auffassung propagiert, dass Frauen auch auf Dauer ein unverzichtbarer Teil des Arbeitskräftepotenzials sein würden. Durch die Zwangsarbeit im Zuge der Reparationen kamen Zehntausende von Frauen erstmals mit der Arbeitswelt ungewollt in Berührung, sei es im zivilen Arbeitsleben, sei es im Uranbergwerk an der deutsch-tschechischen Grenze oder unter ungleich härteren Bedingungen als »Verschleppte« in Arbeitslagern der Sowjetunion.²⁵²

Die Besatzungsmacht präsentierte den deutschen Frauen die Geschlechterverhältnisse in der UdSSR als Vorbild. Die sowjetische Frau sei, hieß es 1946 in der »Illustrierten Rundschau«, dem Mann »in jeder Beziehung gleichgestellt. Sie behauptet sich auf allen Gebieten: sie ist Traktorführerin, Deputierte des Obersten Sowjets, Ärztin, Künstlerin, Angestellte und einfache Arbeiterin.« Gleichwohl schloss das ein Festhalten an der traditionellen weiblichen Geschlechterrolle nicht aus. Auch die sozialistische Frau bleibe »in erster Linie Frau«.²⁵³ Frauengruppen, die sich in der SBZ schon im Sommer 1945 gegründet hatten, wurden im Oktober als antifaschistische Frauenausschüsse registriert. Nach einem Jahr gab es etwa 6000 solcher Gruppen, in denen sich Frauen sozialen Aufgaben widmeten. Um den Einfluss »bürgerlicher« Frauen zurückzudrängen, gründete die SED auf Geheiß der SMAD im Mai 1947 den erwähnten Demokratischen Frauenbund; die antifaschistischen Frauenausschüsse wurden im November aufgelöst.

Frauen in der Nachkriegsgesellschaft: das waren auch die »Ami-Liebchen« und »Negerhuren«. Die zeitgenössischen Schimpfnamen lassen keinen Zweifel daran, wie das Verhältnis einer Deutschen zu einem männlichen Besatzer wahrgenommen wurde. Die Situation in den westlichen Zonen unterschied sich auch in diesem Punkt von der Lage in der SBZ. Sieht man von der zeitlichen Verschiebung ab, lässt sich zugespitzt formulieren: Im Westen »fraternisierten« die Frauen mit dem ehemaligen Feind, im Osten wurden sie von ihm vergewaltigt. Dieser Umstand prägte die Art und Weise, wie über Frauen und ihre Beziehung zu Männern gesprochen wurde. Eheliche Untreue und vorehelicher Geschlechtsverkehr hatten bereits in den letzten Kriegsjahren zugenommen. Nicht zuletzt die wachsende Unsicherheit über die Rückkehr des Verlobten oder Ehemannes, aber auch die materielle Bedürftigkeit bereiteten eine sexuelle Freizügigkeit vor, die im Elend der Nachkriegsjahre zu kurzfristigen Affären führte – auch mit Angehörigen der Besatzungstruppen. In der SBZ standen die Frauen freilich aufgrund der Vergewaltigungen und der stereotypen Fremdbilder unter einem größeren Druck, wollten sie eine Liaison mit einem sowjetischen Soldaten knüpfen, wenngleich die SMAD im Gegensatz zu den westlichen Alliierten statt einer Politik der Nonfraternisierung den Kontakt zwischen den Deutschen und ihren neuen sowjetischen Vorbildern zunächst begrüßte. Schon bald wurde jedoch auch die umgekehrte Anziehungskraft des bürgerlichen Lebensstils auf die Soldaten des Sozialismus deutlich, und ab dem Sommer 1947 begann die SMAD, die sowjetischen Truppen von der deutschen Zivilbevölkerung hermetisch abzuriegeln.[254]

In den Westzonen gehörte die Fraternisierung schon bald zum Alltagsleben, vor allem in der amerikanischen Zone. Antiamerikanische Ressentiments, die in der Weimarer Zeit wurzelten, waren im Dritten Reich verstärkt worden. Auch nach 1945 sorgten sich manche Deutsche angesichts der ökonomischen und politischen Unterlegenheit um die wirtschaftlichen, kulturellen und christlichen Grundlagen der deutschen Tradition.[255] Das sexuelle Verhältnis zwischen deutscher Frau und amerikanischem GI schien ihnen ein deutliches Menetekel für Materialismus und Sittenverfall zu sein, der deutsche Männer und Kinder moralisch wie physisch gefährde. Dennoch entstand nach dem Ende des Fraternisierungsverbots Mitte Juli 1945 eine blühende deutsch-amerikanische Beziehung, die Ende 1945 nach der Ablösung der meisten Kriegsveteranen durch jüngere Soldaten, die nie gegen die Deutschen gekämpft hatten, zusätzlichen Auftrieb erhielt. Bis zu 90 Prozent der GIs, so lautete eine Schätzung 1946, »fraternisierten« mit den deutschen »Frauleins«. Ende 1947 hatten 2262 deutsche Frauen Soldaten der Besatzungstruppen geheiratet. In der Bundesrepublik sollte die Zahl deutsch-amerikanischer Heiraten bis Mitte der 50er Jahre auf jährlich über 7000 ansteigen.[256]

In der öffentlichen Meinung haftete diesen Frauen noch lange Zeit der Makel der Prostitution an – während Frauen, die von deutschen Männern, mit denen sie ein sexuelles Verhältnis unterhielten, Geschenke annahmen, in der Regel nicht als Prostituierte angesehen wurden. Das Geld zur Behandlung von geschlechtskranken Frauen wäre, meinten die meisten, besser für Witwenpensionen und Waisenrenten ausgegeben worden. Was den deutschen Kritikern als ein Zeichen des nationalen Ehrverlustes galt, sahen die Militärregierungen als einen Verstoß gegen die militärische Disziplin, dem sie mit eigenen Aufklärungskampagnen entgegentraten.

Ehekrise

Familie und Haushalt bildeten die Schnittstelle zwischen Privatsphäre und Öffentlichkeit. Die schwierige Versorgungslage, die Wohnungsnot, die Konfrontation mit Flucht und Vertreibung, die Arbeitsmarktpolitik: all diese Facetten der Nachkriegsgesellschaft spiegelten sich in der Familie als einer ihrer Grundeinheiten wider. Wie intakt die Familienverhältnisse waren, wie der Haushalt funktionierte, entschied mit darüber, ob dem Einzelnen der Übergang in die Nachkriegsgesellschaft glückte.[257]

Das Ideal der Familie, das auch durch das Bild der Trümmerfrau zunächst nicht gefährdet schien, erhielt Risse, als nach der Heimkehr des Mannes Eheprobleme an der Tagesordnung waren.[258] Innerhalb der Familie hatte sich die Rollenverteilung geändert. Die kriegsbedingte Abwesenheit des Mannes hatte seine traditionelle Stellung als Familienoberhaupt unterminiert. Die Rückkehr des Mannes aus der Kriegsgefangenschaft bedeutete in der Regel mehr statt weniger Arbeit für die Frau. Die Erinnerung der Frau an einen belastungsfähigen Mann, der emotionalen Halt geben und im Alltag eine Stütze sein konnte, entsprach nicht dem neuen Bild des geschwächten, häufig kranken und aus dem psychischen Gleichgewicht gebrachten Heimkehrers, der durch die Entnazifizierung seine Arbeit verloren hatte oder sich mit einer geringeren Position zufrieden geben musste. Dagegen hatte die Frau ihre Selbständigkeit eindrucksvoll unter Beweis gestellt. Dass Frau und Kinder überlebt hatten, hieß für den entlassenen Soldaten auch, dass sie ohne ihn auskommen konnten. Diese zwiespältige Einsicht verstärkte das Gefühl, überflüssiger Ballast zu sein. Die Vorstellung, die Männer in jahrelanger Abwesenheit von der Familie, im Krieg und in der Kriegsgefangenschaft, genährt hatten, gründete in der Harmonie der Vorkriegszeit. Während ihre Frauen sich an die physische Zerstörung der Lebenswelt »gewöhnen« konnten und über das Lagerleben mehr oder weniger informiert waren, traf die Rückkehr in die trostlose Trümmerlandschaft der alten und neuen Heimat viele Männer unvorbereitet.

Um ihrem Mann nicht noch mehr zuzumuten, ließen vergewaltigte Frauen, die schwanger geworden waren, häufig das Kind abtreiben; der Kriegsheimkehrer sollte nicht auch noch ein Kind des ehemaligen Feindes zu seiner Familie zählen müssen. Viele Frauen haben ihrem Mann die Abtreibung verschwiegen, weil sie befürchteten, dass dieser sie verlassen und eine andere gesucht hätte – was angesichts des Frauenüberhangs in der unmittelbaren Nachkriegszeit für ihn kein großes Problem gewesen wäre. Mit ihrem Mann über die extreme Erfahrung sexueller Gewalt zu sprechen war für viele Frauen deshalb schwer, wenn nicht unmöglich, führte doch die Vergewaltigung den heimkehrenden Männern vor Augen, dass sie nicht in der Lage gewesen waren, ihre Mütter, Ehefrauen und Töchter zu beschützen. Nicht selten kam es dabei zu einer Umkehrung der Verhältnisse: Durch die Massenvergewaltigungen erschien die eigene Ehefrau in den Augen des Mannes als Prostituierte. Vergewaltigungen konnten zudem als Grund für die Entfremdung der Ehepartner angeführt werden, so dass der Frau die Schuld für das Ende der Ehe und die Zerstörung der Familie unausgesprochen zugeschoben wurde.

Frauen, die ihr Kind dennoch zur Welt brachten, gaben es zuweilen in die Obhut von Verwandten, Waisenhäusern oder kirchlichen Einrichtungen, in denen »Russenbabys« aufgenommen wurden.

Die massiven Veränderungen innerhalb eines kurzen Zeitraums und die permanente physische wie psychische Anstrengung hatten, wie die familien- und jugendsoziologischen Analysen der 50er Jahre zeigen, unterschiedliche Auswirkungen auf die Familienstruktur.[259] Die Auflösung der vertrauten Lebenszusammenhänge führte zunächst zur Desintegration des privaten Zusammenhalts. Tatsächlich folgte dem ersehnten Wiedersehen schon bald die Scheidung – sofern der Mann nicht schon in der Kriegsgefangenschaft von der Untreue seiner Frau erfahren und die Scheidung angestrengt hatte. So stieg die Scheidungsrate drastisch an. Während 1939 in Berlin auf 10 000 Einwohner 8,9 und 1946 11,2 Scheidungen fielen, kam es 1948 zu 18,8 Trennungen. 1948 lag die Zahl der westdeutschen Scheidungen mit 88 374 um 80 Prozent über der Zahl von 1946. Hier ist jedoch zu berücksichtigen, dass manche Scheidungen bereits in den letzten zwei Kriegsjahren eingereicht, aber nicht verhandelt worden waren, und dass es sich bei 42 Prozent der geschiedenen Ehen um Kriegsehen handelte.[260] Kinder boten häufig schon deshalb keinen großen Hinderungsgrund, weil ihre Väter sie nie richtig kennen gelernt und Jahre ohne sie verbracht hatten, während sie eine umso engere Beziehung zu ihrer Mutter besaßen.

Die »Ehekrise« galt vor allem in den Frauenzeitschriften der Nachkriegszeit, »Constanze« im Westen, »Für Dich« im Osten, als ein Spiegel der allgemeinen gesellschaftlichen Krise. In die öffentliche Bewunderung der »starken« Frauen mischte sich die Sorge, dass mit dem militärischen und politischen Zusammenbruch auch die kleinste Zelle der Gesellschaft, die Familie, kollabieren könnte. Der Staat versuchte, Abhilfe zu schaffen durch ein sozialpolitisches Instrument aus der Weimarer Zeit, das zuletzt der »Erb- und Rassenpflege« gedient hatte: die Eheberatungsstelle.[261] Die grundsätzlich zeitlose sozialhygienische Notwendigkeit der Gesundheitsämter stand außer Frage. Ehen sollten auch weiterhin betreut werden, nunmehr auf ethisch-christlicher statt auf eugenischer Grundlage. Mit Ehekrisen, Vergewaltigungen und Schwangerschaftsabbrüchen befassten sich auch entsprechende Einrichtungen in kirchlicher Trägerschaft wie die »Mütterhilfe« der Inneren Mission oder die »Frauenberatungsstelle« der Versicherungsanstalt Berlin.

Ab 1948 deutete eine sinkende Scheidungsrate auf die Stabilisierung der Familie hin. Die allgemeine Desintegration führte nicht zuletzt zu einem Rückzug in die Kleinfamilie. Wo das weitere soziale, politische und wirtschaftliche Umfeld keinen Halt und keine Sicherheit mehr bieten konnte, übernahm letztlich die Familie zusätzliche Funktionen der psychischen und materiellen Festigung. Sie bildete deshalb den engen Rahmen für die Anteilnahme des Einzelnen; die meisten Familien zeigten spätestens seit der Währungsreform ein immer geringer werdendes Interesse an gesellschaftlichen und politischen Belangen. Die Sicherung der eigenen Existenz, die auf dem gefestigten Fundament der Kleinfamilie am ehesten gewährleistet schien, besaß einen klaren Vorrang vor dem öffentlichen Engagement und außerfamiliären Bindungen. Restabilisierung der Familie und Entideologisierung sind deshalb zwei Seiten einer Medaille. Ohne sie wäre die Politik der 50er Jahre, die auf Sicherheit statt auf Erneuerung setzte, kaum denkbar gewesen.[262]

Wer die Ursache für den Wandel der Geschlechterrollen in der unterschiedlichen Kriegserfahrung wähnte, für den lag die Vermutung nahe, dass sich mit wachsendem Abstand zum Krieg auch in der Ehe wieder Normalität einstellen werde. Zumindest war zu erwarten, dass der Mann seine kriegsbedingte Apathie überwinden und wieder »männlich« werden würde. Umgekehrt könnte die Frau ihre männliche Rolle ablegen und zu größerer Weiblichkeit zurückfinden. Diese Kurskorrektur musste nicht bedeuten, dass die gewonnene materielle und soziale Gleichberechtigung verloren ging. Die Frauenzeitschrift »Constanze« hoffte auf die »Kameradschaftsehe«.

Aber es gab auch die entgegengesetzte Interpretation. Danach wurde die Ehekrise nicht als eine besondere Folge des Zweiten Weltkriegs, sondern als Nebeneffekt eines umfassenden Modernisierungsprozesses verstanden. Es hieß, der Zusammenbruch des NS-Regimes und die materielle Not der unmittelbaren Nachkriegszeit beschleunigten lediglich den Zerfall der traditionellen Familie, die durch Industrialisierung, Urbanisierung und Individualisierung ohnehin dem Wandel zu einer bloßen »Neigungsehe« preisgegeben sei. Die hohen Scheidungsraten in den westlichen Ländern schienen das zu belegen.[263]

Wie immer man sich die allgemeine Ehekrise erklären mochte, sie war stets eine Krise der Familie, die auch die Kinder in Mitleidenschaft zog, die ohnehin unter der allgemeinen Notlage ohnehin zu leiden hatten. Bei der Volkszählung vom 13. September 1950 wurden 18 887 000 Kinder und Jugendliche bis zum Alter von 25 Jahren gezählt, davon 3 259 000 Vertriebene. Durch den Krieg hatten rund 1 250 000 Kinder ihren Vater verloren, eine Viertelmillion war Vollwaise. Besonders belastet waren Kinder, die durch den Verlust der Heimat und die Erfahrung von Flucht und Vertreibung noch stärker unter den Kriegsfolgen leiden mussten als die Gleichaltrigen. Zeitgenössische Studien prognostizierten vor allem den so genannten Flüchtlingskindern eine düstere Zukunft, überstieg doch die dicht gedrängte Erfahrung extremer Lebenssituationen bei weitem ihre Fähigkeit, das Erlebte zu verarbeiten. Die Kriegskinder wirkten häufig erwachsener, als es ihrem Alter entsprach, weil sie immer wieder mit nicht altersgemäßen Situationen umgehen mussten. Während körperliche Mängel wie Unterernährung, schwache Abwehrkraft und geringe Leistungsfähigkeit 1948/49 in der Regel beseitigt waren, dauerten die psychischen Folgen an. Erhöhte Nervosität, mangelnde Konzentrationsfähigkeit, Schlafstörungen und Angstträume: viele Flüchtlingskinder litten unter dem posttraumatischen Stress-Syndrom. Zugleich standen sie unter einem hohen Anpassungsdruck, sollte sich doch an ihnen der Erfolg der Eingliederung am ehesten erweisen.[264]

Das Verhältnis von Eltern und Kindern hatte sich bereits durch die nationalsozialistische Jugendpolitik geändert. Je mehr der Staat mit seinen Organisationen die Sozialisation der Kinder und Jugendlichen übernahm, desto geringer wurde der elterliche Einfluss. Hinzu kamen die Verschiebung der Autorität innerhalb der Familie durch die kriegsbedingte Abwesenheit des Vaters, die Überbelastung der Mutter und die Probleme der Rollenfindung nach der Rückkehr. Die innere Entfremdung der Jugendlichen spiegelte nicht zuletzt der Anstieg der Jugendkriminalität wider.[265]

3. Schuldzuweisungen und Abwehrhaltungen

Wer trug die Schuld am Krieg? Wer hatte die Kriegsverbrechen zu verantworten? Warum hatte es in Deutschland so weit kommen können? Nicht zuletzt um diese Fragen, die immer wieder den Blick zurück auf die jüngste Vergangenheit lenkten, kreiste die öffentliche Diskussion zwischen 1945 und 1947/48 – und um die vermeintlichen Antworten, welche die westlichen Alliierten auf die Schuldfrage gaben. Noch während des Krieges hatten Engländer und Amerikaner in den Medien Vermutungen über die Schuld *der* Deutschen angestellt. Die Meldungen über Judendeportationen und Konzentrationslager, über die Kriegführung und Besatzungspolitik in Ost- und Südosteuropa gaben Anlass genug. Während des Vormarsches konnten sich die Soldaten bei der Befreiung der Konzentrationslager selbst ein Bild machen; darauf ist sogleich zurückzukommen. Die öffentliche Meinung suchte die Ursache in der Entwicklungsgeschichte des deutschen »Nationalcharakters«. Wenngleich deutsche Emigranten dagenhielten, war man in Großbritannien und den Vereinigten Staaten davon überzeugt, dass die Gründe für die Gräueltaten in der deutschen Geschichte seit der Zeit des preußischen Königs Friedrich II. zu suchen seien. Untertanengeist, Machtbesessenheit, Antisemitismus: diese Charaktereigenschaften schienen die Verbrechen als typisch deutsche Untaten zu erklären.

Nach der Besetzung sollten die angelsächsischen Armeeangehörigen deshalb auch Distanz zu den Deutschen halten. So ließ der britische Militärgouverneur Bernard L. Montgomery die Bewohner der britischen Zone am 10. Juni 1945 wissen, dass die englischen und amerikanischen Soldaten auf Befehl handelten, wenn sie die Grüße der Deutschen nicht erwiderten. Und zwar gehe es darum, den Deutschen eine Lehre zu erteilen, »nicht nur, daß Ihr besiegt seid – das würdet Ihr schließlich erkannt haben – sondern, daß Ihr, daß Euer Volk, auch am Ausbruch dieses Krieges schuldig ist. Wenn dies nämlich nicht Euch und Euren Kindern klargemacht wird, würdet Ihr Euch vielleicht noch einmal von Euren Führern betrügen und in einen dritten Krieg stürzen lassen. Während des Krieges verheimlichten Eure Führer vor dem deutschen Volk das Bild, das Deutschland der Außenwelt bot. Viele von Euch scheinen gemeint zu haben, daß Ihr mit unseren Soldaten, sobald sie zu Euch gelangten, gut Freund sein könntet, als ob nichts Außergewöhnliches geschehen wäre. Dafür aber ist zuviel geschehen.«[266]

Ähnlich hieß es bald darauf im Potsdamer Abkommen, dass nun »das deutsche Volk [anfängt], die furchtbaren Verbrechen zu büßen, die unter der Leitung derer, welche es zur Zeit ihrer Erfolge offen gebilligt hat und denen es blind gehorcht hat, begangen wurden«. Zugleich stellten Truman, Churchill und Stalin jedoch klar, dass sie nicht beabsichtigten, »das deutsche Volk zu vernichten oder zu versklaven«.[267] Das richtete sich auch gegen die durch NS-Propaganda verstärkte Wirkung des so genannten Morgenthau-Plans, jener im August und September 1944 nach dem amerikanischen Finanzminister Henry Morgenthau benannten Überlegung, Deutschland nach der Kapitulation in ein Agrarland umzuwandeln – eine Idee, die indes bereits am 1. Oktober 1944 wieder aufgegeben worden war.

Montgomery sprach nicht ausdrücklich von »Kollektivschuld«. In der juristischen Aufarbeitung der Kriegsverbrechen spielte denn auch der Gedanke einer kollektiven Verantwortung aller Deutschen keine Rolle. Vor Gericht ging es um den Nachweis individueller Schuld, auch dort, wo die Zugehörigkeit zu bestimmten Gruppen die Voraussetzung der Anklage bildete. Ebenso wenig diente die Kollektivschuldthese als politische Leitlinie der Besatzungsherrschaft. Über ihre moralische Dimension dagegen entbrannte die Debatte in den frühen Nachkriegsjahren. Dass es eine besondere, gemeinsame Verantwortlichkeit aller Deutschen gab, daran ließen die Alliierten keinen Zweifel. Das wurde den Deutschen schnell deutlich, als die Verbündeten sie mit den Verbrechen konfrontierten: mit den Leichen in den Konzentrationslagern ganz unmittelbar oder mittelbar durch die fotografische Dokumentation.

Der Anblick der KZ-Verbrechen

Die Alliierten hielten die Befreiung der Lager in Bildern fest. Sie dokumentierten mit Fotografien und Filmen die schrecklichen Szenen, die sich ihnen nach dem Betreten der Konzentrationslager boten: Leichenberge, Massengräber, abgemagerte Überlebende auf Pritschen oder hinter Stacheldraht, Stapel von Koffern, Brillen und Haaren, Lagertore, Wachtürme und Baracken. Die Bilder wurden der deutschen Öffentlichkeit seit 1945 gezeigt; innerhalb eines Monats nach dem Tag der Kapitulation sah sich nahezu jeder Deutsche mit den Berichten und Fotografien von Konzentrationslagern konfrontiert. Die Bildmotive sind seitdem ein fester Bestandteil des kollektiven Bildgedächtnisses der Deutschen, sie sind längst »Ikonen der Vernichtung«.[268]

Einheiten der Roten Armee hatten im Sommer 1944 die ersten Konzentrations- und Vernichtungslager in Polen erreicht. Belzec, Sobibor und Treblinka hatten die SS-Wachmannschaften schon 1943 aufgelöst; im Juli 1944 war Majdanek geräumt worden, wenige Monate später auch Auschwitz. Hier befanden sich am Tag der Befreiung, am 27. Januar 1945, noch lediglich 7650 kranke Häftlinge. Das Vorrücken der sowjetischen Truppen hatte das Signal gegeben für die Evakuierung der Häftlinge in Richtung Westen, die so genannten Todesmärsche, auf denen Zehntausende in den letzten Kriegswochen sterben sollten. Die Bilder, die Kameramänner der Roten Armee von der Befreiung Majdaneks gemacht hatten, fanden im Westen vor allem wegen des Vorrückens der US-Truppen, wohl auch wegen der Skepsis gegenüber Nachrichten aus der UdSSR, kaum Interesse. Umgekehrt tat die sowjetische Seite nicht viel, um die Aufnahmen aus Auschwitz in der Weltpresse zu platzieren; das Kriegsende beherrschte zudem die Schlagzeilen.

Hingegen fanden die Berichte und Aufnahmen der Briten und Amerikaner vom April und Mai 1945 ein Massenpublikum, nicht zuletzt in Großbritannien und den Vereinigten Staaten. Sie rechtfertigten die zurückliegenden Kriegsanstrengungen, unterstrichen den eigenen moralischen Sieg und prägten die Wahrnehmung deutscher Schuld. In der unmittelbaren Nachkriegszeit wurden fast ausschließlich diese Fotos veröffentlicht, nicht die sowjetischen. Seit ihrem Vormarsch in Italien 1943 waren britische und amerikanische Truppen auf Konzentrationslager gestoßen. Im November 1944 stießen sie im Elsass auf das verlassene Lager Natzweiler/Struthof; seit März fanden sie Kriegsgefangenen-, Fremdarbeiter- und Konzentrationslager mit Tausenden von Toten und Überlebenden. Was die Soldaten am 11. April in Buchenwald, am 15. April in Bergen-Belsen und am 29. April in Dachau vorfanden, übertraf die schlimmsten Befürchtungen. Die schockierten Soldaten reagierten mit Entsetzen, Abscheu und Mitleid, so auch in Gardelegen, wo sie in einer Scheune die verkohlten Leichen von Häftlingen gefunden hatten, die auf dem Evakuierungsmarsch verbrannt worden waren.

Außer den gewöhnlichen Soldaten hielten vor allem Berufsfotografen die Eindrücke im Bild fest. Über 550 Schriftsteller, Reporter, Fotografen und Kameramänner waren im Sommer 1944 bei den westalliierten Streitkräften akkreditiert. Zu den bekannten Kriegsberichterstatterinnen gehörten Margaret Bourke-White, die für das amerikanische Magazin »LIFE« eine Bilderserie zusammenstellte, und Lee Miller, deren Bilder im Modejournal »Vogue« erscheinen sollten.[269]

Für die deutschen Betrachter sollten die Abbildungen eine klare Funktion im Zuge der Umerziehung haben. Denn die Sieger projizierten ihre Vorstellung auf die Wahrnehmungsweise der Besiegten: Wer die Leichen sieht, könne an dem verbrecherischen Charakter des NS-Regimes keinen Zweifel hegen. Das Kriegsende bedeutete deshalb für jene Deutschen, die in der Nähe von Orten wohnten, an denen man auf Leichenberge gestoßen war, die unmittelbare Gegenüberstellung mit den Gräueln. Der Bürgermeister, die ehemaligen Mitglieder der NSDAP, Männer und Frauen der Gemeinde wurden durch die Lager geführt, an offenen Massengräbern und Krematorien entlang, bevor die Leichen wegen der Epidemiegefahr begraben werden mussten – wozu manchmal die deutsche Zivilbevölkerung gezwungen wurde. Soldaten und Journalisten hielten die unfreiwillige Besichtigung des Tatorts fotografisch fest. Die Bilder dokumentierten freilich weniger die Reue der Betroffenen als ihren Gehorsam, mit dem sie den Aufforderungen der Alliierten Folge leisteten.[270]

Die Massenmedien sollten die Fotos einer breiten Öffentlichkeit vermitteln. Die Informationspolitik der Alliierten folgte dabei dem Grundsatz, auf interpretierende Kommentare zu verzichten und die Verbrechen durch Fotografien (und Augenzeugenberichte) möglichst objektiv zu präsentieren, um dem Eindruck einer irreführenden Gräuelpropaganda entgegenzuwirken. Den Deutschen sollten die bloßen Fakten vor Augen geführt werden, so dass sie an den Tatsachen der jüngsten Vergangenheit nicht mehr vorbeisehen und die Verbrechen nicht als Agitation abtun konnten. Das Begreifen der Wahrheit galt als Voraussetzung dafür, dass die Deutschen ihre moralische Schuld an den Verbrechen bestürzt anerkannten. Die Dokumente waren Überzeugungsmittel und, in juristischer Hinsicht, Beweismaterial. Die Fotos erschienen in Armeegruppenzeitungen, in Schaufenstern, auf Plakaten und Schautafeln. Vor allem Fotoplakate dienten auf öffentlichen Plätzen, an Mauern und Anschlagtafeln als frühes Kommunikationsmittel zwischen Besatzern und Besetzten. »Diese Schandtaten: Eure Schuld!«, lautete die Überschrift eines der bekanntesten Plakate, das Fotografien aus Konzentrationslagern zeigt: Tote in einem Eisenbahnwaggon, einen Stapel Leichen, einen Überlebenden, ein Massengrab, Soldaten vor einer Reihe verbrannter Leichname, verkohlte Leichen. An der Mitverantwortung der Deutschen für diese Verbrechen ließ das Plakat ausdrücklich keinen Zweifel.

Die Bilder wurden zugleich in Broschüren verbreitet. So hieß es zum Beispiel im Vorwort des Heftes »KZ – Bildbericht aus fünf Konzentrationslagern«, das 44 Aufnahmen aus Buchenwald, Bergen-Belsen, Gardelegen, Nordhausen und Ohrdruf enthielt: »Alle Deutschen aber müssen die volle Wahrheit erfahren. Sie müssen sich der Schwere der Verbrechen bewußt werden, die in ihrer Mitte, in ihrem Namen, mit ihrer Duldung begangen wurden. Sie werden dann begreifen, daß die Welt das deutsche Volk von der Mitschuld nicht freisprechen kann.«[271] Die Broschüre, die in mehreren Hunderttausend Exemplaren vertrieben wurde, zeigte auch die Einwohner der umliegenden Kommune bei den Aufräum- und Bestattungsarbeiten. Über die Leichen hinweg ging der Blick des Betrachters auf die deutschen Zivilisten – deutlicher hätte sich die Anklage kaum darstellen lassen können. Auch die britisch-amerikanische »Wochenschau« und das Radio berichteten über die grauenerregenden Funde.

Die Bilder zeigten abgemagerte, apathische Überlebende, steinerne Verbrennungsöfen, übereinander geworfene, halb bekleidete Tote, aufeinander geschichtete Skelette. Leichen und Krematorien bildeten ein wiederkehrendes Motiv, das den ehemaligen Gegner ein für alle Mal als die Verkörperung des Bösen entlarvte. Dem Bild der Öfen entsprach oft die Rede von der »Hölle«. Dabei konnte leicht in Vergessenheit geraten, dass die Öfen *nicht* das eigentliche Mordinstrument, sondern das Mittel waren, die Leichen zu vernichten. Im Gegensatz zu den Massen an Toten eigneten sich einzelne Überlebende dazu, als Opfer des Nationalsozialismus dargestellt zu werden, die von den Alliierten befreit worden seien. Häufig befand sich mindestens ein alliierter Soldat mit auf dem Bild, um die Authentizität der Aufnahme zu bekräftigen. Als Betrachter der Fotos waren die Deutschen implizit im Bild; sie wurden als Schuldige für die Verbrechen vorgeführt, die das Bild durch die Aufnahme der Opfer belegte.

Die Fotografien und Filme der NS-Verbrechen, die sich die Deutschen nach Kriegsende ansehen mussten, lieferten indessen ein Zerrbild der Lager. Hannah Arendt wies Anfang der 50er Jahre zu Recht darauf hin, dass die Aufnahmen der Konzentrationslager »insofern irreführend sind, als sie Lager im letzten Stadium zeigen, im Moment des Einmarsches der alliierten Truppen. Vernichtungslager gab es in Deutschland selbst nicht, und alle Vergasungsanlagen waren zu diesem Zeitpunkt bereits demontiert. Andererseits ist gerade das, was auf die Alliierten so empörend wirkte und das Grauen der Filme ausmacht, nämlich die zu Skeletten abgemagerten Menschen, für die Konzentrationslager nicht typisch gewesen; Vernichtungen wurden systematisch durch Gas, nicht durch Verhungern betrieben. Der Zustand der Lager war eine Folge der Kriegsereignisse in den letzten Monaten (…)«[272]

Etwas anderes kam hinzu. Weil das Lager die zentralen Bildmotive für die Aufklärung der Deutschen lieferte, blieb der Holocaust ihrem Alltag auf merkwürdige Weise entrückt. Da es sich vornehmlich um die Frage drehte, was die Deutschen von den Lagern gewusst haben, blieb die alltägliche Dimension der Judenverfolgung und die Kenntnis des Einzelnen von Vorgängen in seinem persönlichen Umfeld im Hintergrund. Die Sprachbilder verstärkten zuweilen diese Trennung. Wo im Kommentar von Hölle, Inferno und Barbarei die Rede war, schien das Böse außerhalb der eigentlichen Zivilisation stattgefunden zu haben. Die Bilder gingen mithin an der Realität der Vernichtungslager ebenso vorbei wie an der Komplexität des Holocaust. Mehr noch: Die untypischen Leichenberge stellten das Massensterben in seiner abstrakten Form dar, während die Ermordung der einzelnen Personen, deren Lebensgeschichte man hätte erzählen können, nicht gezeigt wurde. Die Opfer der Vernichtung gerieten in der Wahrnehmung der Nachkriegszeit erneut zu Objekten.

Wie reagierten die Deutschen? Vor allem durch Meinungsumfragen und Analysen der alliierten Geheimdienste lassen sich Aussagen darüber treffen, welche Wirkung die Bilder entfalteten.[273] Es zeigte sich, dass die meisten Deutschen die vorgelegten Fakten akzeptierten und die Beweiskraft etwa der erwähnten KZ-Broschüre nicht in Frage stellten. Die Verbrechen schienen grundsätzlich bekannt zu sein – während umgekehrt das Bemühen der Alliierten um Aufklärung auf deutscher Seite Unkenntnis voraussetzte. Ein Schuldbekenntnis allerdings ging damit in der Regel nicht einher. Im Gegenteil dienten die Bilder dem Betrachter häufig als Beleg dafür, dass kleine, definierbare Gruppen, insbesondere die SS, Verbrechen begangen hatten, mit denen der »normale Deutsche« indes wenig zu tun hatte. Manch einer fühlte sich beim Anblick der Fotos von Leichenbergen an die Kampagne der NS-Propaganda erinnert, die 1943 nach der Entdeckung der Leichen Tausender polnischer Offiziere in Katyn gegen die Sowjetunion mobilisieren sollte. Viele Befragte erinnerten sich beim Anblick der Bilder an die Taten der Gegenseite, vor allem an die Bombardierung deutscher Städte und die Behandlung deutscher Soldaten, oder wiesen darauf hin, dass auch Deutsche im Krieg ihr Leben lassen mussten. In einer deutlichen Abwehrreaktion konstruierten die Betrachter eine Opfergemeinschaft, in der die Grenzen zwischen Tätern, Mitläufern und Opfern verschwammen. Indes zeugten die Verleugnungsstrategien stets von der Identifikation mit dem nationalen Kollektiv und einem persönlichen Unrechtsbewusstsein. Hätte es andernfalls der Abwehr bedurft? Im Ausland vermittelten die Fotos ein Bild von Nachkriegs-Deutschland, das in seiner Gegenüberstellung von Gut und Böse weiterhin dem Freund-Feind-Denken entsprach. Eine Ausnahme dagegen blieben Aufnahmen von Ruinen, Flüchtlingen, deutschen Kriegsgefangenen oder hungernden Zivilisten, die das Elend der deutschen Bevölkerung belegt hätten.[274]

Den Vorwurf der Kollektivschuld mussten deutsche Betrachter vor allem dann empfinden, wenn sie auf Fotos blickten, auf denen die Tat, nicht aber der Täter und der Tatort zu erkennen war. Wo niemand als Schuldiger vorgeführt wurde, waren alle schuldig. Das erwähnte Plakat: »Diese Schandtaten: Eure Schuld!« formulierte den Vorwurf an alle noch zusätzlich. Um sich schuldig zu fühlen, war die Information über das Ausmaß der Verbrechen nicht erforderlich. Es reichte die persönliche Kenntnis eines Unrechts für die mögliche Einsicht, Teil eines verbrecherischen Regimes gewesen zu sein.

Die Anklage des Exils

Nicht nur die Toten klagten an, nicht nur die Alliierten, sondern auch jene Deutschen, die im Exil die Jahre der Diktatur und des Krieges überlebt hatten. Die öffentliche Debatte über die Alternative von Exil und »Innerer Emigration« formte einen weiteren Zusammenhang, in dem über die deutsche Schuld nachgedacht wurde. Die Exilanten klagten an und wurden selbst angeklagt.

Viele Remigranten mussten schnell feststellen, dass es nicht reichte, zu den Verfolgten der Nationalsozialisten gehört und im Ausland die moralische Integrität gewahrt zu haben. Im Gegenteil. Zum einen ließ der Vergleich der eigenen Existenzunsicherheit in den Besatzungszonen mit dem gesicherten Dasein wohlsituierter Emigranten etwa im kalifornischen Palisade Paradise Neid aufkommen. Sicher, die Manns waren keineswegs ein typischer, wohl aber der bekannteste Fall einer Familie, die Deutschland in den 30er Jahren verlassen hatte. Voller Selbstironie sprach deshalb der Schriftsteller Oskar Maria Graf, der 1933 über Österreich, die Tschechoslowakei und die UdSSR in die USA emigriert war, von den »Hitlerfrischlern«, von Menschen mithin, die in den Augen der Daheimgebliebenen dank Hitler die Kriegsjahre im Erholungsurlaub verbracht hätten. Zum anderen reagierten die meisten mit einer deutlichen Abwehrhaltung, insbesondere gegenüber jenen, die wie Thomas Mann meinten, über die Schuld der Daheimgebliebenen sprechen und von ihnen ein Schuldbekenntnis, eine Entschuldigung gar erwarten zu können, oder die wie Erika Mann die politische Umerziehung der Deutschen verlangten.

In weiten Teilen der Nachkriegsgesellschaft galten die Emigranten nicht als Leidtragende, die Deutschland hatten verlassen müssen, um sich und ihre Familie vor der Verfolgung und möglichen Ermordung zu retten, sondern als gewissenlose Menschen, die ihre Heimat und ihr Volk in schweren Zeiten im Stich gelassen hatten. Das Argument zeugt von einer nationalen Grundhaltung. Nicht das Einzelschicksal zählte, sondern das Los der »Volksgemeinschaft«, das ein jeder Deutscher mitzutragen habe – ungeachtet seines persönlichen Risikos. Wer zu Hause geblieben war, griff gerne auf dieses Deutungsmuster zurück, konnte er doch von sich behaupten, dem Vaterland treu geblieben zu sein. Die Opfer des NS-Regimes dagegen wurden als Verräter an der nationalen Sache bezeichnet und mit Misstrauen, ja Hass bedacht. Durch diese Verkehrung der Verhältnisse ließ sich die eigene Schuld auf andere projizieren: auf eine kleine, bekannte Gruppe, die nunmehr, so die Grundannahme, seit geraumer Zeit außerhalb der deutschen »Volksgemeinschaft« stehe, die sich obendrein auf der Seite der Sieger befinde und diese womöglich durch ihre Analysen der deutschen Gesellschaft aufgestachelt habe. In dem Maße, wie sich die Deutschen aufgrund ihrer spezifischen Kriegserfahrung – des Bombenkrieges, der Flucht und Vertreibung sowie der Not in der Nachkriegszeit und der Entnazifizierung – als die eigentlichen Opfer begriffen, wurde die Schuld umgekehrt. Die Emigranten hatten, wie es Walter von Molo in seinem Offenen Brief an Thomas Mann formulierte, den angenehmeren Weg gewählt, als sie »von den Logen und Parterreplätzen des Auslandes aus dem deutschen Unglück zuschauten«.[275] Für den Fall einer Rückkehr sollten sie deshalb auch nicht mit Privilegien rechnen können. Als Voraussetzung ihrer Wiedereingliederung forderte Mitte 1947 der Mitherausgeber der »Süddeutschen Zeitung«, Werner Friedmann, vielmehr die Bereitschaft, als einfache Angehörige des deutschen Volkes mit diesem Sühne zu leisten – auch das ein nationalistisches Argument.[276]

Die öffentliche Auseinandersetzung mit Thomas Mann ging über eine literarische Debatte weit hinaus. Mann war während des Krieges durch seine Rundfunkansprachen im englischen Sender BBC allgemein bekannt geworden, so dass er in Deutschland wie auch im Ausland als der wichtigste Vertreter des »anderen Deutschland« angesehen wurde, der sich nicht lautlos in die Nachkriegsgesellschaft einfügen mochte. Nach der Kapitulation schrieb der Schriftsteller zudem Offene Briefe und wandte sich in einer Rundfunkbotschaft an die Deutschen, die am 9. Mai 1945 in den Mitteilungen der Alliierten 6. Heeresgruppe für die deutsche Zivilbevölkerung nachgedruckt wurde.[275]

In der Lizenzpresse stritten vor allem deutsche Literaten wie Walter von Molo und Frank Thieß, die Deutschland nicht verlassen und sich in Schweigen gehüllt hatten, mit Mann über den Gegensatz von Exil und »Innerer Emigration«. 1945 forderte ihn Molo öffentlich auf, nach Deutschland zurückzukehren. Mann lehnte die Aufforderung am 7. September 1945 jedoch ab, hielt er es doch für naiv zu glauben, man könne nach zwölf Jahren NS-Herrschaft so weitermachen, als wäre nichts geschehen. Zwischen ihm, der den »Hexensabbat« von außen beobachtet habe, und jenen, die »mitgetanzt« hätten, würde die Verständigung schwierig sein. Kritische Interviews in England 1947 verstärkten die allgemeine Ablehnung in der deutschen Bevölkerung, die ihm vorhielt, nach jahrelanger Abwesenheit kein Gespür mehr für die Gefühle und Belange des eigenen Volkes zu besitzen. Wenn jemand den Deutschen nach dem Krieg etwas zu sagen hatte, dann, so lautete die weit verbreitete Auffassung, war das ein Schriftsteller, der die Mühsal der jüngsten Vergangenheit mitgetragen hatte, wie etwa Ernst Wiechert. Keine Spannungen gab es dort, wo Emigranten unmittelbar nach Kriegsende zurückkehrten, um sich in erster Linie am politischen Aufbau zu beteiligen. Der Sozialdemokrat Max Brauer, der nach seiner Rückkehr aus den USA in Hamburg am 15. November 1946 zum Bürgermeister gewählt wurde, ist hierfür ein Beispiel.

Der Heidelberger Philosoph Karl Jaspers, der von 1933 bis 1945 Lehrverbot hatte, versuchte ein Jahr nach Kriegsende, den schillernden Schuldbegriff zu präzisieren und die Diskussion weiterzuführen. In seiner einflussreichen Schrift »Die Schuldfrage«, die auf seine Vorlesungen zurückging, unterschied Jaspers zwischen krimineller, politischer, moralischer und metaphysischer Schuld, betonte jedoch zugleich, dass diese Facetten im konkreten Fall durchaus zusammenhängen könnten. Die kriminelle Schuld ließ sich eindeutig bestimmen. Sie war durch das Strafrecht definiert und wurde vor Gericht festgestellt. Die politische Schuld ergab sich für Jaspers aus der gemeinsamen Verantwortung der Regierenden *und* der Regierten für das staatliche Handeln, über das andere, siegreiche Staaten im Rahmen des Völkerrechts und allgemeiner Gerechtigkeitsvorstellungen urteilten. Dieser kollektiven Schuld stellte der Existenzphilosoph die moralische Schuld des Individuums gegenüber. Jeder Mensch sei stets für sein Handeln selbst verantwortlich. Das Urteil sprach in diesem Fall das eigene Gewissen. Schließlich wies Jaspers darauf hin, dass es eine metaphysische Schuld geben könne, die aus der Solidarität aller Menschen erwachse. Unabhängig von der Zugehörigkeit zu einer Nation oder Klasse fühle sich jeder Mensch verantwortlich für die Ungerechtigkeiten auf der Welt, vor allem dann, wenn sie mit seinem Wissen geschehen. Wo diese Ungerechtigkeiten nicht bekämpft werden könnten, entwickle das Individuum als gesellschaftliches Wesen Schuldgefühle. Die vage Vorstellung einer »Kollektivschuld« dagegen wies Jaspers zurück – schon deshalb, weil sie die Klärung individueller Schuld behindere.[278]

Jaspers' Hoffnung auf eine differenzierte Auseinandersetzung mit der Schuldfrage wurde jedoch enttäuscht. Für Aufsehen, nicht aber für Klarheit sorgte beispielsweise die Stellungnahme der Evangelischen Kirche Deutschlands (EKD). Vor der Rückkehr der evangelischen Deutschen in die christliche Weltgemeinschaft stand nach christlichem Verständnis die Reue. Der Rat der EKD hatte sich mit Vertretern des Ökumenischen Weltrates darauf geeinigt, dass sie nach einem öffentlichen Schuldbekenntnis auf Vergebung hoffen konnten – und auf Unterstützung für den Wiederaufbau der protestantischen Kirche in Deutschland. In dem Schuldbekenntnis vom 18./19. Oktober 1945 hieß es: »Durch uns ist unendliches Leid über viele Völker und Länder gebracht.« Zwar wurde der Widerstand einiger Christen betont, »aber wir klagen uns an, daß wir nicht mutiger bekannt, nicht treuer gebetet, nicht fröhlicher geglaubt und nicht brennender geliebt haben«.[279] Es ging um Schuld als theologische Kategorie, nicht jedoch um das historische Verständnis und seine sozialen Folgen. Die Verfolgung der Juden fand keine Erwähnung. Im Allgemeinen schwiegen sich die Kirchen als Institutionen weiterhin über das christlich-jüdische Verhältnis aus. Erst die Synode in Weißensee 1950 bekannte sich zu einer Schuld in der »jüdischen Frage«.

Zu den Befürwortern eines Schuldeingeständnisses zählte Martin Niemöller, der als Mitglied der Bekennenden Kirche und Widersacher Hitlers selbst mehrere Jahre im Konzentrationslager Dachau zugebracht hatte. Auch er sah sich in der gemeinsamen Verantwortung, hielt das Bekenntnis für den ersten Schritt zur Umkehr und drängte seine Landsleute, angesichts von Millionen Ermordeter aus ihrer Mitte die Schuld nicht zu verdrängen. Während einer Predigt in Herford im Mai 1946 – der Nürnberger Prozess dauerte noch an – warf Niemöller die Frage auf, wie die Deutschen mit dem kaltblütigen Massenmord an 6 Millionen Juden umgehen sollten.[280] So viel Offenheit blieb jedoch die Ausnahme. Die große Mehrheit der Deutschen verurteilte das Schuldbekenntnis der EKD als eine moralische Niederlage vor den Siegermächten.

Kollektive Unschuld

Wer nach Kriegsende eifrig damit beschäftigt war, den angeblichen Kollektivschuldvorwurf empört von sich zu weisen, machte sich über die individuelle und metaphysische Schuld im Sinne Jaspers' wenig Gedanken. Wo die Amerikaner Schuldgefühle zu wecken suchten, um die Deutschen zu friedlichen Menschen zu erziehen, glaubten diese an feindliche Vergeltungsmaßnahmen und reagierten abwehrend. Mit welchen Argumenten wiesen sie die Schuld zurück? Je nach politischer Auffassung, konfessioneller Zugehörigkeit, aber auch der Erfahrung von Krieg und Besatzung fiel die Wahl anders aus. So oder so formierten sich die Deutschen mehrheitlich als »Unschuldsgemeinschaft«.[281]

Erstens wurde die Schuld gerne allein Hitler und seiner verbrecherischen Clique zugerechnet. So kam es nach 1945 zu einer eigenwilligen Neufassung des Führer-Mythos. Die Nürnberger Prozesse, in denen die »Hauptkriegsverbrecher« verurteilt wurden, waren zwar ein Ereignis, das die amerikanische Information Control Division (ICD) propagandistisch zu nutzen wusste, um das Schuldbewusstsein der Deutschen zu wecken.[282] Nur: Das Verfahren bestätigte sie fatalerweise in ihrer Auffassung, dass allein eine Bande von Kriminellen die Verantwortung für Verbrechen zu tragen habe. Mit ihrer Hinrichtung schien auch diese Schuld aus der Welt geschafft zu sein. Wo Deutsche mitgewirkt hatten, sahen sie sich als Befehlsempfänger, die sich außer ihrer Loyalität nichts vorzuwerfen hatten.

Ganz im Gegenteil hielt sich, zweitens, die große Mehrheit für das eigentliche Opfer. Das Leid, das die Deutschen, die deutschen

Frauen vor allem, an der »Heimatfront« erduldet hatten, schuf die erfahrungsgeschichtliche Grundlage für diese Selbsteinschätzung. Das subjektive Leid während des Krieges und der Besetzung schob sich vor das Mitgefühl mit den Verfolgten und Ermordeten des NS-Regimes.

Zum einen wirkten die Vergewaltigungserfahrungen lange nach: in der Biographie der Betroffenen, aber auch im öffentlichen Diskurs der Nachkriegszeit. Im Mai 1945 notierte die Journalistin Margret Boveri das Alltägliche noch kurz und bündig in ihrem Tagebuch: Ein »verschmutztes nettes Mädchen«, das sie getroffen hatte, »war 14 Tage in russischer Gefangenschaft, wurde da zwar vergewaltigt, aber gut ernährt«.[283] Ein, zwei Jahre später, als die Männer aus der Kriegsgefangenschaft zurückkehrten, wichen derartige beiläufige Bemerkungen einer Erzählung, in der Verzweiflung und Scham vorherrschten – sofern überhaupt noch von Vergewaltigung die Rede war. Die öffentliche und private Erwartung begünstigte, ja erforderte die Selbststilisierung zu einem Opfer der feindlichen Soldateska.

Zum anderen waren es vor allem die traumatischen Erfahrungen der »Terrorangriffe«, auf die der Einzelne seine Erinnerung stützte. Nachdem die deutsche Luftwaffe zu Beginn des Krieges und in der »Luftschlacht um England« 1940/41 Städte wie London und Coventry systematisch zerstört hatte, waren nach 1941 deutsche Städte dem Flächenbombardement durch englische und amerikanische Flugzeuge ausgesetzt. Aufgrund des außergewöhnlichen Maßes der Vernichtung blieben zwei Angriffe nach 1945 besonders schmerzhaft in Erinnerung. Zwischen dem 25. Juli und dem 2. August 1943 starben etwa 40 000 Menschen im Bombenhagel und durch den »Feuersturm«, der durch die Straßen Hamburgs tobte. Die Bombardierung Dresdens am 13. und 14. Februar 1945, bei der etwa 35 000 Menschen getötet wurden, sollte sich ebenso tief in das kollektive Gedächtnis einbrennen. Knapp ein Drittel der 80 Millionen Deutschen hatte in Großstädten mit mehr als 100 000 Einwohnern gewohnt und die physischen wie psychischen Auswirkungen des Bombenkriegs erlebt. Die deutsche Erfahrung von massenhaftem Tod und von Todesangst im Zweiten Weltkrieg hatte hier eine zentrale Wurzel. Im Gegensatz zu den Fronterlebnissen der Männer ließ sie sich auch nicht nachträglich mit Sinn versehen und dadurch erträglicher machen. Umso mehr stärkten die flächendeckenden Bombenangriffe unter den Deutschen das Gefühl, selbst unschuldige Opfer zu sein.

Die Erinnerung an Hunderttausende anderer Deutscher: an Juden, Kommunisten, Behinderte, »Asoziale«, politische Gefangene, die zu den wahren Opfern des Regimes zählten, wurde durch die Leidensgeschichten, die vor allem die Frauen erzählten, ebenso übertönt wie der Gedanke an die Opfer des nationalsozialistischen Angriffs- und Vernichtungskrieges in Europa. Die Erinnerung förderte das Vergessen. Das Blickfeld der Kriegserinnerung wurde selten mit Bedacht eingeengt, sondern aufgrund der Tatsache, dass die eigenen dramatischen, zum Teil traumatischen Erfahrungen wie selbstverständlich im Zentrum standen. Die Bombennächte, die Evakuierung und Flucht, die Vergewaltigungen: diese Erfahrungen und nicht die Arbeit in der Rüstungswirtschaft oder in den NS-Organisationen schufen die »Heimatfront«, an die jene Frauen dachten, die nicht selbst zu den Verfolgten gehört hatten. Mit der selektiven Erinnerung an den Schmerz verband sich der Stolz auf die eigene Leistung, den Widerständen getrotzt und überlebt zu haben.

Drittens war deshalb der Schritt zur Schuldumkehr schnell getan. Statt eines individuellen Schuldeingeständnisses wurde der kollektive Schuldvorwurf an die Adresse der Alliierten erhoben. Versailles, Weltwirtschaftskrise, Appeasement-Politik: so lauteten die Versatzstücke einer Erklärung von Krieg und Nationalsozialismus, die in dem Vorwurf mündete, dass erst das Ausland Hitlers Aufstieg zugelassen habe. Die Liste der Verfehlungen reichte über 1945 hinaus in die zeitgenössische Gegenwart: Bestimmten nicht der Morgenthau-Plan und die Wut über die

Kriegsverbrechen die Besatzungspolitik, wie sie zunächst in der Direktive JCS 1067 definiert worden sei? Hatten nicht die Staatschefs in Potsdam die Vertreibung der Deutschen aus dem Osten gebilligt? Weigerten sie sich nicht beharrlich, einen Beitrag zu der materiellen Entschädigung der Opfer zu leisten oder sich an den Kosten für die Integration der Flüchtlinge und Vertriebenen zu beteiligen? Und hatten sich nicht vor allem die Amerikaner der Kollektivschuldthese bedient, um die gegen alle Deutschen gerichteten drakonischen Maßnahmen zu rechtfertigen?[284] Die Nachkriegsgesellschaft mit ihrem Drangsal, der Besetzung, der Versorgungs- und Wohnungsnot und der Prozedur der Entnazifizierung lieferte ihrerseits den Stoff für Deutungen der 40er Jahre, in denen die Deutschen nicht als Täter oder Mitläufer, sondern als Opfer auch der Besatzungsherrschaft der Alliierten im Mittelpunkt standen. Die Kriegsgefangenenproblematik sollte dann in der ersten Hälfte der 50er Jahre den Eindruck bekräftigen, dass die Deutschen zu den Kriegsopfern zu zählen seien.

Viertens entwarfen deutsche Bildungsbürger, nicht zuletzt die Historiker, kunstvolle Gedankengebäude, in denen die Deutschen Schutz vor pauschalen Schuldvorwürfen suchen konnten. Historiker wie Friedrich Meinecke, Gerhard Ritter (der erste Vorsitzende des Verbandes der Historiker Deutschlands nach 1945) und Ludwig Dehio (der Herausgeber der Historischen Zeitschrift) versuchten nachzuweisen, dass der jüngste Verlauf der deutschen Geschichte kein Sonderweg sei, sondern einer allgemeinen Entwicklungslinie folge, die sie kulturpessimistisch als Verfall der abendländischen Werte beschrieben – von diesem Deutungsmuster war bereits die Rede. Deutschland war dann nur das erste Opfer; die Katastrophe zeitigte eine kathartische Wirkung. Nicht obwohl, sondern weil sie die Erfahrung des Dritten Reiches und des Krieges machen mussten, hatten die Deutschen der Welt auch nach 1945 etwas mitzuteilen.[285]

Die bildhafte Sprache der Intellektuellen zeugte von der

Skepsis gegenüber rationalen Erklärungsversuchen und deutete bereits darauf hin, dass es weniger um nüchterne Analyse als um philsophisch-moralische Höhenflüge ging. Die Rede war von der »deutschen Katastrophe« (Meinecke), von Abgrund und Apokalypse, die deutsche Vergangenheit geriet zu einer Tragödie mit unvermeidlichem Ausgang.

Zwischen 1933 und 1945 waren die Deutschen, so lautete ein häufiges Erklärungsmuster, in einer Art kollektiver Psychose gefangen, von dämonischen Kräften besessen. Das Phänomen der Vermassung, das in diesem Zusammenhang herhalten musste, wurde an anderer Stelle bereits erläutert. Jedenfalls schien der Krieg die ohnehin brüchig gewordene Kultur des Abendlandes endgültig in Frage gestellt zu haben. Was war von dem humanistischen Weltbild übrig geblieben, das sich aus der Antike, dem Christentum und dem germanisch-römischen Europa speiste? Gab es nach dem nationalsozialistischen Krieg überhaupt noch eine solche Kultur? Welche Rolle spielten die Träger dieser Kultur, die Bildungsbürger? Hier ging es nicht zuletzt um die Identität derer, die sich etwa als Herausgeber und Autoren der politisch-kulturellen Publizistik an der Diskussion über die Schuldfrage beteiligten.[286] Kein Wunder, dass Johann Wolfgang von Goethe als die Verkörperung des humanistischen Ideals so große Aufmerksamkeit erhielt. Goethe sollte als Richtschnur für das Unterfangen dienen, die moralischen Trümmer beiseite zu räumen, die sittlichen Grundlagen wiederherzustellen und Moral und Macht wieder zusammenzuführen. Indes, die Politik bestimmte eine solche Haltung kaum – sieht man von Männern wie Theodor Heuss und Carlo Schmid einmal ab.

Hatten die Deutschen von den Vernichtungslagern gewusst? Diese Kernfrage der Umerziehungspolitik zu verneinen half, mit der Vergangenheit fertig zu werden. Das Problem erschöpfte sich jedoch nicht in dieser Frage. Entscheidend war vielmehr, ob und wie die Deutschen auf die antisemitische Politik reagierten, deren Zeuge sie im Alltag wurden, und welches Ausmaß antisemitische Haltungen und Handlungen gegen Ende des Krieges annahmen, als die Verbrechen, die vor allem im Osten begangen wurden, zum Gegenstand alltäglicher Gespräche wurden. So waren die Bombenangriffe der Alliierten ja durchaus als Antwort auf den Terror der Deutschen gegen die Juden verstanden worden, welche die Propaganda wiederum für die Situation verantwortlich machte. Der ältere Topos von den Juden als »Deutschlands Unglück« erfuhr eine bizarre Neuauflage, wo nach 1945 die Schuldfrage auf die Frage nach den Ursachen für die Niederlage und für den Untergang des Reiches verengt wurde. Der nationalsozialistische Antisemitismus habe die Welt gegen Deutschland aufgebracht und zu seiner Niederlage geführt. Ohne die Juden hätte es mithin keine deutsche Katastrophe gegeben, lautete dann die verzerrte Interpretation.[287]

Zwar hatte sich 1945 ein Schuldgefühl geäußert (von der individuellen Scham zu schweigen), zwar wurde die jüngste Vergangenheit nicht von Anfang an verschwiegen oder verdrängt, zwar rangen Politiker und Intellektuelle bis 1947/48 um Klarheit – wenngleich mit schwammigen Kategorien. Doch schon bald setzte eine »Blockade gegen eine öffentliche Diskussion deutscher Schuld [ein], die sich zu jenem System der Lüge ausweitete, welches Beobachter wie Hannah Arendt so tief erschreckte«.[288] Einer der Gründe hierfür lag darin, dass schon bald nach Kriegsende alte Feindbilder wieder auftauchten, mit denen die Grenze zwischen Gut und Böse an anderer Stelle gezogen werden konnte.

Die Deutschen und »die Anderen«

Die Abgrenzung von »den Anderen«, vor allem der Antikommunismus, sollte besonders im Westen eine Gesellschaft zusammenschweißen, die unter den realen Lebensumständen wenig Verbindendes aufwies. Denn angesichts der Versorgungs- und Wohnungsnot bildete sich in den Westzonen nicht eine »stark nivellierte ›Notgemeinschaft‹«[289] heraus, sondern eine abgestufte Gesellschaft, die man treffender als »hochdifferenzierte Rationengesellschaft«[290] bezeichnen kann. Die Verzerrung der sozialen und wirtschaftlichen Verhältnisse vor allem durch den Schwarzmarkt, die Entwurzelung von Millionen Menschen, von Vertriebenen und Displaced Persons, provozierten den Neid der Mangelgesellschaft. Die andauernde Nahrungsnot, der »Schatten des Hungers«,[291] wirkte sich auf die Mentalität der Menschen aus. Die Not vereinte nicht nur, sie trennte die Deutschen durch die Mentalität des »Rette-sich-wer-kann«. Besonders betroffen fühlten sich die Flüchtlinge, weil sie feststellten, dass sie als Deutsche von Deutschen abgewiesen wurden.[292] Auch der Anstieg der Kriminalität, bedingt vor allem durch die wachsende Zahl der Eigentumsdelikte, kann als ein Symptom dieser sozialen Desintegration verstanden werden. Nicht nur die materielle Notlage, sondern auch der Zusammenbruch der tradierten Normen und die Schwierigkeit der Deutschen, sich mit dem neuen, von den Alliierten kontrollierten Regime zu identifizieren, trieben die Kriminalitätsrate nach 1945 in die Höhe.[293]

Entgegen der tatsächlichen Zerrissenheit, die durch die Verhärtung der politischen Fronten eine neue Dimension erhielt, beschworen vor allem die Politiker unterschiedlichster Couleur die Einheit des deutschen Volkes mit einer nationalen Rhetorik, die im Rückblick überraschen mag. Tatsächlich hatte der Nationalsozialismus den Nationalismus nach 1945 nicht diskreditiert, wie man angesichts seiner destruktiven Kraft im Zweiten Weltkrieg meinen könnte. Als Bestandteil des Nationalismus prägten überkommene, weit ins 19. Jahrhundert hineinreichende Vorstellungen von Volk und Vaterland, von nationaler Einheit und Ehre, von Nationalcharakter und Patriotismus die Deutungs- und Argumentationsmuster. Selbst- und Fremdbilder sorgten dafür, dass sich eine kollektive, auf die Nation bezogene Identität bewahren konnte. Dass diese Identität im Einzelfall stets eine Teilidentität neben anderen war, liegt auf der Hand.

Das schien in den historischen Erklärungsversuchen ebenso auf wie in den Abwehrstrategien gegen den vermeintlichen Vorwurf einer nationalen Kollektivschuld, vor allem in der Konstruktion einer deutschen Schicksals- und Opfergemeinschaft, in der Diskussion über die Emigranten oder in der Sorge vor einer Gefährdung der deutschen Moral durch den amerikanischen Kulturimport.[294] Eine negative Integration bewirkte schließlich auch die Opposition gegenüber den Besatzungsmächten, die auf die allgemeine Notlage zurückzuführen war. So erlebten im Sommer 1947 verschiedene Großstädte der westlichen Besatzungszonen erstmals nach dem Krieg Protestkundgebungen, die sich gegen die geringen Lebensmittelrationen und die Demontagepolitik der Alliierten richteten.[295] Vor allem: Je deutlicher sich die Bildung zweier deutscher Staaten abzeichnete, desto mehr diente die nationale Rede dem Zweck, die jeweiligen deutschlandpolitischen Ziele zu legitimieren und den politischen Gegner hüben wie drüben als einen Feind des Vaterlandes zu stigmatisieren. Das traf nicht zuletzt auf die »Westarbeit« der SED zu.

Im besetzten Deutschland sollte die Entnazifizierungspolitik nationalistische und rassistische Haltungen im Sinne einer demokratischen, toleranten Gesellschaftsordnung korrigieren. Dass die Demokratisierung zum Teil mit undemokratischen Mitteln betrieben wurde, nahm mancher Deutsche gerne zum Anlass, den westlichen Alliierten insofern eine prinzipielle Nähe zu den Nationalsozialisten nachzusagen – ganz offen oder versteckt. So versicherte eine Aachener Bibliothekarin gegenüber Stephen Spender, einem Mitglied der Alliierten Kontrollkommission, dass sie genau verstanden habe, was mit der Säuberung von Nazi-Literatur gemeint sei. Schließlich habe sie während des NS-Regimes jüdische und sozialistische Literatur in einem Spezialkeller verschließen müssen, weil sie nur noch von wissenschaftlichem Interesse gewesen seien. Diese Bücher brauche sie jetzt nur in die offenen Regale zu stellen und die Nazibücher wegzuschließen, weil nun *die* nur noch von wissenschaftlichem Interesse seien.[296]

Die nationale Identität der Deutschen, die am 8. Mai 1945 mit dem Untergang des Reiches den Nationalstaat als reale Bezugsgröße verloren hatte, speiste sich in der Nachkriegszeit freilich wie zuvor auch aus der Abgrenzung nach außen. Die Anderen: das waren zunächst die Angehörigen der Besatzungsmächte, das waren aber auch die Schwarzen, Juden und Kommunisten.

Die Siegermächte waren als die Feinde des Reiches von der nationalsozialistischen Propaganda entsprechend verteufelt worden. Der Kampf galt nicht nur dem jüdischen Bolschewismus, sondern erklärtermaßen auch dem Liberalismus der »Angloamerikaner«. Doch während die Propaganda einerseits tief verwurzelte antirussische und antisemitische Stereotypen abrufen konnte, reagierten die Deutschen andererseits auf das Erscheinen der amerikanischen und britischen Truppen mit einer gelassenen Erwartung. Nicht zuletzt hoffte man in bürgerlichen Kreisen, durch ihr Einrücken im Westen des Reiches vor dem Bolschewismus und den »asiatischen Horden« sicher zu sein.[297]

Hingegen bedeutete für viele Menschen die Besetzung 1944/45 auch das erste Zusammentreffen mit einem Schwarzen. Die Diffamierung des »Negers« hatte wie die des »slawischen Untermenschen« zu den rassistischen Formeln der NS-Propaganda gehört. Nach 1945 blieb der Begriff »Rasse« tabu. Mit ihm verschwanden benachbarte Schlüsselwörter der nationalsozialistischen Rassenideologie wie »Blut« und »Erbe« weitgehend aus der öffentlichen, vor allem der offiziellen und akademischen Diskussion. In Ost- und Westdeutschland stimmte zumindest die politische Führung darin überein, dass Rassismus mit der jeweiligen politischen Grundauffassung unvereinbar sei. Nur: War damit auch die rassistische Ideologie vom Erdboden verschwunden? Oder gab es auch hier Kontinuitätslinien, die aus der NS-Zeit in die Zeit nach der Befreiung führten?

Tatsächlich existierten auch nach dem Krieg Vorstellungen

vom »Anderssein« der Rassen, auch wenn sie nun in eine neue sprachliche Form gegossen wurden. Das lässt sich an der Reaktion der westdeutschen Bevölkerung auf die so genannten Mischlingskinder deutlich zeigen.[298] Wenngleich nicht einmal 2 Prozent der nichtehelichen Geburten im Jahr 1947 auf Kinder deutscher Mütter und farbiger alliierter Soldaten fielen, gab es eine anhaltende Debatte über ihren Status, der offensichtlich eine große symbolische Bedeutung besaß. Im öffentlichen Sprachgebrauch stand weiterhin der Begriff des »Mischlings« zur Verfügung. Hatte er als juristische Kategorie bis 1945 vor allem die Kinder so genannter Mischehen zwischen Christen und Juden bezeichnet, verlor er seine juristische Bedeutung und bezog sich nun überwiegend auf deutsche Nachkommen afroamerikanischer oder frankoafrikanischer Väter. Die etwa 1500 afrodeutschen Kinder (eine kleine Minderheit der insgesamt 21 000 Besatzungskinder) waren zumeist unehelich geboren, weil die amerikanische Militärregierung und die Rassengesetze in den Vereinigten Staaten die Eheschließung verboten. Jugendamt und Kirche rieten zur Adoption durch Schwarze in den USA, fürchteten sie doch, dass die Kinder spätestens nach dem Schuleintritt unter dem Rassismus der deutschen Gesellschaft zu leiden hätten.[299]

An ihrer Nationalität bestand im besetzten Deutschland kein Zweifel. Weil sie von deutschen Frauen geboren worden waren, galten die unehelichen farbigen Besatzungskinder als Deutsche – dem kulturellen Hinweis auf ihre »Fremdheit« zum Trotz. Als in den Westzonen Ehen zwischen den Besatzungssoldaten und deutschen Frauen zugelassen wurden, verhielten sich auch deutsche Behördenvertreter und Sozialarbeiter weniger ablehnend. Weiterhin wurde jedoch die sexuelle Beziehung zwischen Menschen unterschiedlicher Hautfarbe verurteilt, weil dabei eine Grenze überschritten wurde, die sich aus der Rassenzugehörigkeit ergebe. Hinzu kam vor der Währungsreform die Unterstellung, dass solche Beziehungen in der Regel mit der »Hungerprostitution« zu tun habe.

Was die Juden anging, konnte es keinen Zweifel geben: Die Besiegten hatten eine projüdische Haltung zu zeigen – zumindest gegenüber den Alliierten und den Juden. Im Sommer 1945 gehörte daher die öffentliche Forderung »zum guten Ton«, dass etwas für die überlebenden Juden getan werden müsse.[300] Das formale projüdische Bekenntnis war, wie auch das Bekenntnis zur Demokratie, schnell abgelegt und sicherte Anerkennung, ohne zu einem bestimmten Handeln zu verpflichten. Die meisten Betroffenen waren ohnehin nicht anwesend. Regen Besuch erhielten dagegen überlebende deutsche Juden, die um einen so genannten Persilschein angegangen wurden. Der Nachweis darüber, dass man im Dritten Reich mit einem Juden befreundet war, sollte eine nicht-nationalsozialistische Identität belegen. Der Romanist Victor Klemperer beispielsweise, der die letzten Wochen nach der Zerstörung von Dresden im Versteck überlebt hatte, notierte verärgert in sein Tagebuch: »Jeder hat gerade dem Juden Gutes getan, rechnet auf meine Hilfe. Es ist ekelhaft. Und es nimmt kein Ende.«[301]

Für einen nachhaltigen Wandel der Einstellung und die konkrete Hilfsbereitschaft war die Ausgangslage indes ungünstig: Die Existenzunsicherheit, die durch die Flüchtlinge und jüdischen Emigranten aus Osteuropa sowie den »Hungerwinter« von 1945/46 verstärkt wurde, führte dazu, dass sich die Mehrheit der Deutschen auf die fundamentalen Fragen des Überlebens konzentrierte. Bereits im Herbst 1945 ließ das öffentliche Interesse am Schicksal der Juden spürbar nach. Dem beredten Schweigen, von dem etwa die Tageszeitungen im Hinblick auf die Verbrechen an den Juden zeugten, folgten schon bald die ersten antisemitischen Äußerungen und Vorfälle. Das »Jüdische Gemeindeblatt«, das sich als wichtigstes Forum der jüdischen Gemeinden in den westlichen Zonen herausbildete, registrierte diese Entwicklung ebenso sorgfältig wie die jeweilige Besatzungsmacht. Die Umfragen von OMGUS zeigten eine erschreckende Kontinuität antisemitischer und nationalistischer Einstellungen bei etwa einem Drittel der Bevölkerung.[302]

So hielt sich hartnäckig die stereotype Wahrnehmung *des* Juden, die über die NS-Zeit hinweg bis in die Weimarer Jahre zurückreichte und an die Situation der Nachkriegszeit angepasst wurde. Dazu gehörte beispielsweise das Vorurteil, dass der Schwarzmarkt die Sache der jüdischen DPs gewesen sei.[303] Auch hier bildete das Konnubium ein Schlüsselindiz für das Maß an Inklusion und Ausschluss. 1949 konnten sich 70 Prozent der befragten Deutschen nicht vorstellen, eine Person jüdischer Herkunft zu heiraten.[304] Wohl gab es allgemeine Erklärungen gegen Rassismus und Antisemitismus; von konkreten Verbrechen an Juden und ihren Konsequenzen war dagegen kaum die Rede. Am ehesten reagierten noch SPD, KPD und die Gewerkschaften vernehmlich gegen antisemitische Tendenzen.

Neben dem offenen Antisemitismus und der antisemitischen Disposition einer Mehrheit gab es zugleich eine nicht-antisemitische, gar philosemitische Einstellung: auf christlicher, humanistischer oder antifaschistischer Grundlage. Ein Gefühl von Schuld und kollektiver Verantwortung mag als Antriebskraft gewirkt haben. Der von einigen wenigen geäußerte Wunsch nach einer Fortsetzung der deutsch-jüdischen Beziehung vor 1933 musste jedoch angesichts des historischen Bruchs der nachfolgenden zwölf Jahre ins Leere laufen. Die deutsch-jüdische Beziehung war nach 1945 ein höchst ungleiches Verhältnis. Die einst einflussreichen jüdischen Gemeinden existierten nicht mehr, und die Überlebenden trieben dringendere Sorgen um als der Neubeginn eines jüdisch-christlichen Zusammenlebens. Mit Unterstützung der amerikanischen Militärregierung erwies sich 1947 die »Gesellschaft für christlich-jüdische Zusammenarbeit« als die effizienteste Initiative, eine von Antisemitismus freie, auf gegenseitiger Anerkennung beruhende Haltung zu fördern. In München, Wiesbaden, Frankfurt, Stuttgart, Berlin und anderen Städten entstanden ähnlich organisierte Gesellschaften, die durch öffentliche Vorträge und Veröffentlichungen für Toleranz warben.

Allerdings: Der deutsch-jüdische Dialog fand am Rande der politischen Kultur in Westdeutschland statt, in einer humanistisch-religiösen Sphäre jenseits des politischen Alltags, den er in den 40er Jahren kaum beeinflussen konnte. Der Philosemitismus lief zudem Gefahr, politisch instrumentalisiert zu werden. In Westdeutschland, das nach seiner Integration in den Westen strebte, galt eine projüdische Haltung als Beleg für die erfolgreiche Demokratisierung. Philosemitismus diente als moralische Stütze der neuen, demokratischen Entwicklung in Westdeutschland.[305]

Die SBZ galt zunächst als ein bevorzugtes Ziel der jüdischen Intellektuellen und Parteifunktionäre, schien doch die klassenlose Gesellschaft in einem sozialistischen Staat auf deutschem Boden, an dessen Aufbau Remigranten maßgeblich mitwirken konnten, der jüdischen Emanzipation eine neue Chance zu bieten. Im Zuge der Stalinisierung der SED und der Kriminalisierung der Westemigranten wurden jedoch viele jüdische Kommunisten verdrängt und verfolgt. Der Vorwurf lautete: Spionage für den Zionismus und Unterstützung des Klassenfeindes. Wer sich wie Paul Merker für die »Wiedergutmachung« einsetzte, musste sich vorhalten lassen, das jüdische Kapital stärken zu wollen. Wie im Westen der Antisemitismus mit dem Antikommunismus, ging im Osten Deutschlands der Antisemitismus mit dem Antikapitalismus eine unheilvolle Allianz ein, deren Auswirkung erst 1953, nach Stalins Tod, nachlassen sollte.[306]

Schließlich der Antikommunismus. Zu den ideologischen Brücken zwischen Krieg und Nachkrieg gehörte für die Deutschen der westlichen Besatzungszonen die Kontinuität des antikommunistischen Feindbildes. Ein Gradmesser für die antikommunistische Haltung, die Meinungsumfrage, zeigte seine Nachwirkung. Gefragt, ob sie lieber in einem kommunistischen oder nationalsozialistischen Staat leben wollten, gaben im November 1945 noch 35 Prozent den Kommunismus an, 19 Prozent den Nationalsozialismus, 22 Prozent keine der beiden Antworten. Ein Jahr später, als klar war, dass die US-Truppen in Deutschland bleiben würden, votierten nur noch 9 Prozent für die kommunistische Variante, 17 Prozent für die nationalsozialistische, 66 Prozent für keine der beiden. Im Februar 1949 dann zogen nur 2 Prozent den Kommunismus vor, während 43 Prozent den Nationalsozialismus bevorzugten; 52 Prozent der Befragten lehnten beides ab.[307]

Als besonderer Resonanzboden des Antikommunismus dienten zum einen die Flüchtlinge und Vertriebenen der ehemaligen Ostgebiete, die für den Verlust ihrer Heimat die Sowjetunion verantwortlich machten und in der Kommunistischen Partei den geeigneten Sündenbock fanden. Zum anderen konnten auch die Heimkehrer, die in sowjetischer Gefangenschaft gewesen waren, ihren Hass auf die Kommunisten nicht verhehlen.[308] Doch auch über diese beiden großen Gruppen hinaus diente der Antikommunismus als kleinster gemeinsamer Nenner der unterschiedlichen Parteien, von den Sozialdemokraten über die Kirchen bis zur Christlich-Sozialen Union.

Die KPD galt als der westliche Ableger der SED – zu Recht, wie sich nach 1989/90 nachweisen ließ.[309] Aber eins darf nicht vergessen werden: Die KPD verstand sich zunächst im Gegensatz zu den Weimarer Jahren als eine Partei, die nach den demokratischen Spielregeln etwa in der Frage der Verstaatlichung und Entnazifizierung parlamentarisch mitarbeitete und sich in den frühen Nachkriegsjahren an mehreren Landesregierungen beteiligte; davon war bereits die Rede. Nach 1947/48 wirkte die KPD dann auch als außerparlamentarische Kraft, die versuchte, die Bevölkerung für die deutsche Einheit und ab 1950 gegen die Wiederbewaffnung zu mobilisieren – durchaus mit nationalistischen Strategien.

Indes: Spätestens ab Mitte 1946, als die Kampagne für eine westdeutsche SED versickerte und die KPD bei Kommunalwahlen ein Desaster erlebte, ließ sich keine Konstellation mehr denken, in der von den westdeutschen Kommunisten eine Bedrohung ausgegangen wäre. Nachdem der Plan einer gesamtdeutschen Zentralverwaltung geplatzt war, blieben die Einflussmöglichkeiten der SED im Westen begrenzt. Und einen konventionellen Angriff der Roten Armee schlossen die Westmächte aus. Ihre antikommunistischen Verschwörungstheorien beruhten weniger auf rationalen Analysen als auf ideologischen und strategischen Motiven. Nicht die kommunistische Bedrohung, sondern ihre Wahrnehmung hatte bald ein solches Ausmaß angenommen, dass sie Schritte zur Teilung rechtfertigen sollte.[310] Denn auch der Osten besaß ein Interesse daran, den Antikommunismus zu schüren, ließ dieser sich doch als Propagandawaffe im Kalten Krieg einsetzen.

Für westdeutsche Journalisten hingegen waren die sowjetische Zone und die SED ein dankbares Sujet. Führende SED-Politiker erschienen als »undeutsche« Marionetten, deren Fäden in Moskau gezogen wurden; die Ausplünderung der Zone durch die SMAD schien das wahre Gesicht des Kommunismus zu enthüllen. Eine Fotoreportage der Illustrierten »Stern« über den Alltag in Dresden beispielsweise suggerierte den Leserinnen und Lesern, dass die bescheidenen Lebensumstände den asiatischen Eroberern und nicht den Zerstörungen im Krieg zu schulden seien.[311]

4. Zwischen gestern und morgen.
Erinnerung an eine Übergangszeit

Der politische Systemwechsel, der 1945 eingeleitet wurde, war der grundlegendste und dauerhafteste der deutschen Geschichte im »kurzen 20. Jahrhundert« (Eric Hobsbawm), das mit dem Ersten Weltkrieg begonnen hatte. Die totale Niederlage nach dem totalen Krieg und die anschließende Besetzung durch die Siegermächte führten zu einer historischen Situation, in der im Zusammenspiel von internationaler Politik und innerdeutschen Entwicklungen die Weichen für die Gründung zweier deutscher Staaten, für die Demokratisierung der Gesellschaft im Westen und die SED-Herrschaft im Osten des verkleinerten Deutschland gestellt worden sind. Die Abkehr von Nationalsozialismus und Krieg, die 1945 für die Masse der Deutschen außer Frage stand, bedeutete nicht zwangsläufig die Hinwendung zur Demokratie. Die Umerziehung – auch durch patriarchalische deutsche Politiker – mündete in der Bundesrepublik gleichwohl in eine politische Kultur, in der Interessengegensätze mit dem Ziel eines Kompromisses artikuliert wurden.[312] Zumindest für die Westdeutschen wurden die Weichen für den Weg zu einer »Zivilgesellschaft« gestellt, die in der Tradition der Aufklärung jenseits von Staat, Wirtschaft und Privatsphäre einen sozialen Raum zur offenen Verständigung freihielt. In der Auseinandersetzung mit amerikanischen bzw. sowjetischen Einflüssen veränderten sich Politik, Wirtschaft, Kultur und Gesellschaft in den beiden deutschen Staaten. Diese Aneignungsprozesse, die man als »Amerikanisierung« bzw. »Sowjetisierung« bezeichnen mag, setzten vor dem Hintergrund der deutsch-deutschen Spannungen in den folgenden Jahrzehnten fort, was mit der Besetzung begonnen hatte.[313]

Die Kriegsfolgen belasteten die Nachkriegsgesellschaft

schwer. Die Wohnungsnot, der Hunger, die schwierige Aufnahme der Flüchtlinge und Vertriebenen, das unsichere Schicksal der Displaced Persons und der Verfolgten, die im Lager, im
Versteck oder im Exil Krieg und Nationalsozialismus überlebt
hatten: die Bewältigung der Probleme, die sich in der Nachkriegszeit in den vier Besatzungszonen auftürmten, muss noch
aus der fernen Rückschau als weitgehend gelungen gelten. Die
Leistung der sozialen Integration unter den widrigen Umständen der Nachkriegsgesellschaft fällt vor allem dann ins Auge,
wenn man den Vergleich zur ersten Nachkriegszeit des 20. Jahrhunderts zieht. Die älteren Zeitgenossen konnten sich noch gut
an die wirtschaftlichen, politischen und sozialen Querelen der
20er Jahre erinnern, von den mentalen und ideologischen Überhängen ganz zu schweigen.[314] Insofern war die kurze Spanne von
1945 bis 1949 eine Übergangsphase. »Zwischen gestern und morgen« – so lautete eine häufig gebrauchte Formulierung der Jahre,
und so hieß 1947 ein Spielfilm, in dem es um das Schicksal und
die Hoffnungen der Zeitgenossen nach dem Krieg ging.[315]

Die destruktive Kraft des NS-Regimes, die im Völkermord an
den europäischen Juden ihren schrecklichen Höhepunkt erreicht hatte, sollte einer Zivilität weichen, deren Geschichte freilich durch den Holocaust einen Bruch erlitten hatte. Die Erinnerung daran und an den mit ihm unmittelbar verknüpften Krieg
wurde zu einem Teil dieser Zivilität. Die Erfahrungen des Kriegsendes und der Besatzungszeit sollten diese Erinnerung mit
prägen. Denn wenn die Deutschen ab den 50er Jahren auf ihre
jüngste Geschichte zurückblickten, sahen sie sich mit zwei unterschiedlichen »Opfervergangenheiten« konfrontiert: den Opfern
der Deutschen und den deutschen Opfern. Auf der einen Seite
standen die Verbrechen, die nicht nur in deutschem Namen,
sondern durch deutsche Hand an Dritten verübt worden waren,
die nun, welch bittere Ironie, als namenlose Masse hinter den
»Millionen« der Zahlenspiele zu verschwinden drohten. Auf der
anderen Seite erschienen die eigene Vertreibung aus der Heimat,

die nach Kriegsende anhaltende Gewalterfahrung, die Kriegsgefangenschaft. Die Betroffenen waren präsent und wussten sich durch eigene Interessenvertretungen Gehör zu verschaffen. Das ermöglichte den Deutschen, sich auch als eine Gemeinschaft von Opfern zu begreifen. Diese Duplizität sollte in Westdeutschland wesentlich dazu beitragen, eine politische Identität herauszubilden, welche die Integration im Innern förderte.[316]

In diesem Selbstbild standen auch die Deutschen als Opfer eines Krieges da, den – so lautete die Kehrseite des Arguments – Adolf Hitler und seine Clique angezettelt hätten. Die als Demütigung empfundene Prozedur der »Entnazifizierung« vor dem Hintergrund eines vermuteten kollektiven Schuldvorwurfs; die Verurteilung von Generalen, die schon bald als »Kriegsverurteilte« und Opfer einer »Siegerjustiz« galten; vor allem jedoch die Gräuelberichte der Flüchtlinge, Vertriebenen und Kriegsheimkehrer und nicht zuletzt die massenhaften Vergewaltigungen deutscher Frauen sorgten dafür, dass sich *die* Westdeutschen auf ihre eigene Leidenserfahrung beriefen und behaupteten, mitreden zu können, schließlich hätten auch sie Unvorstellbares durchmachen müssen. Wenn in der westdeutschen Öffentlichkeit nach Kriegsende von »Kriegsopfern« und »Kriegsgeschädigten« die Rede war, dann dachten die Deutschen zumeist an ihresgleichen. Die Folgen des Zweiten Weltkrieges, die das Gemeinwesen in der zweiten Hälfte der 40er Jahre und darüber hinaus erschüttert hatten, sorgten auf diese Weise zugleich für einen Mythos von hoher Integrationskraft.

Mit der historischen Frage nach dem Wirkungszusammenhang geriet auch das moralische Problem der Verantwortlichkeit in den Hintergrund. In den 50er Jahren sollten das die politischen Debatten über die Wiedergutmachungsleistungen für die Opfer des NS-Regimes auf der einen Seite und über die Wiedereingliederungs- und Hilfsmaßnahmen für die Vertriebenen und Heimkehrer auf der anderen Seite deutlich zeigen. Wie schon in der zweiten Hälfte der 40er Jahre wurde auch in den frühen 50er

Jahren die Vergangenheit keineswegs tabuisiert, verdrängt oder gar geleugnet, sondern auf eine spezifische Weise gedeutet und ins Gespräch gebracht – wenngleich mit dem Ziel, rasch einen Schlussstrich zu ziehen. Die deutschen Opfer verdrängten den Gedanken an die Opfer der Deutschen.[317]

Die Nachkriegszeit kannte verschiedene Anfangspunkte – davon war eingangs die Rede. Doch wann endete sie? Die Zeitgenossen neigten wiederholt dazu, sich an einem Zeitpunkt zu wähnen, der einen Schlusspunkt unter die Nachkriegsjahre setzte: 1948, als die Währungsreform in den drei Westzonen einen Neubeginn signalisierte; 1949, als die Verkündung des Grundgesetzes und das Inkrafttreten der DDR-Verfassung die staatliche Spaltung zementierten; 1955, als die Bundesrepublik in die staatliche Souveränität entlassen wurde; oder 1968, als die westdeutsche Gesellschaft reformiert wurde. Zuletzt wurde das Ende der Nachkriegszeit 1989/90 proklamiert.

Die politisch-ideologische Nachkriegsordnung, die Anfang der 90er Jahre endlich einer »neuen Ordnung« wich, diente hier als Maßstab. Insofern spiegelt sich in der Rede vom Ende der Nachkriegszeit ein Unsicherheitsgefühl wider, das einen Grundzug der (west-)deutschen Geschichte seit 1945 ausmachte.[318]

Immer wieder wurde deshalb in der zweiten Jahrhunderthälfte auf die Erfahrungen des Krieges und die Kriegsfolgen in der Besatzungszeit hingewiesen. Die fünf Jahre nach der bedingungslosen Kapitulation umfassten nur eine verhältnismäßig kurze Zeitspanne; sie dienten jedoch über Jahrzehnte als eine historische Bezugsgröße. Nach 1949 gerieten die frühen Nachkriegsjahre in Westdeutschland zur Legende. Im kollektiven Gedächtnis wurden die Währungsreform und der Marshall-Plan als Auftakt des »Wirtschaftswunders« überhöht. Die Luftbrücke als Symbol der Berlin-Blockade vermittelte auf Jahrzehnte die Entschlossenheit des Westens, West-Berlin nicht dem Osten zu überlassen. Seit 1951 erinnert ein 20 Meter hohes Mahnmal auf dem Platz vor dem Flughafen Berlin-Tempelhof – volkstümlich die »Hungerkralle« genannt – an die Versorgung aus der Luft; seit 1986 weist ein Gegenstück auf dem Frankfurter Rhein-Main-Flughafen gen Osten. Als Kontrastfolie des Wirtschaftswunders zeugen die »Trümmerjahre« zudem von der Wiederaufbauleistung und der Tüchtigkeit der Deutschen, wie sie in erster Linie die »Trümmerfrauen« verkörpern.

So wie die Bilder der Zerstörung sind auch die Bilder des Wiederaufbaus und des Aufbruchs zu Ikonen des kulturellen Gedächtnisses der Nachgeborenen geworden. Wer kennt nicht die Aufnahmen der Frauen, die Mörtel klopfen und Ziegel schleppen? Oder der Berliner Kinder, die am Rande einer Landebahn die Ankunft eines »Rosinenbombers« verfolgen? Oder das Foto von Passanten vor dem übervollen Schaufenster eines Fleischerladens nach der Währungsreform?[319] Auf diese Weise wurden die Jahre von 1945 bis 1949 in die Gründungsgeschichte der Bundesrepublik integriert.

Dazu griff man gerne auf eine Metapher zurück, die schon die Zeitgenossen nach Kriegsende gewählt hatten: die »Stunde Null«. Dem totalen Krieg und der totalen Niederlage folgte, so hieß die Botschaft, ein totaler Neubeginn, der eine neue Zeitrechnung einleitete, für die Krieg und Diktatur passé waren. Wo die Zeitgenossen sie benutzten, ließ sich erahnen, wie radikal ihnen die Zerstörung erschien oder wie sie auf einen ebenso radikalen Neuanfang hofften. Apathie und Aufbruchpathos: Mit diesen entgegengesetzten Begriffen lässt sich die Stimmung in der unmittelbaren Nachkriegszeit beschreiben. Später dann diente das eingängige Sprachbild der »Stunde Null« dazu, die unmittelbare Nachkriegszeit als Beginn der Rückkehr zu einer »Normalität« weit ab von Nationalsozialismus, Militarismus und Antisemitismus zu bezeichnen.

So aufschlussreich die Verwendung des Sprachbildes allemal ist, so bleibt die Rede von der Stunde Null doch historisch ungenau. Sie unterschlägt kurzerhand die personellen und ideologischen Kontinuitäten, die sich in vielen Bereichen der Nachkriegsgesellschaft fanden. Die zweite Hälfte der 40er Jahre waren nicht nur Jahre des Aufbruchs. Die Zerstörung war nicht nur, wie es später erscheinen mochte, die erste Stufe des leuchtenden Wiederaufbaus, sondern das Ende eines düsteren Zerstörungsprozesses.

Das Kriegsende und die Besatzungszeit fallen schließlich in das Lebenskontinuum von Millionen Menschen. Die Kriegsjahre, vor allem die letzten, hatten ihre Spuren hinterlassen. Die Trümmerlandschaft und die Kriegsversehrten sorgten noch lange für die Präsenz des Krieges in der Nachkriegszeit. Die Erfahrung der Jahre 1945 bis 1948 als einer Zeit der größten Not führte freilich auch dazu, dass ein Großteil der Deutschen meinte, es gehe ihm schlechter als während des Krieges – was die nationalsozialistische Propaganda zu bestätigen schien.

Die Frauen und Männer, die den Krieg überlebt hatten, trugen seelische und körperliche Narben davon und litten unter der Trauer um ihre Toten, unter den Gewalt- und Angsterfahrungen. Das bekunden die Lebens-Geschichten derer, die als »Zeitzeugen« Jahrzehnte nach Kriegsende ihre persönliche Erinnerung an den Krieg, an Zusammenbruch und Wiederaufbau weitergaben, vor allem ihre Erinnerung an die erlittene Gewalt, bisweilen auch an die selbst ausgeübte.[320] Die Nachkriegsliteratur, obzwar als »Trümmerliteratur« der Wirklichkeit verbunden, wurde dem grauenvollen Schlussakt des Krieges, wie ihn die Mehrheit der Deutschen miterlebt hatte, kaum gerecht – vielleicht deshalb, weil er als Vergeltung empfunden wurde, die zu bemängeln den Verlierern nicht zustand. Der tiefe Abgrund des Bombenkriegs blieb ein Familiengeheimnis, die viel gezeigte Trümmerlandschaft mit ihrer Gleichzeitigkeit von Brutalität und Alltagsroutine gleichwohl eine »terra incognita des Krieges«.[321] In der DDR dagegen bot der Luftkrieg, vor allem der Angriff auf Dresden, alljährlich Gelegenheit, die öffentliche Erinnerung an den Untergang in Propaganda gegen die »Angloamerikaner« umzumünzen.

Im Spannungsfeld von persönlicher Erfahrung und Vergangenheitspolitik stand lange Jahre »der 8. Mai«. Der Tag, an dem in Berlin-Karlshorst die Kapitulationsurkunde unterzeichnet wurde, bildete die symbolische Schnittstelle zwischen Krieg und Nachkrieg. Ob und wie dieses markanten Datums öffentlich gedacht wurde, sagt viel über die politische Bewertung des Kriegsendes, der Besatzung und beider Folgen aus. Weil es der Alltagserfahrung widerspricht, dass die Erinnerung an ein Ereignis verblasst, je größer der zeitliche Abstand wird, mag es überraschen: doch die öffentliche Erinnerung an das Kriegsende 1945 sollte in der Bundesrepublik erst ein halbes Jahrhundert später einen Höhepunkt erreichen. Die Veranstaltungen, die im Gedenkjahr 1995 die Deutschen an ihre jüngste Vergangenheit gemahnten, waren ebenso zahlreich wie vielfältig. Die Palette reichte von Kranzniederlegungen und Mahngottesdiensten über Podiumsdiskussionen und Lesungen bis zu mehrteiligen Fernseh-Dokumentationen, Zeitungsreportagen und Erinnerungsliteratur.[322] Die Deutsche Post brachte Sondermarken heraus, deren Bildmotive die Heimkehr der Soldaten, die Zerstörung von Städten und Dörfern, Vertreibung und Verlust der Heimat und die Befreiung der Gefangenen aus den Konzentrationslagern auf eigene Art in Erinnerung brachten.

Dass es so lange gedauert hatte, dem 8. Mai 1945 einen festen Platz im Erinnerungskalender der Deutschen zu sichern, hing vor allem mit der Unsicherheit, ja dem Streit darüber zusammen, wie sie dieses Datum bewerten sollten: als Niederlage oder als Befreiung? Kein Zweifel, die Mehrheit der betroffenen Deutschen hatte das Kriegsende als einen Moment der Kapitulation, des Zusammenbruchs, der Niederlage erlebt. Für eine Minderheit dagegen, für die Opfer des Nationalsozialismus, bedeutete das Kriegsende indessen den Sieg über die Peiniger. Die Insassen der Konzentrationslager, die politischen Gegner des Nationalsozialismus, die Zwangsarbeiter: sie alle konnten nur von einer Befreiung reden.

Der Kern des Problems lag deshalb in der Frage, ob sich die Deutschen, die Jahrzehnte später auf das Jahr 1945 zurückschauten, die Perspektive und die Wertmaßstäbe der meisten Zeitgenossen zu Eigen machen sollten? Oder musste nicht in der Rückschau das Wissen um die Folgen der historischen Ereignisse den Ausschlag für die Bewertung geben? Musste die öffentliche Erinnerung nicht unbeschadet der persönlichen Erfahrung der Älteren die gewaltsame Zerschlagung des Nationalsozialismus von außen durch den Sieg über die Wehrmacht als einen Glücksfall werten, der zumindest den Westdeutschen, wie man spätestens in den 60er Jahren wusste, die zweite Chance zum Aufbau einer friedlichen, demokratischen Gesellschaftsordnung gebracht hatte? Handelte es sich deshalb nicht um eine Befreiung der Deutschen durch ihre Niederlage?

In der frühen Bundesrepublik galt es als ausgemacht, dass die Kapitulation nie und nimmer ein Tag der Befreiung sein könne. Zum zehnjährigen Jahrestag 1955 war klar, dass es für einen »guten Deutschen« nichts zu feiern gab – Bundeskanzler Konrad Adenauer unternahm denn auch inkognito eine Landpartie. Umgekehrt verhielt es sich in der SBZ und später in der DDR: Hier sollten sich die Deutschen an den 8. Mai ganz offiziell als einen Tag der Befreiung vom Nationalsozialismus durch die Rote Armee erinnern. Der Tag wurde bereits 1950 zum Staatsfeiertag erklärt. Mit militärischem Zeremoniell ließ die SED die Befreiung vom Faschismus und den Bund mit dem sowjetischen Bruder feiern. In der offiziellen Lesart standen Kapitulation und Besatzungszeit für den vollständigen Bruch mit der Vergangenheit in Ostdeutschland und den Aufbau einer wahrhaft demokratischen, antifaschistischen Demokratie. Diese öffentliche Erinnerung an das Kriegsende und die unmittelbare Nachkriegszeit führte dazu, dass sich die DDR auf der Seite der Sieger wähnen durfte. In der Bundesrepublik tat man sich nicht zuletzt deshalb schwerer mit der Erinnerung an Kriegsende und Neuanfang, weil der Begriff politisch besetzt war, die Rede von der Befreiung angesichts des von Moskau etablierten »SED-Staates« zynisch klingen mochte und deshalb zusätzliche Abwehr auslöste.[323]

Die erste offizielle Gedenkrede eines westdeutschen Spitzenpolitikers zum 8. Mai hielt erst 1970 Bundespräsident Gustav Heinemann. Auf große, internationale Beachtung stieß jedoch die Rede, die Richard von Weizsäcker 1985 hielt. Der Bundespräsident stellte im Rückblick rundheraus fest: »Der 8. Mai war ein Tag der Befreiung. Er hat uns alle befreit von dem menschenverachtenden System der nationalsozialistischen Gewaltherrschaft.«[324] Das Ende – als ein neuer Anfang verstanden. Der öffentliche Widerspruch folgte prompt, vor allem aus konservativen Kreisen und von Seiten der Vertriebenenorganisationen. Die Frage, ob es sich um eine Niederlage oder Befreiung gehandelt habe, erhitzte nicht nur die Gemüter der Historiker, was zeigte, wie nachhaltig der Streit um das richtige Gedenken an das Kriegsende in der pluralistischen Bundesrepublik war.[325] Gleichwohl markierte Weizsäckers Rede einen Wendepunkt.

1995 dann, fünfzig Jahre nach dem Ende des Zweiten Weltkriegs, hatte das Ende des Kalten Krieges die Umstände der öffentlichen Erinnerung wesentlich geändert. 1989/90 hatte 1945 nicht aus dem kollektiven Gedächtnis verdrängt. Der 8. Mai war vielmehr zu einem europäischen Gedenktag geworden, an dem man gemeinsam die Bilanz der gesamten Nachkriegsepoche zog.[326] Die Mehrheit der Deutschen bevorzugt mittlerweile die Bezeichnung »Befreiung«. Meinungsumfragen ergaben 1995, dass unter den Achtzehn- bis Neunundzwanzigjährigen sogar eine Zweidrittelmehrheit für »Befreiung« optierte.[327]

Die ersten Nachkriegsjahre bilden bis heute den Ausgangspunkt der Nationalgeschichte nach dem Nationalsozialismus: zunächst die Geschichte der beiden deutschen Staaten, dann die des vereinten Deutschland. Der 8. Mai gilt als ein »Wendepunkt« der deutschen Geschichte und als »weltpolitische Zäsur«.[328] Die Spanne von 1945 bis 1948/49 kennzeichnet den Tiefstand, der den Aufstieg erst erkennbar werden lässt. Die Chiffre »1945« stand lange Jahre für ein epochales Datum. Es kennzeichnete den Beginn der Nachkriegsordnung, die mehr als vier Jahrzehnte Bestand haben sollte. Der Zusammenbruch der kommunistischen Diktaturen zwischen 1989 und 1991, nicht zuletzt die Entstehung eines deutschen Nationalstaates lassen deshalb das Jahr 1945 in einem neuen Licht erscheinen.

Durch den Zuwachs an historischer Erfahrung erscheint die Wirkungsgeschichte des 8. Mai 1945 vielschichtiger. Hat das Jahr 1989 die Zäsur von 1945 relativiert, ja zum Teil revidiert?[329] Oder vervollständigte der Bruch von 1989 den Umbruch von 1945, weil die Demokratisierung nun auch den Ostdeutschen zu Gute kam?[330] Und tritt 1945 nicht auch ein Stück in den Hintergrund, wenn nun 1914 und 1990 eine Epoche abgrenzen?[331] Galt es bis dahin als ausgemacht, dass der 8. Mai ein Ende und einen Anfang markiert, betonen manche Historiker heute den Übergangscharakter des Jahres 1945 und sehen darin eine »Zwischenstation für die globale Neuordnung«.[332]

Anmerkungen

1 Vgl. die Texte der Kapitulationsurkunden in: Müller u.a., Kriegsende 1945, 178–181; zum Kriegsende auch Volkmann, Ende des Dritten Reiches.

2 Broszat u.a., Von Stalingrad zur Währungsreform, xxv-xxvii; vgl. Hughes, Shouldering the Burdens of Defeat, 20f., Krause, Flucht.

3 Kleßmann, Die doppelte Staatsgründung, 39.

4 Bender, 1945, 14–23, 16.

5 Vgl. zur deutschen Trümmerfotografie Derenthal, Bilder der Trümmer und Aufbaujahre, 44–86, und Jäger, Fotografie.

6 Vgl. dazu als Überblick das umfangreiche Handbuch von Benz, Deutschland unter alliierter Besatzung; vgl. auch Weisz, OMGUS-Handbuch, und Broszat u.a., SBZ-Handbuch. Vgl. auch die älteren Überblicksdarstellungen von Eschenburg, Jahre; Grebing, Die Nachkriegsentwicklung; Herbst, Westdeutschland.

7 Kleßmann, Verflechtung.

8 Hockerts, Integration.

9 Frisch, Tagebuch 1946–1949, 31.

10 Dokumente deutscher Kriegsschäden, Bd. II/2, 11–14. Vgl. Dieffendorf, In the Wake of War.

11 Dokumente deutscher Kriegsschäden, Bd. I, 51–55 (Wohnungsverlust), 56–62 (Luftkriegstote).

12 Plato u.a., Ein unglaublicher Frühling, 44f.

13 Plato u.a., Ein unglaublicher Frühling, 35; Karlsch, Allein bezahlt?, 290; Baar u.a., Kriegsfolgen, 50; Buchheim, Wirtschaftliche Folgelasten.

14 Spitta, Neuanfang, 287 (12.12.1945).

15 Die Zahlen nach: Stadtverwaltung von Berlin, An die Bevölkerung der Stadt Berlin, 13.5.1945 (vgl. Abb. in: Plato u.a., Ein unglaublicher Frühling, 38).

16 Schlange-Schöningen, Im Schatten des Hungers, 69–71.

17 Bekanntmachung zit. n. Plato u.a., Ein unglaublicher Frühling, Dok. 71, 279.

18 Rothenberger, Die Hungerjahre, 131.

19 Vgl. die Abb. in: Plato u. a., Ein unglaublicher Frühling, Dok. 69, 275.

20 Trittel, Hunger und Politik, 299–309.

21 Ebd., 221.

22 Vgl. die Köln, München und Leipzig vergleichende Regionalstudie von Gries, Die Rationen-Gesellschaft.

23 Trittel, Hunger und Politik, 182–189. Vgl. Schröder, Marshallplan, und Hardach, Der Marshall-Plan.

24 Boldorf, Sozialfürsorge in der SBZ/DDR, 22 f.

25 Gries, Die Rationen-Gesellschaft, 113.

26 Boldorf, Sozialfürsorge in der SBZ/DDR, 34 f.

27 Ebd., 29.

28 Vgl. Groehler, Integration und Ausgrenzung von NS-Opfern; Boldorf, Sozialfürsorge in der SBZ/DDR, 114–121.

29 Boldorf, Sozialfürsorge in der SBZ/DDR, 40 f.

30 Vgl. Hoffmann, Aufbau und Krise der Planwirtschaft.

31 Boldorf, Sozialfürsorge in der SBZ/DDR, 45.

32 Ebd., 60 f.

33 Ebd., 173–186, Zitat 173 (Entschließung zur Gründung des Sekretariats der Volkssolidarität (VS), 17.5.1946).

34 Vgl. zum Folgenden ausführlich Naimark, Die Russen in Deutschland, 91–179.

35 Vgl. Henke, Die amerikanische Besetzung, 200 f.

36 Naimark, Die Russen in Deutschland, 169 f.

37 Kopelew, der plündernde Soldaten zurückhalten wollte, sollte später des »bürgerlichen Humanismus« bezichtigt werden; vgl. ders., Aufbewahren, bes. 93–142.

38 Zit. Naimark, Die Russen in Deutschland, 100. Vgl. auch Zeidler, Kriegsende im Osten.

39 Vgl. dagegen Schukows spätere Darstellung (Erinnerungen und Gedanken, Bd. 2, 331): »Zugleich leisteten wir eine umfangreiche Aufklärungsarbeit über unsere Haltung zur Zivilbevölkerung, die von den Nazis irregeführt worden war und jetzt die ganze Last des Krieges tragen mußte. Dank den [sic!] rechtzeitigen Weisungen des Zentralkomitees unserer Partei und der großangelegten Aufklärungsarbeit gelang es uns, unerwünschte Erscheinungen zu vermeiden, die von Soldaten ausgehen konnten, deren Familien stark unter den Bestialitäten der faschistischen

Okkupanten gelitten hatten.« Schukow betonte vielmehr die Hilfsbereitschaft seiner Soldaten und den Dank deutscher Frauen (ebd., 367 f.).

40 Naimark, Die Russen in Deutschland, 124.

41 Vgl. Grossmann, A Question of Silence, 55 f.

42 Naimark, Die Russen in Deutschland, 158.

43 Kleßmann, Die doppelte Staatsgründung, 39–44; Steinert, Die große Flucht; Benz, Die Vertreibung; Plato, Flüchtlinge; Ackermann, Der »echte« Flüchtling. Als umfassende Materialsammlung: Dokumentation der Vertreibung.

44 Angesichts der Heterogenität der Nachkriegsgesellschaft und der kulturellen Vielfalt ist der Begriff »Integration« nicht unproblematisch, da er genau genommen eine relativ homogene Kultur voraussetzt, an die sich die »Fremden« hätten akkulturieren können. Vgl. dazu Krauss, Das »Wir« und das »Ihr«, 27–39.

45 Vgl. als Überblicke: Kiesewetter, Europäische Wanderungsbilanz, 3044–50, 3083–90, 3123–26; Marrus, The Unwanted.

46 Dokumentation der Vertreibung I.1, 23 E.

47 Zu der Vorgeschichte der Vertreibung, der Politik gegenüber den Vertriebenen und ihrem Verhältnis zu den anderen Bevölkerungsgruppen im deutsch-polnischen Vergleich: Ther, Deutsche und polnische Vertriebene. Aus dem Polnischen: Nitschke, Vertreibung; Grube u. a., Flucht und Vertreibung, 129–144.

48 Zit. n. Grube u. a., Flucht und Vertreibung, 172.

49 Potsdamer Abkommen, Art. XIII.

50 Dokumentation der Vertreibung I.1, 149 E. Henke, Der Weg nach Potsdam, 49–69; Wille u. a., Sie hatten alles verloren.

51 Steinert, Die große Flucht, 561.

52 Ebd., 571 f.

53 Zahlen nach Kleßmann, Die doppelte Staatsgründung, 41. Vgl. auch die Zahlen bei Steinert, Die große Flucht, 556 f.

54 Steinert, Die große Flucht, 562.

55 Vgl. Münz u. a., Zuwanderung nach Deutschland, 29.

56 Steinert, Die große Flucht, 564; Schraut u. a., Die Flüchtlingsfrage; für Württemberg-Baden vgl. Schraut, Flüchtlingsaufnahme; Schulze u. a., Flüchtlinge; Streibel, Flucht und Vertreibung; Wille, 50 Jahre.

57 Vgl. mit dem Beispiel der Zwangsmigration einer aus Kroatien

stammenden »Volksdeutschen« Beer, Flüchtlingslager; ders., Flüchtlinge.

58 Schwartz, »Zwangsheimat«, 145 f.

59 Schwartz, Vertreibung, 179.

60 Vgl. Bauerkämper, »Junkerland in Bauernhand«?; Ther, Deutsche und polnische Vertriebene, 175–188.

61 Vgl. Naimark, Die Russen, 193 f.

62 Vgl. Rautenberg, Die Wahrnehmung.

63 Vgl. Franzen u. a., Die Vertriebenen; Frantzioch, Die Vertriebenen; vgl. Hoffmann u. a., Einleitung, in: dies., Vertriebene in Deutschland, 11.

64 Grosser, Von der freiwilligen Solidar- zur verordneten Konfliktgemeinschaft.

65 Vgl. Ther, Deutsche und polnische Vertriebene, 262–264.

66 Vgl. zum Folgenden für die SBZ Schwartz, »Zwangsheimat«.

67 Vgl. Erker, Vom Heimatvertriebenen zum Neubürger.

68 Schwartz, »Zwangsheimat«, 126.

69 Schumacher, Reden, 499; vgl. für die LDP auch Schollwer, Potsdamer Tagebuch, 50.

70 Vgl. Messerschmidt, Aufnahme.

71 Vgl. Schwartz, »Zwangsheimat«, 128–133.

72 Die Zahlen nach Schwartz, »Zwangsheimat«, 139.

73 Vgl. Ther, Deutsche und polnische Vertriebene, 251–253.

74 Jakobmeyer, Vom Zwangsarbeiter zum heimatlosen Ausländer, 16 und 30 f.

75 Ebd., 33–35.

76 Ebd., 40.

77 Ebd., 43.

78 Ebd., 59, Tabelle: 82 f.

79 Ebd., 89 f., vgl. die tabellarische Übersicht 122.

80 Zur Zwangsrepatriierung vgl. ebd., 123–152.

81 Ebd., 168–175.

82 Ebd., 45–53 und 210–218.

83 Stern, The Whitewashing, 1–52.

84 Vgl. zu dem situationsbedingten Zionismus und den polnischen Juden Jakobmeyer, Jüdische Überlebende.

85 Vgl. den Überblick bei Brenner, Nach dem Holocaust, 13–116, die Zahlen 26. Vgl. auch die Beiträge in Schoeps, Leben.

86 Vgl. ebd., 60–84.
87 Vgl. den Bericht eines ehemaligen US-Soldaten über das Krankenhaus für Überlebende im Kloster St. Ottilien bei Landsberg: Hilliard, Von den Befreiern vergessen; Stern, The Whitewashing, 151–157.
88 Brenner, Nach dem Holocaust, 61 f.
89 Als Wirkungsgeschichte des Exils, dem seit einiger Zeit das Forschungsinteresse gilt, ist nun auch die Remigration ins Blickfeld geraten; vgl. zum Folgenden Krauss, Heimkehr; Krohn u. a., Rückkehr.
90 Vgl. Söllner, Zur Archäologie.
91 Vgl. Krauss, Heimkehr, 137–153.
92 Vgl. ebd., 72–92.
93 Vgl. zur gleichgültigen Haltung der Universitäten gegenüber den Folgen ihrer »Entjudung«: Stern, The Whitewashing, 158–212.
94 Akten zur Vorgeschichte der Bundesrepublik 1945 (1949), Bd. 2, 583. Vgl. Krauss, Heimkehr, 75–78.
95 Koszyk, Das Exil, 325.
96 Vgl. Krauss, Heimkehr, 94–110.
97 Rogers, Politics After Hitler.
98 Zur »Etappenzäsur« von 1948/49 vgl. die Beiträge in Hoffmann u. a., Das letzte Jahr.
99 Vgl. Kästner, notabene 45, 142 (19. Mai. 1945).
100 Vgl. Benz, Potsdam 1945, 82.
101 Vgl. ebd., 98–119.
102 Vgl. ebd., 109 f.
103 Vgl. Fisch, Reparationen.
104 Benz, Potsdam 1945, 110; vgl. zur Deutschlandpolitik Graml, Die Alliierten.
105 Zit. nach Benz, Potsdam 1945, 115.
106 Ebd., 118.
107 Vgl. Mai, Der Alliierte Kontrollrat.
108 Vgl. zum Folgenden Benz, Potsdam 1945, 119–135.
109 Vgl. Foitzik, Sowjetische Militäradministration.
110 Vgl. Mielke, Die Auflösung.
111 Vgl. zu den Sitzungen des Zonenbeirates und des Länderrates: Akten zur Vorgeschichte der Bundesrepublik.
112 Spitta, Neuanfang, 156.

113 Vgl. Hoffmann, Aufbau und Krise der Planwirtschaft.

114 Vgl. Borowsky, Deutschland, 52.

115 Zur Bizone vgl. Benz, Die Gründung der Bundesrepublik, 49–78.

116 Zit. n. Borowsky, Deutschland, 53.

117 Vgl. für die britische Zone Köchling, Demontagepolitik, und Kramer, Die britische Demontagepolitik.

118 Zit. ebd., 55.

119 Zit. ebd., 56.

120 Zit. ebd., 57.

121 Zit. ebd., 59 f.

122 Vgl. Hughes, Shouldering the Burdens of Defeat, 43–63; Benz, Die Gründung der Bundesrepublik, 79–95.

123 Vgl. Brackmann, Vom totalen Krieg, 7 f.

124 Vgl. ebd. zur konzeptionellen Vorgeschichte, insbesondere zur Nachkriegsplanung deutscher Experten aus Wirtschaft, Politik und Wissenschaft seit Beginn des Zweiten Weltkriegs.

125 Benz, Die Gründung der Bundesrepublik, 86.

126 Vgl. zu der von Werner Abelshauser 1975 ausgelösten Debatte um die Wirkung der Währungsreform Brackmann, Vom totalen Krieg, 8–10; Buchheim, Die Wiedereingliederung; Abelshauser, Wirtschaft.

127 Zu den Folgen der westdeutschen Währungsreform vgl. Buchheim, Wiedereingliederung, 269–283.

128 Vgl. als Überblick Benz, Die Gründung der Bundesrepublik, 8–36.

129 Loth, Der Krieg, 285.

130 Reuter, Schriften und Reden.

131 Vgl. zum Folgenden Niclauß, Der Weg zum Grundgesetz, 110–136.

132 Vgl. März u. a., Weichenstellung; Benz, Die Gründung der Bundesrepublik, 118–130.

133 Vgl. Bender, Deutschland.

134 Deigton, The Impossible Peace; vgl. den Überblick bei Maier, Introduction, in: ders., The Cold War, 3–19; Foschepoth u. a., Britische Deutschland- und Besatzungspolitik.

135 Eisenberg, Drawing the Line.

136 Trachtenberg, A Constructed Peace. Vgl. auch Raack, Stalin's Drive to the West.

137 Vgl. Kästner, notabene 45, 114 (4.5.1945).

138 Kleßmann, Die doppelte Staatsgründung, 121–126.

139 Ebd., 122.

140 SMAD, Befehl Nr. 2 vom 10. Juni 1945.

141 Aufruf des Zentralkomitees der Kommunistischen Partei Deutschlands an das deutsche Volk zum Aufbau eines antifaschistisch-demokratischen Deutschlands vom 11. Juni 1945, in: Deutsche Volkszeitung vom 13. Juni 1945, zit. nach Judt, DDR-Geschichte, 45.

142 Vgl. Malycha, Auf dem Weg.

143 Vgl. Agethen, Die CDU; Richter u. a., Die Ost-CDU; Bode, Liberal-Demokraten und »deutsche Frage«; Sommer, Die Liberal-Demokratische Partei Deutschlands.

144 Vgl. das Schreiben von T. Heuss an W. Külz vom 19.12.1947: Kleßmann, Die doppelte Staatsgründung, Dok. 79, 455 f.

145 Schollwer, Potsdamer Tagebuch 1948–1950, 30 f. (24.3.1948).

146 Kleßmann, Die doppelte Staatsgründung, 141.

147 Zur SPD vgl. Bouvier, Ausgeschaltet!

148 Vgl. zur Rolle der KPD/SED als wichtigster deutscher Hebel der Sowjetischen Militäradministration in Sachsen (SMAS): Schmeitzner u. a., Die Partei der Diktaturdurchsetzung.

149 Vgl. Borowsky, Deutschland, Anhang.

150 Schollwer, Potsdamer Tagebuch 1948–1950, 95 (8.11.1948).

151 Vgl. Malycha, Partei; Hurwitz, Die Stalinisierung. Für Sachsen vgl. Schmeitzner u. a., Die Partei der Diktaturdurchsetzung, 349–414.

152 Vgl. die lokalgeschichtlichen Beiträge in: Heß u. a., Heidelberg 1945, und Dann, Köln; für Baden: Wolfrum u. a., Krisenjahre; für die Region Ansbach/Fürth: Woller, Gesellschaft.

153 Vgl. etwa für Ostwestfalen-Lippe: Albertin, Demokratische Herausforderung.

154 Vgl. kritisch gegenüber dem »Mythos Schumacher« und dem Weimarer Traditionalismus an der Parteispitze: Klotzbach, Der Weg zur Staatspartei, 37–97 u. 278.

155 Zur SPD in der französischen Zone: Wolfrum, Französische Besatzungspolitik.

156 Vgl. Vorholt u. a., SED im Ruhrgebiet?.

157 Vgl. Becker, Die CDU.

158 Vgl. die Abb. des Gründungsaufrufs in: Kleßmann, Die doppelte Staatsgründung, 143; Dok. 55.

159 »Ein Ruf zur Sammlung des deutschen Volkes« – Die Kölner Leitsätze vom Juni 1945, in: Rüther, Hg.: Geschichte, 684–687.

160 Kölner Leitsätze: Kleßmann, Die doppelte Staatsgründung, Dok 56. Vgl. dazu auch Lönne, 1945, 761f.

161 So das Urteil in Kleßmann, Die doppelte Staatsgründung, 142.

162 Vgl. Schlemmer, Aufbruch.

163 Die drittstärkste Partei bei den Landtagswahlen von 1946 wurde die 1945 gegründete Wirtschaftliche Aufbau-Vereinigung (WAV) des Münchener Rechtsanwalts Alfred Loritz. Ihre lautstarke Kritik an der Entnazifizierung trug entscheidend zu diesem Erfolg bei. Vgl. Schlemmer, Aufbruch.

164 Vgl. zu den Demokratiekonzeptionen Niclauß, Der Weg zum Grundgesetz, 27–108.

165 Vgl. zur Begriffsgeschichte Koselleck, Art. Volk, Bd. 7, 141–431; Ortega y Gasset, Der Aufstand der Massen.

166 Niclauß, Der Weg zum Grundgesetz, 27–51.

167 Vgl. z.B. http://www.kas.de/publikationen/1997/813_dokument. html.

168 Albertin, Das theoriearme Jahrzehnt, 659–676.

169 Zit. nach Niclauß, Der Weg zum Grundgesetz, 86f.

170 Vgl. Rosenthal, Wenn alles in Scherben fällt; Bude, Deutsche Karrieren; Holtmann, SPD und HJ-Generation.

171 Vgl. zur amerikanischen Umerziehungspolitik: Schrenk-Notzing, Charakterwäsche.

172 Vgl. die 48 knappen Kindheits- und Jugenderinnerungen in Kleindienst, Hungern und hoffen.

173 Vgl. etwa Schörken, Jugend 1945, 13f.

174 Ebd., 176–188.

175 Füssl, Die Umerziehung, 37–76.

176 Vgl. Faßnacht, Universitäten. Zur Schulpolitik vgl. zum Beispiel für Bayern: Müller, Schulpolitik.

177 Ebd., 116f.

178 Ebd., 120.

179 Vgl. Rathfelder u.a., GYA; Füssl, Die Umerziehung, 148–167.

180 Besonders groß war die Bandbreite der Jugendorganisationen in Berlin; vgl. mit zahlreichen Abbildungen Gröschel u.a., Trümmerkids, 10–128.

181 Vgl. zum Folgenden: Mählert, Die Freie Deutsche Jugend; ders.

u. a., Blaue Hemden, 16–51; und die Beiträge in Gotschlich u. a., Aber nicht im Gleichschritt.

182 Zur Entwicklung in Berlin vgl. Füssl, Die Umerziehung, 213–270.
183 Mählert u. a., Blaue Hemden, 52–73.
184 Wierling, Von der HJ zur FDJ, 116 f.
185 Poiger, Krise der Männlichkeit, 228 f.
186 Schmid, Erinnerungen, 235.
187 Vgl. Friedrich, Rundfunk.
188 Vgl. Hein-Kremer, Die amerikanische Kulturoffensive; Clemens, Kulturpolitik; für Württemberg-Baden: Bausch, Die Kulturpolitik; Clemens, Britische Kulturpolitik; Knipping u. a., Frankreichs Kulturpolitik; Zauner, Erziehung; Schölzel, Die Pressepolitik; für die SBZ: Wehner, Kulturpolitik und Volksfront; Pike, The Politics of Culture; Hartmann u. a., Sowjetische Präsenz; für Berlin: Hinz u. a., Die vier Besatzungsmächte.
189 Vgl. zum Folgenden Glaser, Die Kulturgeschichte.
190 Vgl. v. a. zur Rolle der amerikanischen Filmindustrie Fehrenbach, Cinema, 51–117; Glaser, Die Kunstgeschichte; Schivelbusch, Vor dem Vorhang.
191 Vgl. Chamberlin, Todesmühlen.
192 Zu Berlin vgl. Schivelbusch, Vor dem Vorhang, 199–239.
193 Koszyk, Das Exil und die Nachkriegspresse.
194 Vgl. die Übersicht bei Laurien, Die Verarbeitung, 232–237.
195 Vgl. zum Folgenden Laurien, Die Verarbeitung; Koszyk, Pressepolitik.
196 Vgl. Glaser, Die Kulturgeschichte.
197 Ebd.
198 Baumeister, Bild und Weltbild, zit. nach Stuttgarter Galerieverein, Stunde Null, 13.
199 Vgl. Pike, The Politics of Culture; Naimark, Die Russen.
200 Vgl. zur Medienkontrolle in der SBZ Strunk, Zensur.
201 Vgl. Wehner, Kulturpolitik und Volksfront.
202 Vgl. zur Gründungs- und Frühgeschichte des Kulturbundes Heider, Politik – Kultur – Kulturbund; vgl. auch Blaum, Kunst und Politik.
203 Programm des Kulturbundes zur demokratischen Erneuerung Deutschlands. Angenommen auf der Gründungsveranstaltung am 4. Juli 1945 in Berlin, zit. nach Heider, Politik – Kultur – Kulturbund, 37.

204 Zit. ebd., 93.
205 Martha Gellhorn, Das Gesicht des Krieges. Reportagen 1937–1987, München 1989; zit. nach Enzensberger, Europa in Ruinen, 87 f. Dieselbe Erfahrung machte der Nachrichtenoffizier der Abteilung für Psychologische Kriegsführung Saul K. Padover (Lügendetektor, bes. 46).
206 Vgl. als Überblick Vollnhals, Entnazifizierung.
207 Vgl. Niethammer, Alliierte Internierungslager; für die britische Zone vgl. Wember, Umerziehung; für die amerikanische: Horn, Die Internierungs- und Arbeitslager.
208 Morré, Speziallager; Weigelt, »Umschulungslager«; Kilian, Einweisungen zur völligen Isolierung; Mironenko, Speziallager; als Dokumentation: Flocken u. a., Stalins Lager.
209 Vgl. als Überblick Wille, Entnazifizierung, und die Materialsammlung von Rößler, Entnazifizierungspolitik.
210 Vgl. zur politischen Säuberung in Thüringen und Sachsen Welsh, Revolutionärer Wandel; für Mecklenburg-Vorpommern: van Melis, Entnazifizierung.
211 Vgl. für Bayern: Niethammer, Die Mitläuferfabrik.
212 Vgl. für die britische Zone: Krüger, Entnazifiziert!; für die französische Zone: Henke, Politische Säuberung, und Möhler, Entnazifizierung. In europäischer Perspektive vgl. Henke u.a., Politische Säuberungen. Vgl. auch Rauh-Kühne u.a., Regionale Eliten.
213 Niethammer, Die Mitläuferfabrik; vgl. z.B. Dorn, Inspektionsreisen, 106 (6.4.1947), über die Lage in Bad Kissingen: »Die Qualität der Spruchkammer ist leidlich, aber nicht dazu angetan, mächtigen Nazis Achtung einzuflößen. Der öffentliche Kläger klagt vorrangig nicht die prominenten Nazis, sondern hauptsächlich die kleinen Fische an – und verstößt damit gegen Befehle der Militärregierung.«
214 Vgl. Rauh-Kühne, Die Entnazifizierung.
215 Vgl. für Nordbaden die kollektivbiographische Studie von Borgstedt, Entnazifizierung in Karlsruhe, bes. 265.
216 Arbogast, Herrschaftsinstanzen.
217 Vgl. mit weiterführender Literatur Frei, Vergangenheitspolitik, und die Beiträge in Loth u.a., Verwandlungspolitik.
218 Vgl. Mick, Forschen für die Siegermächte, 442 f.; ders., Forschen für Stalin.

219 Tägliche Rundschau, 3.11.1946.
220 Vgl. die Beiträge in Judt u. a., Technology Transfer, sowie Gimbel, Science, Technology.
221 Mick, Forschen für die Siegermächte.
222 Vgl. grundlegend Broszat, Siegerjustiz; für Nordrhein-Westfalen vgl. Boberach, Die Verfolgung.
223 Vgl. Ueberschär, Der Nationalsozialismus vor Gericht.
224 Das Londoner Abkommen ist abgedruckt ebd., 289–291.
225 Zur Verwendung von Fotografien als Beweismaterial vgl. Brink, Ikonen der Vernichtung, 101–123.
226 Vgl. Urteil von Nürnberg.
227 Taylor, Die Nürnberger Prozesse, 733.
228 Das Gesetz ist abgedruckt bei Ueberschär, Der Nationalsozialismus vor Gericht, 295–301.
229 Vgl. knapp zu den einzelnen Fällen die Beiträge in Ueberschär, Der Nationalsozialismus vor Gericht.
230 Vgl. zum Folgenden Sigel, Die Dachauer Kriegsverbrecherprozesse.
231 Ebd., 7–39.
232 Ebd., 159–193.
233 Zit. n. Boberach, Die Verfolgung, 22. Vgl. auch rechtsgeschichtlich Perels, Das juristische Erbe, 203–222.
234 Vgl. zum Folgenden Poiger, Krise der Männlichkeit; Biess, Männer; ders., »Pioneers«.
235 Jünger, Jahre der Okkupation, 223 (24.12.1945).
236 Vgl. Kaminsky, Heimkehr 1948; Smith, Heimkehr.
237 Die Zahlen nach Heinemann, What Difference, 118.
238 Vgl. Goltermann, Verletzte Körper.
239 Vgl. zum Buchhandel Estermann u. a., Buch. Eine Zusammenstellung der in Nordrhein-Westfalen eingezogenen Literatur liegt auf CD-ROM vor: Hopster u. a., Säuberung. Vgl. zur »Déprussianisation« im französischen Sektor Berlins Führe, Die französische Besatzungspolitik.
240 Vgl. Wegner, Erschriebene Siege.
241 Vgl. Echternkamp, Wut auf die Wehrmacht.
242 Vgl. Rosenthal, Wenn alles in Scherben fällt, 384.
243 Vgl. Echternkamp, Kameradenpost. Vgl. umfassend Meyer, Zur Situation.

244 So lautet die These von Lockenour, Soldiers as Citizens. Vgl. auch Diehl, The Thanks.

245 Vgl. auch zum Folgenden Biess, »Russenknechte«; ders., »Pioneers«.

246 Vgl. Thoß, Volksarmee.

247 Volks- und Berufszählung vom 29. Oktober 1946 in den vier Besatzungszonen und Groß-Berlin.

248 Vgl. Heinemann, What Difference.

249 Vgl. Rupieper, Bringing Democracy.

250 Heinemann, What Difference, 75 f. Vgl. zur Frauenpolitik in der SBZ Naimark, Die Russen, 160–169.

251 Heinemann, What Difference, 87, Anm. 50.

252 Naimark, Die Russen, 160–165.

253 Mode in der Sowjetunion, in: Illustrierte Rundschau 1. Jg., Nr. 8 (Sept. 1946), 17–20.

254 Naimark, Die Russen.

255 Höhn, GIs; dies., Frau im Haus, 57–90.

256 Heinemann, What Difference, 98, Anm. 283; Kleinschmidt, »Do not fraternize«.

257 Vgl. die auf quantitative und qualitative Quellen gestützte Arbeit von Niehuss, Familie.

258 Das Folgende v. a. nach Heinemann, What Difference, 108–136.

259 Schelsky, Wandlungen.

260 Vgl. die statistischen Angaben bei Heinemann, What Difference, Anhang A.3, und 122. Vgl. auch Meyer, Sibylle u. a., Krieg im Frieden.

261 Vgl. zum Folgenden Schneider, Einigkeit im Unglück?. Zur Kontinuität der Bevölkerungspolitik vgl. Timm, The Legacy.

262 Schelsky, Wandlungen, 178.

263 Vgl. Schneider, Einigkeit im Unglück?, 211.

264 Vgl. auf der Grundlage zeitgenössischer Studien Ackermann, Deutsche Flüchtlingskinder.

265 Vgl. Kebbedies, Außer Kontrolle.

266 Botschaft des Feldmarschalls Montgomery an die Einwohner der britischen Besatzungszone, zitiert nach Benz, Potsdam 1945, 77.

267 Potsdamer Abkommen, III.

268 Vgl. zum Folgenden Brink, Ikonen der Vernichtung; Derenthal, Bilder, 16–43.

269 Brink, Ikonen der Vernichtung, 36 f.
270 Vgl. dazu v.a. Barnouw, Ansichten von Deutschland 1945. Zu Dachau vgl. Marcuse, Legacies.
271 Zit. n. Brink, Ikonen der Vernichtung, 63.
272 Arendt, Elemente, 685 (Anm.).
273 Brink, Ikonen der Vernichtung, 84–96.
274 Vgl. Barnouw, Ansichten von Deutschland 1945.
275 Zit. nach Krauss, Heimkehr, 53.
276 Zit. nach Krauss, Heimkehr, 58.
277 Vgl. Lange u. a., Wollt ihr Thomas Mann wiederhaben.
278 Vgl. Jaspers, Die Schuldfrage.
279 Greschat, Die Schuld der Kirche.
280 Vgl. Posner, In Deutschland 1945–1946, 22 f., zit. nach Stern, The Whitewashing, 307 f.
281 Lammersdorf, Verantwortung und Schuld, 237; vgl. Koebner, Die Schuldfrage.
282 Vgl. Hartenian, The Role of Media.
283 Boveri, Tage des Überlebens, 121 f.
284 Vgl. Foschepoth, German Reaction.
285 Vgl. Conrad, Auf der Suche.
286 Laurien, Die Verarbeitung, 227–230.
287 Stern, The Whitewashing, 103 f.
288 Geyer, Das Stigma, 683 f.
289 Broszat u. a., Von Stalingrad zur Währungsreform, Einleitung, xxv.
290 Gries, Die Rationen-Gesellschaft, 14.
291 Vgl. Schlange-Schöningen, Im Schatten des Hungers.
292 Vgl. Schwartz, »Zwangsheimat«, 117.
293 Vgl. etwa für die britische Zone Kramer, Law-Abiding Germans.
294 Vgl. Steinle, Nationales Selbstverständnis; Fulbrook, German National Identity; Echternkamp, »Verwirrung im Vaterländischen«?; zur »Nationalisierung« der frauenspezifischen Erfahrung vgl. Heinemann, Die Stunde; für das Beispiel der Kinoindustrie Fehrenbach, Cinema; Foschepoth, German Reaction.
295 Vgl. Gries, Die Rationen-Gesellschaft, 327 f.
296 Spender, Deutschland, 195.
297 Vgl. Henke, Die amerikanische Besetzung, 90–93; Kleinschmidt, »Do not fraternize«.

299 Vgl. zum Folgenden Fehrenbach, Of German Mothers.

299 Lemke Muniz de Faria, Zwischen Fürsorge und Ausgrenzung.

300 Posner, In Deutschland 1945–1946, zit. nach Stern, The Whitewashing, 59.

301 Klemperer, Tagebücher 1945–1949, 242 (10.5.1946).

302 Stern, The Whitewashing, 117 f. Vgl. zu den OMGUS-Umfragen
ebd. 111–132; vgl. Schoeps, Leben.

303 Jacobmeyer, Jüdische Überlebende, 440 f. Vgl. auch Königseder
u. a., Lebensmut; Brenner, Nach dem Holocaust.

304 Noelle-Neumann, Jahrbuch der öffentlichen Meinung 1958–1964,
215.

305 Stern, The Whitewashing, 299.

306 Vgl. zur jüdischen Remigration Krauss, Heimkehr, 125–136.

307 Merrit u. a., Public Opinion, 33, 55, 163, 295. Vgl. Major, The Death
of the KPD, 271–273.

308 Vgl. Major, The Death of the KPD, 265–269.

309 Vgl. ebd., 33–73.

310 Vgl. ebd., 235 f.

311 Vgl. ebd., 265.

312 Vgl. Prowe, Demokratisierung.

313 Vgl. überwiegend kritisch: Jarausch u. a., Amerikanisierung und
Sowjetisierung; zur amerikanischen Kulturpolitik: Schumacher,
Kalter Krieg; Lemke, Sowjetisierung. »Amerikanisierung« – ab
den 20er Jahren ein Kampfbegriff – bezeichnet in der jüngeren
Kulturgeschichte eine kulturelle Transferleistung, die einen kom-
plexen, dynamischen Aneignungsprozess (hier: auf deutscher
Seite) beinhaltet. Kritiker gehen im Hinblick auf die Politik-,
Wirtschafts- und Sozialgeschichte dagegen von einem statischen
Begriff aus und betonen die Grenzen des Konzepts.

314 Vgl. zur Bedeutung des Ersten Weltkriegs nach 1945 Echternkamp, Zwischen Selbstverteidigung; Koselleck, Der Einfluß;
Niedhart u. a., Lernen aus dem Krieg?; Mieck u. a, Nachkriegsgesellschaften.

315 Vgl. Barbian u. a., »Zwischen gestern und morgen«, 18 f.

316 So die These von Moeller, The Search; vgl. ders., Deutsche Opfer,
32 f.; ders., West Germany; vgl. auch Rautenberg, Die Wahrnehmung; Schwartz, Vertreibung.

317 Vgl. Moeller, The Search; zur Wiedergutmachung in West- bzw.

Ostdeutschland vgl. Goschler, Wiedergutmachung; Kessler u. a., Wiedergutmachung im Osten.

318 Vgl. Naumann, Nachkrieg, Einleitung, 11 f.; Naumann, Der Krieg.
319 Vgl. Derenthal, Bilder.
320 Vgl. die frühen Studien von Niethammer, Hinterher; vgl. Carlson, We Were Each Other's Prisoners; Domansky u. a., Der lange Schatten.
321 So die Kritik von Sebald, Luftkrieg, Zit. 41.
322 Vgl. Naumann, Der Krieg.
323 Vgl. Kleßmann, Stationen.
324 Weizsäcker, Von Deutschland aus, 15.
325 Vgl. Albrecht u. a., Zusammenbruch.
326 Vgl. Naumann, Der Krieg.
327 Die Angabe nach SPIEGEL special 1945–1948. Die Deutschen nach der Stunde Null, Hamburg 1995, 10.
328 Kocka, 1945: Neubeginn oder Restauration; Loth, Weltpolitische Zäsur 1945; vgl. Bauerkämper u. a., Der 8. Mai 1945 als historische Zäsur.
329 Vgl. Möller, Die Relativität.
330 Vgl. Kocka, 1945 nach 1989/90.
331 Vgl. Tenfelde, 1914 bis 1990.
332 Möller, Die Relativität.

Abkürzungsverzeichnis

AfS	Archiv für Sozialgeschichte
APuZ	Aus Politik und Zeitgeschichte
BBC	British Broadcasting Company
Bd., Bde.	Band, Bände
BdL	Bank deutscher Länder
BDM	Bund deutscher Mädel
BICO	Bipartite Control Office
CDU	Christlich-Demokratische Union
CEH	Central European History
CSU	Christlich-Soziale Union
CVJM	Christlicher Verein Junger Männer
CVP	Christliche Volkspartei
DBD	Demokratische Bauernpartei Deutschlands
DDP	Deutsche Demokratische Partei
DEFA	Deutsche Film AG
DFD	Demokratischer Frauenbund Deutschlands
DPs	Displaced Persons
DVAS	Deutsche Verwaltung für Arbeit und Sozialfürsorge
DVP	Demokratische Volkspartei
DVV	Deutsche Zentralverwaltung für Volksbildung
EKD	Evangelische Kirche Deutschlands
FDGB	Freier Deutscher Gewerkschaftsbund
FDJ	Freie Deutsche Jugend
FDP	Freie Demokratische Partei
GARIOA	Government and Relief in Occupied Areas
GG	Geschichte und Gesellschaft
GWU	Geschichte in Wissenschaft und Unterricht
GYA	German Youth Activities
Hg.	Herausgeber
HJ	Hitler-Jugend
HO	Staatliche Handelsorganisation
HVAS	Hauptverwaltung für Arbeit und Sozialfürsorge
ICD	Information Control Division

IMT	Internationales Militärtribunal
IRO	International Refugee Organization
JEIA	Joint Export-Import Agency
JCS	Joint Chiefs of Staff
KPD	Kommunistische Partei Deutschlands
KPdSU	Kommunistische Partei der Sowjetunion
LDPD	Liberaldemokratische Partei Deutschlands
MGZ	Militärgeschichtliche Zeitschrift
MWD	Ministerstwo wnutrennych del
	(Ministerium für Inneres)
ND	Nachdruck
NDPD	National-Demokratische Partei Deutschlands
NKWD	Narodny kommissariat wnutrennych del
	(Volkskommissariat für Innere Angelegenheiten)
NSDAP	Nationalsozialistische Deutsche Arbeiterpartei
NWDR	Nordwestdeutscher Rundfunk
OdF	Opfer des Faschismus
OKW	Oberkommando der Wehrmacht
OMGUS	Office of Military Government, United States
RAD	Reichsarbeitsdienst
RM	Reichsmark
SA	Sturmabteilung
SBZ	Sowjetische Besatzungszone
SD	Sicherheitsdienst
SED	Sozialistische Einheitspartei Deutschlands
SHAEF	Supreme Headquarter of Allied Expedition Forces
SMA	Sowjetische Militäradministration
	(in einem Land oder einer Provinz)
SMAD	Sowjetische Militäradministration in Deutschland
SPD	Sozialdemokratische Partei Deutschlands
SS	Schutzstaffel
UNRRA	United Nations Relief and Rehabilitation
	Administration
VfZG	Vierteljahrshefte für Zeitgeschichte
VS	Volkssolidarität
ZK	Zentralkomitee
ZVAS	Zentralverwaltung für Arbeit und Sozialfürsorge
ZVU	Zentralverwaltung für deutsche Umsiedler

Dokumente

Das Potsdamer Abkommen, 2. August 1945

Nach Abschluß der Verhandlungen zwischen den Regierungschefs der drei Großmächte wurden die Beschlüsse, Vereinbarungen und Absichtserklärungen in einer Kurzfassung des »Protocol of Proceedings« veröffentlicht, die als »Potsdamer Abkommen« bekannt geworden ist.
Quelle: Amtsblatt des Kontrollrats in Deutschland. Ergänzungsblatt Nr. 1. Berlin 1946, S. 13-20;

Mitteilung über die Dreimächtekonferenz von Berlin

I.

(...) Präsident Truman, Generalissimus Stalin und Premierminister Attlee verlassen diese Konferenz, welche das Band zwischen den drei Regierungen fester geknüpft und den Rahmen ihrer Zusammenarbeit und Verständigung erweitert hat, mit der verstärkten Überzeugung, daß ihre Regierungen und Völker, zusammen mit anderen Vereinten Nationen, die Schaffung eines gerechten und dauerhaften Friedens sichern werden.

(...)

III. Deutschland

Alliierte Armeen führen die Besetzung von ganz Deutschland durch, und das deutsche Volk fängt an, die furchtbaren Verbrechen zu büßen, die unter der Leitung derer, welche es zur Zeit ihrer Erfolge offen gebilligt hat und denen es blind gehorcht hat, begangen wurden. Auf der Konferenz wurde eine Übereinkunft erzielt über die politischen und wirtschaftlichen Grundsätze der gleichgeschalteten Politik der Alliierten in bezug auf das besiegte Deutschland in der Periode der alliierten Kontrolle.

Das Ziel dieser Übereinkunft bildet die Durchführung der Krim-Deklaration über Deutschland. Der deutsche Militarismus und Nazismus werden ausgerottet, und die Alliierten treffen nach gegenseitiger Vereinbarung in der Gegenwart und in der Zukunft auch andere Maßnahmen, die notwendig sind, damit Deutschland niemals mehr seine Nachbarn oder die Erhaltung des Friedens in der ganzen Welt bedrohen kann. Es ist nicht die Absicht der Alliierten, das deutsche Volk zu vernichten oder zu versklaven. Die Alliierten wollen dem deutschen Volk die Möglichkeit geben, sich darauf vorzubereiten, sein Leben auf einer demokratischen und friedlichen Grundlage von neuem wiederaufzubauen. Wenn die eigenen Anstrengungen des deutschen Volkes unablässig auf die Erreichung dieses Zieles gerichtet sein werden, wird es ihm möglich sein, zu gegebener Zeit seinen Platz unter den freien und friedlichen Völkern der Welt einzunehmen.

Der Text dieser Übereinkunft lautet: »Politische und wirtschaftliche Grundsätze, deren man sich bei der Behandlung Deutschlands in der Anfangsperiode der Kontrolle bedienen muß:

A. Politische Grundsätze

1. Entsprechend der Übereinkunft über das Kontrollsystem in Deutschland wird die höchste Regierungsgewalt in Deutschland durch die Oberbefehlshaber der Streitkräfte der Vereinigten Staaten von Amerika, des Vereinigten Königreichs, der Union der Sozialistischen Sowjetrepubliken und der Französischen Republik nach den Weisungen ihrer entsprechenden Regierungen ausgeübt, und zwar von jedem in seiner Besatzungszone, sowie gemeinsam in ihrer Eigenschaft als Mitglieder des Kontrollrates in den Deutschland als Ganzes betreffenden Fragen.

2. Soweit dieses praktisch durchführbar ist, muß die Behandlung der deutschen Bevölkerung in ganz Deutschland gleich sein.

3. Die Ziele der Besetzung Deutschlands, durch welche der Kontrollrat sich leiten lassen soll, sind:

(I) Völlige Abrüstung und Entmilitarisierung Deutschlands und die Ausschaltung der gesamten deutschen Industrie, welche für eine Kriegsproduktion benutzt werden kann oder deren Überwachung. Zu diesem Zweck:

a) werden alle Land-, See- und Luftstreitkräfte Deutschlands, SS, SA, SD und Gestapo mit allen ihren Organisationen, Stäben und Ämtern, einschließlich des Generalstabes, des Offizierkorps, der Reservisten, der Kriegsschulen, der Kriegervereine und aller anderen militärischen und halbmilitärischen Organisationen zusammen mit ihren Vereinen und Unterorganisationen, die den Interessen der Erhaltung der militärischen Tradition dienen, völlig und endgültig aufgelöst, um damit für immer der Wiedergeburt oder Wiederaufrichtung des deutschen Militarismus und Nazismus vorzubeugen;

b) müssen sich alle Waffen, Munition und Kriegsgerät und alle Spezialmittel zu deren Herstellung in der Gewalt der Alliierten befinden oder vernichtet werden. Der Unterhaltung und Herstellung aller Flugzeuge und aller Waffen, Ausrüstung und Kriegsgeräte wird vorgebeugt werden.

(II) Das deutsche Volk muß überzeugt werden, daß es eine totale militärische Niederlage erlitten hat und daß es sich nicht der Verantwortung entziehen kann für das, was es selbst dadurch auf sich geladen hat, daß seine eigene mitleidlose Kriegsführung und der fanatische Widerstand der Nazis die deutsche Wirtschaft zerstört und Chaos und Elend unvermeidlich gemacht haben.

(III) Die Nationalsozialistische Partei mit ihren angeschlossenen Gliederungen und Unterorganisationen ist zu vernichten; alle nationalsozialistischen Ämter sind aufzulösen; es sind Sicherheiten dafür zu schaffen, daß sie in keiner Form wieder auferstehen können; jeder nazistischen und militaristischen Betätigung und Propaganda ist vorzubeugen.

(IV) Die endgültige Umgestaltung des deutschen politischen Lebens auf demokratischer Grundlage und eine eventuelle friedliche Mitarbeit Deutschlands am internationalen Leben sind vorzubereiten.

4. Alle nazistischen Gesetze, welche die Grundlagen für das Hitlerregime geliefert haben oder eine Diskriminierung auf Grund der Rasse, Religion oder politischen Überzeugung errichteten, müssen abgeschafft werden. Keine solche Diskriminierung, weder eine rechtliche noch eine administrative oder irgendeiner anderen Art, wird geduldet werden.

5. Kriegsverbrecher und alle diejenigen, die an der Planung oder Verwirklichung nazistischer Maßnahmen, die Greuel oder Kriegsverbrechen nach sich zogen oder als Ergebnis hatten, teilgenommen haben, sind zu verhaften und dem Gericht zu übergeben. Nazistische Parteiführer, einflußreiche Nazianhänger und die Leiter der nazistischen Ämter und Organisationen und alle anderen Personen, die für die Besetzung und ihre Ziele gefährlich sind, sind zu verhaften und zu internieren.

6. Alle Mitglieder der nazistischen Partei, welche mehr als nominell an ihrer Tätigkeit teilgenommen haben, und alle anderen Personen, die den alliierten Zielen feindlich gegenüberstehen, sind aus den öffentlichen oder halböffentlichen Ämtern und von den verantwortlichen

Posten in wichtigen Privatunternehmungen zu entfernen. Diese Personen müssen durch Personen ersetzt werden, welche nach ihren politischen und moralischen Eigenschaften fähig erscheinen, an der Entwicklung wahrhaft demokratischer Einrichtungen in Deutschland mitzuwirken.

7. Das Erziehungswesen in Deutschland muß so überwacht werden, daß die nazistischen und militaristischen Lehren völlig entfernt werden und eine erfolgreiche Entwicklung der demokratischen Ideen möglich gemacht wird.

8. Das Gerichtswesen wird entsprechend den Grundsätzen der Demokratie und der Gerechtigkeit auf der Grundlage der Gesetzlichkeit und der Gleichheit aller Bürger vor dem Gesetz ohne Unterschied der Rasse, der Nationalität und der Religion reorganisiert werden.

9. Die Verwaltung Deutschlands muß in Richtung auf eine Dezentralisation der politischen Struktur und der Entwicklung einer örtlichen Selbstverantwortung durchgeführt werden. Zu diesem Zwecke:

(I) Die lokale Selbstverwaltung wird in ganz Deutschland nach demokratischen Grundsätzen, und zwar durch Wahlausschüsse (Räte), so schnell wie es mit der Wahrung der militärischen Besatzung vereinbar ist, wiederhergestellt.

(II) In ganz Deutschland sind alle demokratischen politischen Parteien zu erlauben und zu fördern mit der Einraumung des Rechtes, Versammlungen einzuberufen und öffentliche Diskussionen durchzuführen.

(III) Der Grundsatz der Wahlvertretung soll in die Gemeinde-, Kreis-, Provinzial- und Landesverwaltungen, so schnell wie es durch die erfolgreiche Anwendung dieser Grundsätze in der örtlichen Selbstverwaltung gerechtfertigt werden kann, eingeführt werden.

(IV) Bis auf weiteres wird keine zentrale deutsche Regierung errichtet werden. Jedoch werden einige wichtige zentrale deutsche Verwaltungsabteilungen errichtet werden, an deren Spitze Staatssekretäre stehen, und zwar auf den Gebieten des Finanzwesens, des Transportwesens, des Verkehrswesens, des Außenhandels und der Industrie. Diese Abteilungen werden unter der Leitung des Kontrollrates tätig sein.

10. Unter Berücksichtigung der Notwendigkeit zur Erhaltung der militärischen Sicherheit wird die Freiheit der Rede, der Presse und der Religion gewährt. Die religiösen Einrichtungen sollen respektiert werden. Die Schaffung Freier Gewerkschaften, gleichfalls unter Berücksich-

tigung der Notwendigkeit der Erhaltung der militärischen Sicherheit, wird gestattet werden.

B. Wirtschaftliche Grundsätze

11. Mit dem Ziele der Vernichtung des deutschen Kriegspotentials ist die Produktion von Waffen, Kriegsausrüstung und Kriegsmitteln, ebenso die Herstellung aller Typen von Flugzeugen und Seeschiffen zu verbieten und zu unterbinden. Die Herstellung von Metallen und Chemikalien, der Maschinenbau und die Herstellung anderer Gegenstände, die unmittelbar für die Kriegswirtschaft notwendig sind, ist streng zu überwachen und zu beschränken, entsprechend dem genehmigten Stand der friedlichen Nachkriegsbedürfnisse Deutschlands, um die in dem Punkt 15 angeführten Ziele zu befriedigen. Die Produktionskapazität, entbehrlich für die Industrie, welche erlaubt sein wird, ist entsprechend dem Reparationsplan, empfohlen durch die interalliierte Reparationskommission und bestätigt durch die beteiligten Regierungen, entweder zu entfernen oder, falls sie nicht entfernt werden kann, zu vernichten.

12. In praktisch kürzester Frist ist das deutsche Wirtschaftsleben zu dezentralisieren mit dem Ziel der Vernichtung der bestehenden übermäßigen Konzentration der Wirtschaftskraft, dargestellt insbesondere durch Kartelle, Syndikate, Trusts und andere Monopolvereinigungen.

13. Bei der Organisation des deutschen Wirtschaftslebens ist das Hauptgewicht auf die Entwicklung der Landwirtschaft und der Friedensindustrie für den inneren Bedarf (Verbrauch) zu legen.

14. Während der Besatzungszeit ist Deutschland als eine wirtschaftliche Einheit zu betrachten.

(...)

VII. Kriegsverbrecher

Die drei Regierungen haben von dem Meinungsaustausch Kenntnis genommen, der in den letzten Wochen in London zwischen britischen, USA-, sowjetischen und französischen Vertretern mit dem Ziele stattgefunden hat, eine Vereinbarung über die Methoden des Verfahrens gegen alle Hauptkriegsverbrecher zu erzielen, deren Verbrechen nach der Moskauer Erklärung vom Oktober 1943 räumlich nicht besonders begrenzt sind.

Die drei Regierungen bekräftigen ihre Absicht, diese Verbrecher einer schnellen und sicheren Gerichtsbarkeit zuzuführen. Sie hoffen, daß die Verhandlungen in London zu einer schnellen Vereinbarung führen, die diesem Zwecke dient, und sie betrachten es als eine Angelegenheit von größter Wichtigkeit, daß der Prozeß gegen diese Hauptverbrecher zum frühestmöglichen Zeitpunkt beginnt.

Die erste Liste der Angeklagten wird vor dem 1. September dieses Jahres veröffentlicht werden.

(...)

XIII. Ordnungsmäßige Überführung deutscher Bevölkerungsteile
Die Konferenz erzielte folgendes Abkommen über die Ausweisung Deutscher aus Polen, der Tschechoslowakei und Ungarn:

Die drei Regierungen haben die Frage unter allen Gesichtspunkten beraten und erkennen an, daß die Überführung der deutschen Bevölkerung oder Bestandteile derselben, die in Polen, Tschechoslowakei und Ungarn zurückgeblieben sind, nach Deutschland durchgeführt werden muß. Sie stimmen darin überein, daß jede derartige Überführung, die stattfinden wird, in ordnungsgemäßer und humaner Weise erfolgen soll. Da der Zustrom einer großen Zahl Deutscher nach Deutschland die Lasten vergrößern würde, die bereits auf den Besatzungsbehörden ruhen, halten sie es für wünschenswert, daß der alliierte Kontrollrat in Deutschland zunächst das Problem unter besonderer Berücksichtigung der Frage einer gerechten Verteilung dieser Deutschen auf die einzelnen Besatzungszonen prüfen soll. Sie beauftragen demgemäß ihre jeweiligen Vertreter beim Kontrollrat, ihren Regierungen so bald wie möglich über den Umfang zu berichten, in dem derartige Personen schon aus Polen, der Tschechoslowakei und Ungarn nach Deutschland gekommen sind, und eine Schätzung über Zeitpunkt und Ausmaß vorzulegen, zu dem die weiteren Überführungen durchgeführt werden könnten, wobei die gegenwärtige Lage in Deutschland zu berücksichtigen ist. Die tschechoslowakische Regierung, die Polnische Provisorische Regierung und der Alliierte Kontrollrat in Ungarn werden gleichzeitig von obigem in Kenntnis gesetzt und ersucht werden, inzwischen weitere Ausweisungen der deutschen Bevölkerung einzustellen, bis die betroffenen Regierungen die Berichte ihrer Vertreter an den Kontrollausschuß geprüft haben.

(...)

2. August 1945.
(Dieser Bericht ist von J. W Stalin, Harry S. Truman und
C. R. Attlee unterzeichnet.)

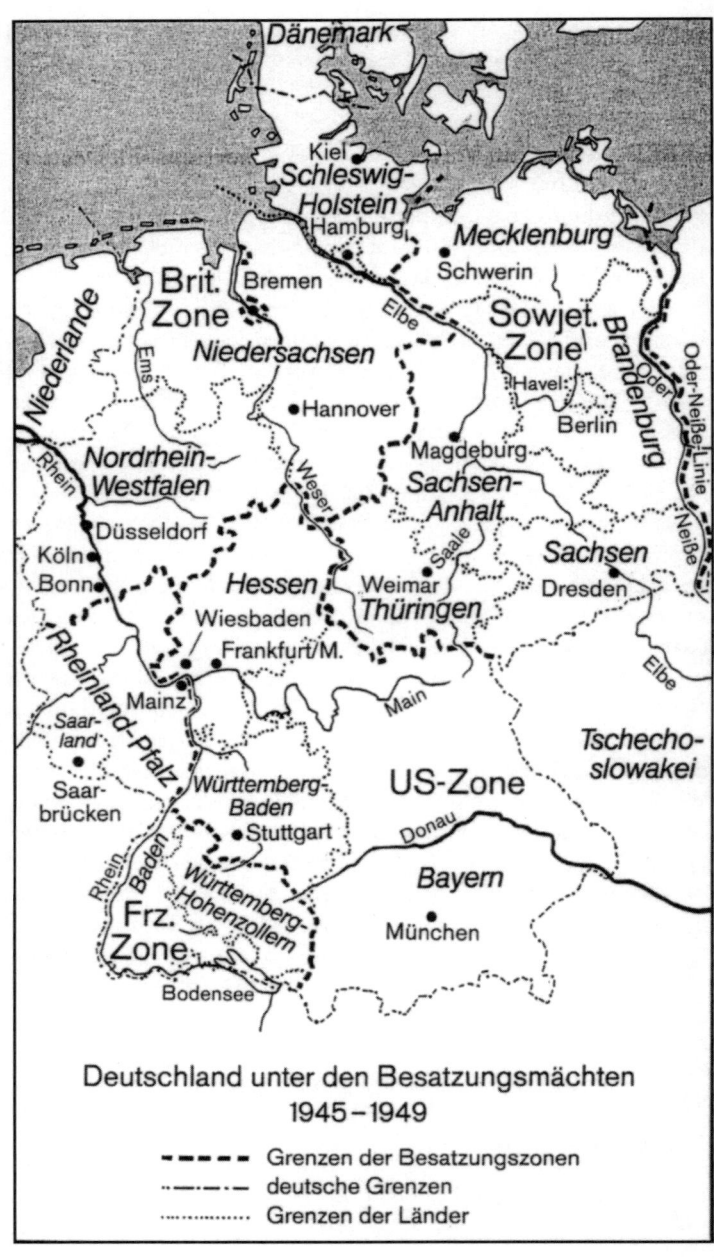

Deutschland unter den Besatzungsmächten
1945 – 1949

- - - - Grenzen der Besatzungszonen
-·-·-·- deutsche Grenzen
·········· Grenzen der Länder

Bibliographie

Quelleneditionen

Akten zur Vorgeschichte der Bundesrepublik Deutschland 1945–1949, 5 Bde., hg. vom Bundesarchiv und Institut für Zeitgeschichte, München 1967–1989.

Berichte der Landes- und Provinzialverwaltungen zur antifaschistisch-demokratischen Umwälzung 1945/46. Quellenedition, hg. von der Staatlichen Archivverwaltung des Ministeriums des Innern der DDR, Berlin (Ost) 1989.

Besatzungszeit, Bundesrepublik Deutschland und Deutsche Demokratische Republik (1945–1969). Akten und persönliche Quellen, bearb. von Michael Hollmann, Darmstadt 2001.

DDR. Dokumente zur Geschichte der Deutschen Demokratischen Republik 1945–1985, hg. von Hermann Weber, München 1986.

Der Parlamentarische Rat 1948–1949. Akten und Protokolle, hg. vom Deutschen Bundestag und vom Bundesarchiv, 11 Bde., Boppard a. R., später München 1974–1997.

Dokumentation der Vertreibung der Deutschen aus Ost-Mitteleuropa, bearb. von Theodor Schieder, hg. vom Bundesminister für Vertriebene, Flüchtlinge und Kriegsgeschädigte, 5 Bde., Bonn 1958–1963 (ND in 8 Bde., München 1984).

Dokumente deutscher Kriegsschäden. Evakuierte. Kriegssachgeschädigte. Währungsgeschädigte. Bd. 1: Die geschichtliche und rechtliche Entwicklung, hg. vom Bundesminister für Vertriebene, Flüchtlinge und Kriegsgeschädigte, Bonn 1958.

Entnazifizierungspolitik der KPD/SED 1945–1948. Dokumente und Materialien, hg. von Ruth-Kristin Rößler, Goldbach 1994.

Flocken, Jan von / Klonovsky, Michael: Stalins Lager in Deutschland 1945–1950. Dokumentation, Zeugenberichte, Berlin 1991.

Hirschfeld, Gerhard / Renz, Irina (Hg.): Besiegt und befreit. Stimmen vom Kriegsende 1945, Gerlingen 1995.

Krauss, Marita / Prinz, Friedrich (Hg.): Trümmerleben. Texte, Dokumente, Bilder aus den Münchner Nachkriegsjahren, München 1985.

Der Prozess gegen die Hauptkriegsverbrecher vor dem Internationalen Militärgerichtshof in Nürnberg 14. November 1945 bis 1. Oktober 1946, 42 Bde., Nürnberg 1947–1949 (»Blaue Reihe«).

Quellen zur staatlichen Neuordnung Deutschlands 1945–1949, hg. von Hans-Dieter Kreikamp, Darmstadt 1994.

Reichling, Gerhard: Die deutschen Vertriebenen in Zahlen, 1. Teil: Umsiedler, Verschleppte, Vertriebene, Aussiedler, 1945–1985, Bonn 1986.

Rößler, Kristin (Hg.): Entnazifizierungspolitik der KPD/SED 1945–1948. Dokumente und Materialien, Goldbach 1994.

Ruhl, Klaus-Jörg: Deutschland 1945. Alltag zwischen Krieg und Frieden in Berichten, Dokumenten und Bildern, Darmstadt/Neuwied 1984.

Ruhm von Oppen, Beate (Hg.): Documents on Germany under Occupation 1945–1954, London 1955.

Steininger, Rolf: Deutsche Geschichte seit 1945. Darstellung und Dokumente, Bd. 1: 1945–1947, Bd. 2: 1948–1955, Frankfurt a. M. 2002.

Ursachen und Folgen, Bd. 23: Vom deutschen Zusammenbruch 1918 und 1945 bis zur staatlichen Neuordnung Deutschlands in der Gegenwart, hg. von Herbert Michaelis, Ernst Schraepler, Berlin o. J.

Das Urteil von Nürnberg 1946. Mit einem Vorwort von Jörg Friedrich, München ⁴1996.

Vollnhals, Clemens (Hg.): Entnazifizierung. Politische Säuberung und Rehabilitierung in den vier Besatzungszonen 1945–1949, München 1991.

Wasmund, Klaus: Politische Plakate aus dem Nachkriegsdeutschland. Zwischen Kapitulation und Staatsgründung, Frankfurt a.M. 1986.

Weber, Hermann/Mielke, Siegfried (Hg.): Quellen zur Geschichte der deutschen Gewerkschaftsbewegung im 20. Jahrhundert, Bd. 6: Gewerkschaften in Politik, Wirtschaft und Gesellschaft 1945–1949, Köln 1991.

Wille, Manfred/Kaltenborn, Steffi (Hg.): Die Vertriebenen in der SBZ/DDR. Dokumente, Bd. 1, Wiesbaden 1996; Bd. 2: Massentransfer, Wohnen, Arbeit 1946–1949, Wiesbaden 1999.

Zur Archäologie der Demokratie in Deutschland, hg. von Alfons Söllner, 2 Bde. Frankfurt a.M. 1986 (Analysen deutscher Emigranten für OSS 1943–1945 bzw. für US State Department 1946–1949).

Zwischen Befreiung und Besatzung. Analysen des US-Geheimdienstes über Positionen und Strukturen deutscher Politik 1945, hg. von Ulrich Borsdorf, Lutz Niethammer, Weinheim 1995.

Biographische Quellen und Meinungsumfragen

Adenauer, Erinnerungen, 4 Bde., Stuttgart 1965–1967.

Adenauer – Rhöndorfer Ausgabe, hg. von Rudolf Morsey, Hans-Peter Schwarz i.A. der Stiftung Bundeskanzler-Adenauer-Haus, Briefe 1945–1947, bearb. von Hans Peter Mensing, Berlin 1983.

Bergsträsser, Ludwig: Befreiung, Besatzung, Neubeginn. Tagebuch des Darmstädter Regierungspräsidenten 1945–1948, hg. von Walter Mühlhausen, München 1986.

Bohlen, Charles: Witness to History, New York 1973.

Boveri, Margret: Tage des Überlebens. Berlin 1945, München 1968.

Clay, Lucius D.: Entscheidung in Deutschland, Frankfurt a. M. 1950.

Dorn, Walter L.: Inspektionsreisen in der US-Zone. Notizen, Denkschriften und Erinnerungen aus dem Nachlass, hg. von Lutz Niethammer, Stuttgart 1973.

Eckart, Felix von: Ein unordentliches Leben. Lebenserinnerungen, Düsseldorf 1967.

Europa in Ruinen! Augenzeugenberichte aus den Jahren 1944–1948. Gesammelt von Hans-Magnus Enzensberger, Frankfurt a. M. 1990.

Frisch, Max: Tagebuch 1946–1949, Frankfurt a.M. 1950.

Heuss, Theodor: Aufzeichnungen 1945–1947. Aus dem Nachlass, hg. von E. Pickart, Tübingen 1966.

Hoegner, Wilhelm: Der schwierige Außenseiter, München 1959.

Horstmann, Lally: Kein Grund für Tränen. Aufzeichnungen aus dem Untergang. Berlin 1943–1946, Berlin 1995.

Jaspers, Karl: Die Schuldfrage. Von der politischen Haftung Deutschlands, München 1987 (Erstausgabe Heidelberg/Zürich 1946).

Jünger, Ernst: Jahre der Okkupation, Stuttgart 1958.

Kästner, Erich: notabene 45, München ³1969.

Klemperer, Victor: So sitze ich denn zwischen allen Stühlen. Tagebücher 1945–1949, hg. von Walter Nowojski, Berlin 1999.

Kopelew, Lew: Aufbewahren für alle Zeit (1976), Göttingen 1996.

Kriegsende und Neuanfang am Rhein. Konrad Adenauer in den Berichten des Schweizer Generalkonsuls Franz-Rudolph von Wiess 1944 bis 1945, hg. von Hanns Jürgen Küsters, Hans Peter Mensing, München 1986.

Külz, Werner: Ein Liberaler zwischen Ost und West. Aufzeichnungen 1947–1948, hg. von Hergard Robel, München 1989.

Leonhard, Wolfgang: Die Revolution entläßt ihre Kinder, (1955), Köln 2000.

Maier, Reinhold: Ein Grundstein wird gelegt, Tübingen 1964.

Maier, Reinhold: Erinnerungen 1948–1953, Tübingen 1966.

Mende, Erich: Die neue Freiheit 1945–1961, München 1984.

Merrit, Anna J./Merrit, Richard L.: Public Opinion in Occupied Germany. The OMGUS Surveys, 1945–1949, Urbana u. a. 1980.

Neuanfang auf Trümmern. Die Tagebücher des Bremer Bürgermeisters Theodor Spitta 1945–1947, hg. von Ursula Büttner, Angelika Voß-Louis, München 1992.

Noelle-Neumann, Elisabeth: Jahrbuch der öffentlichen Meinung 1958–1964, Allensbach/Bonn 1965.

Padover, Saul K.: Lügendetektor. Vernehmungen im besiegten Deutschland 1944/45 (engl. 1946), Frankfurt a. M. 1999.

Pieck, Wilhelm – Aufzeichnungen zur Deutschlandpolitik 1945–1953, hg. von Rolf Badstübner, Wilfried Loth, Berlin 1994.

Pollock, James K.: Besatzung und Staatsaufbau nach 1945. Occupation Diary and Private Correspondance 1945–1948, hg. von Ingrid Krüger-Bulcke, München 1994.

Posner, Julius: In Deutschland 1945–1946, Jerusalem 1947.

Reuter, Ernst: Schriften und Reden, Bd. 3 (1946–1949), hg. von Hans E. Hirschfeld, Berlin 1974.

Schlange-Schöningen, Hans: Im Schatten des Hungers, Hamburg 1955.

Schmid, Carlo: Erinnerungen, Bern 1979.

Schollwer, Wolfgang: Potsdamer Tagebuch 1948–1950. Liberale Politik unter sowjetischer Besatzung, hg. von Monika Faßbender, München 1988.

Schumacher, Kurt: Reden, Schriften Korrespondenzen 1945–1952, hg. von Willy Albrecht, Berlin 1985.

Shukow, Georgi K.: Erinnerungen und Gedanken, 2 Bde., Berlin (Ost) [7]1983.

Spender, Steven: Deutschland in Ruinen. Ein Bericht (engl. 1946), Frankfurt a.M. 1998.

Taylor, Telford: Die Nürnberger Prozesse. Hintergründe, Analysen und Erkenntnisse aus heutiger Sicht, München 1994.

The Papers of Lucius D. Clay. Germany 1945–1949, hg. von Jean Edward Smith, Bloomington 1974.

Tjulpanow, Sergej: Deutschland nach dem Kriege 1945–1949. Erinnerungen eines Offiziers der Sowjetarmee, hg. von Stefan Doernberg, Berlin (Ost) ²1987.

Troeger, Heinrich: Interregnum. Tagebuch des Generalsekretärs des Länderrats der Bizone 1947–1949, hg. von Wolfgang Benz, Constantin Goschler, München 1985.

Truman, Harry S.: 1945. Year of Decisions. Memoirs, New York 1965.

Unruhige Zeiten. Erlebnisberichte aus dem Landkreis Celle 1945–1949, hg. von Rainer Schulze, München ²1991.

Vaubel, Ludwig: Zusammenbruch und Wiederaufbau. Ein Tagebuch aus der Wirtschaft 1945–1949, hg. von Wolfgang Benz, München 1984.

Vogler, Johannes: Von der Rüstungsfirma zum volkseigenen Betrieb. Aufzeichnungen eines Unternehmers der sowjetischen Besatzungszone, hg. von Burghard Ciesla, München 1992.

Weizsäcker, Richard von: Von Deutschland aus. Reden des Bundespräsidenten, Berlin 1985.

Forschungsliteratur

Abelshauser, Werner: Wirtschaft in Westdeutschland 1945–1948. Rekonstruktion und Wachstumsbedingungen in der amerikanischen und britischen Zone, Stuttgart 1975.

Ackermann, Volker: Der »echte« Flüchtling. Deutsche Vertriebene und Flüchtlinge aus der DDR 1945–1961, Osnabrück 1995.

Ackermann, Volker: Deutsche Flüchtlingskinder nach 1945, in: Dittmar Dahlmann (Hg.): Kinder und Jugendliche in Krieg und Revolution. Vom Dreißigjährigen Krieg bis zu den Kindersoldaten Afrikas, Paderborn 2000, 145–167.

Agethen, Manfred: Die CDU in der SBZ/DDR 1945–1953, in: Jürgen Frölich (Hg.): »Bürgerliche« Parteien in der SBZ/DDR. Zur Geschichte der CDU, LDP(D), DBD und NDPD 1945–1953, Köln 1995, 47–72.

Albertin, Lothar: Demokratische Herausforderung und politische Parteien. Der Aufbau des Friedens in Ostwestfalen-Lippe (1945–1948), Paderborn 1998.

Albertin, Lothar: Das theoriearme Jahrzehnt der Liberalen, in: Axel Schildt, Arnold Sywottek (Hg.): Der Weg zum Grundgesetz. Modernisierung und Wiederaufbau, Bonn 1998.

Albrecht, Ulrich u. a. (Hg.): Zusammenbruch oder Befreiung? Zur Aktualität des 8. Mai 1945, Berlin 1986.

Arbogast, Bettina: Herrschaftsinstanzen der württembergischen NSDAP – Funktionen, Sozialprofil und Lebenswege einer regionalen NS-Elite 1920–1960, München 1998.

Arendt, Hannah: Elemente und Ursprünge totaler Herrschaft (1951), München 1986.

Baar, Lothar/Karlsch, Rainer/Matschke, Werner: Kriegsfolgen und Kriegslasten Deutschlands. Zerstörungen, Demontagen und Reparationen, Berlin 1993.

Barbian, Jan P./Heid, Ludger (Hg.): Zwischen gestern und morgen. Kriegsende und Wiederaufbau im Ruhrgebiet, Essen 1995.

Barnouw, Dagmar: Ansichten von Deutschland 1945. Krieg und Gewalt in der zeitgenössischen Fotografie, Basel 1996.

Bauerkämper, Arnd (Hg.): »Junkerland in Bauernhand«? Durchführung, Auswirkungen und Stellenwert der Bodenreform in der Sowjetischen Besatzungszone, Stuttgart 1996.

Bauerkämper, Arnd/Kleßmann, Christoph/Misselwitz, H. (Hg.): Der 8. Mai 1945 als historische Zäsur. Strukturen, Erfahrungen, Deutungen, Potsdam 1995.

Bausch, Ulrich M.: Die Kulturpolitik der US-amerikanischen Information Control Division in Württemberg-Baden von 1945–1949, Stuttgart 1992.

Becker, Wilfried: Die CDU im demokratischen Neubeginn 1945/46. Motive der Gründung und parteipolitischer Standort, in: Günther Rüther (Hg.): Geschichte der christlich-demokratischen und christlich-sozialen Bewegungen in Deutschland, Bd. 1, Bonn 1984, 333–360.

Beer, Matthias: »Ich möchte die Zeit nicht missen«. Flüchtlingslager nach 1945 als totale Institutionen?, in: Sowi 29 (2000), 186–193.

Beer, Matthias: Flüchtlinge und Vertriebene im deutschen Südwesten nach 1945, Sigmaringen 1994.

Bender, Peter: 1945: Die notwendige Niederlage, in: ders.: Fall und Aufstieg. Deutschland zwischen Kriegsende, Teilung und Vereinigung, Halle a. d. S. 2002.

Bender, Klaus: Deutschland, einig Vaterland? Die Volkskongreßbewegung für deutsche Einheit und einen gerechten Frieden in der Deutschlandpolitik der Sozialistischen Einheitspartei Deutschlands, Frankfurt a.M. 1992.

Benz, Wolfgang (Hg.): Die Vertreibung der Deutschen aus dem Osten. Ursachen, Ereignisse, Folgen, Frankfurt a. M. 1995.

Benz, Wolfgang (Hg.): Deutschland unter alliierter Besatzung 1945–1949/55. Ein Handbuch, Berlin 1999.

Benz, Wolfgang: Die Gründung der Bundesrepublik. Von der Bizone zum souveränen Staat, erw. Neuausgabe München 1999.

Benz, Wolfgang: Potsdam 1945. Besatzungsherrschaft und Neuaufbau im Vier-Zonen-Deutschland, München [4]1994.

Biess, Frank: »Pioneers of a New Germany«. Returning POWs and the Making of East German Citizens, 1945–1950, in: CEH 32 (1999), 143–180.

Biess, Frank: »Russenknechte« und »Westagenten«. Kriegsheimkehrer und die (De)legitimierung von Kriegsgefangenschaftserfahrungen in Ost- und Westdeutschland nach 1945, in: Naumann, Klaus (Hg.): Nachkrieg in Deutschland, Hamburg 2001, 59–89.

Biess, Frank: Männer des Wiederaufbaus, Wiederaufbau der Männer. Kriegsheimkehrer in Ost- und Westdeutschland, 1945–1955, in: Karen Hagemann, Stefanie Schüler-Springorum (Hg.): Geschlechter-Kriege. Militär, Krieg und Geschlechterverhältnisse im 20. Jahrhundert, Frankfurt a.M. 2001.

Blaum, Verena: Kunst und Politik im SONNTAG 1946–1958. Eine historische Inhaltsanalyse zum deutschen Journalismus der Nachkriegsjahre, Köln 1992.

Boberach, Heinz: Die Verfolgung von Verbrechen gegen die Menschlichkeit durch deutsche Gerichte in Nordrhein-Westfalen 1946–1949, in: Geschichte im Westen 12 (1997), 7–23.

Bode, Bernhard: Liberal-Demokraten und »deutsche Frage«. Zum politischen Wandel einer Partei in der Sowjetischen Besatzungszone und der DDR zwischen 1945 und 1961, Frankfurt a. M. 1997.

Boldorf, Marcel: Sozialfürsorge in der SBZ/DDR, 1945–1953. Ursachen, Ausmaß und Bewältigung der Nachkriegsarmut, Stuttgart 1998.

Borgstedt, Angela: Entnazifizierung in Karlsruhe 1946 bis 1951. Politische Säuberung im Spannungsfeld von Besatzungspolitik und lokalpolitischem Neuanfang, Konstanz 2001.

Borowsky, Peter: Deutschland 1945–1969, Hannover 1993.

Bouvier, Beatrix: Ausgeschaltet! Sozialdemokraten in der Sowjetischen Besatzungszone und in der DDR 1945–1953, Bonn 1996.

Brackmann, Michael: Vom totalen Krieg zum Wirtschaftswunder. Die Vorgeschichte der westdeutschen Währungsreform 1948, Essen 1993.

Brenner, Michael: Nach dem Holocaust. Juden in Deutschland 1945–1950, München 1995.

Brink, Cornelia: Ikonen der Vernichtung. Öffentlicher Gebrauch von Fotografien aus nationalsozialistischen Vernichtungslagern nach 1945, Berlin 1998.

Broszat, Martin/Henke, Klaus-Dietmar/Woller, Hans (Hg.): Von Stalingrad zur Währungsreform. Zur Sozialgeschichte des Umbruchs in Deutschland, München ³1990.

Broszat, Martin/Weber, Hermann (Hg.): SBZ-Handbuch. Staatliche Verwaltungen, Parteien, gesellschaftliche Organisationen und ihre Führungskräfte in der Sowjetischen Besatzungszone Deutschlands 1945–1949, München ²1993.

Broszat, Martin: Siegerjustiz oder strafrechtliche »Selbstreinigung«. Aspekte der Vergangenheitsbewältigung der deutschen Justiz während der Besatzungszeit 1945–1949, in: VfZG 29 (1981), 477–544.

Buchheim, Christoph (Hg.): Wirtschaftliche Folgelasten des Krieges in der SBZ/DDR, Baden-Baden 1995.

Buchheim, Christoph: Die Wiedereingliederung Westdeutschlands in die Weltwirtschaft 1945–1958, München 1990.

Bude, Heinz: Deutsche Karrieren. Frankfurt a. M. 1987.

Carlson, Lewis H.: We Were Each Other's Prisoners: An Oral History of World War II – American and German Prisoners of War, New York 1997.

Chamberlin, Brewster S.: Todesmühlen. Ein früher Versuch zur Massen-»Umerziehung« im besetzten Deutschland 1945–1946, in: VfZG 3 (1981), 420–436.

Clemens, Gabriele (Hg.): Kulturpolitik im besetzten Deutschland 1945–49, Stuttgart 1994.

Clemens, Gabriele: Britische Kulturpolitik in Deutschland 1945–1949. Literatur, Film, Musik und Theater, Stuttgart 1997.

Conrad, Sebastian: Auf der Suche nach der verlorenen Nation. Geschichtsschreibung in Westdeutschland und Japan 1945–1960, Göttingen 1999.

Dann, Otto, (Hg.): Köln nach dem Nationalsozialismus. Der Beginn des politischen und gesellschaftlichen Lebens in den Jahren 1945/46, Wuppertal 1981.

Deigton, Anne: The Impossible Peace: Britain, the Division of Germany, and the Origins of the Cold War, Oxford 1990.

Derenthal, Ludger: Bilder der Trümmer- und Aufbaujahre. Fotografie im sich teilenden Deutschland, Marburg 1999.

Diehl, James M.: The Thanks of the Fatherland. German Veterans after the Second World War, Chapel Hill 1993.

Domansky, Elisabeth/de Jong, Jutta: Der langen Schatten des Krieges. Deutsche Lebens-Geschichten nach 1945, Münster 2000.

Echternkamp, Jörg: »Kameradenpost bricht auch nie ab ...« – Ein Kriegsende auf Raten im Spiegel der Briefe deutscher Ostheimkehrer 1946–1951, in: MGZ 60 (2001), 437–500.

Echternkamp, Jörg: »Verwirrung im Vaterländischen«? Nationalismus in der deutschen Nachkriegsgesellschaft 1945–1960, in: ders., Sven O. Müller (Hg.): Die Politik der Nation. Deutscher Nationalismus in Krieg und Krisen 1760–1960, München 2002, 219–246.

Echternkamp, Jörg: Mit dem Krieg seinen Frieden schließen. Wehrmacht und Weltkrieg in der Veteranenkultur 1945–1960, in: Thomas Kühne (Hg.): Von der Kriegskultur zur Friedenskultur? Zum Mentalitätswandel in Deutschland seit 1945, Münster 2000, 78–93.

Echternkamp, Jörg: Wut auf die Wehrmacht? Das Bild der Soldaten in der unmittelbaren Nachkriegszeit, in: Rolf-Dieter Müller, Hans-Erich Volkmann (Hg.): Die Wehrmacht. Mythos und Realität, München 1999, 1058–1080.

Echternkamp, Jörg: Zwischen Selbstverteidigung und Friedenskampf, Zur Wirkungsgeschichte des Ersten Weltkriegs 1945–1960, in: Bruno Thoß, Hans-Erich Volkmann (Hg.): Erster Weltkrieg – Zweiter Weltkrieg: ein Vergleich. Krieg, Kriegserlebnis, Kriegserfahrung in Deutschland 1914–45, Paderborn 2002, 641–668.

Eisenberg, Carolyn: Drawing the Line. The American Decision to Divide Germany, Cambridge 1996.

Erker, Paul: Ernährungskrise und Nachkriegsgesellschaft. Bauern und Arbeiter in Bayern 1943–1953, Stuttgart 1990.

Erker, Paul: Vom Heimatvertriebenen zum Neubürger. Sozialgeschichte der Flüchtlinge in einer agrarischen Region Mittelfrankens 1945–1955, Stuttgart 1988.

Eschenburg, Theodor: Jahre der Besatzung 1945–1949. Geschichte der Bundesrepublik Deutschland in 5 Bde., hg. von Karl Dietrich Bracher u. a., Bd. 1, Stuttgart 1983.

Estermann, Monika/Lersch, Edgar (Hg.): Buch, Buchhandel und Rundfunk 1945–1949, Wiesbaden 1997.

Faßnacht, Wolfgang: Universitäten am Wendepunkt? Die Hochschulpolitik in der französischen Besatzungszone 1945–1949, Freiburg i. Br. 2000.

Fehrenbach, Heide: Cinema in Democratizing Germany. Reconstructing National Identity after Hitler, Chapel Hill/London 1995.

Fehrenbach, Heide: Of German Mothers and ›Negermischlingskinder‹: Race, Sex, and the Postwar Nation, in: Hanna Schissler (Hg.): The Miracle Years: A Cultural History of West Germany, 1949–1968, Princeton u. a. 2001, 164–186.

Fisch, Jörg: Reparationen nach dem Zweiten Weltkrieg, München 1992.

Foitzik, Jan: Sowjetische Militäradministration in Deutschland (SMAD) 1945–1949. Struktur und Funktion, Berlin 1999.

Foschepoth, Josef/Steininger, Rolf (Hg.): Britische Deutschland- und Besatzungspolitik 1945–1949, Paderborn 1996.

Foschepoth, Josef: German Reaction to Defeat and Occupation, in: Robert G. Moeller (Hg.): Western Germany under Construction. Politics, Society, and Culture in the Adenauer Era, Ann Arbor 1997, 73–89.

Frantzioch, Marion: Die Vertriebenen. Hemmnisse, Antriebskräfte und Wege ihrer Integration in der Bundesrepublik Deutschland, Berlin 1987.

Franzen, Karl E./Lemberg, Hans: Die Vertriebenen. Hitlers letzte Opfer, Berlin/München 2001.

Frei, Norbert: Vergangenheitspolitik. Die Anfänge der Bundesrepublik und die NS-Vergangenheit, München 1999.

Friedrich, Sabine: Rundfunk und Besatzungsmacht. Organisation, Programm und Hörer des Südwestfunks 1945–1949, Baden-Baden 1991.

Frölich, Jürgen (Hg.): »Bürgerliche« Parteien in der SBZ / DDR. Zur Geschichte von CDU, LDP(D), DBD und NDPD 1945–1953, Köln 1995.

Führe, Dorothea: Die französische Besatzungspolitik in Berlin von 1945–1949. Déprussianisation und Décentralisation, Berlin 2001.

Fulbrook, Mary: German National Identity after the Holocaust, Cambridge 1999.

Füssl, Karl-Heinz: Die Umerziehung der Deutschen. Jugend und Schule unter den Siegermächten des Zweiten Weltkriegs 1945–1955, Paderborn ²1995.

Geyer, Michael: Das Stigma der Gewalt und das Problem der nationalen Identität, in: Christian Jansen u. a. (Hg.): Von der Aufgabe der Freiheit. Politische Verantwortung und bürgerliche Gesellschaft im 19. und 20. Jahrhundert. Fs. für Hans Mommsen, Berlin 1995, 673–698.

Gimbel, John: Science, Technology and Reparations. Exploitation and Plunders in Postwar Germany, Stanford 1990.

Glaser, Hermann: Die Kulturgeschichte der Bundesrepublik Deutschland, Bd. 1: Zwischen Kapitulation und Währungsreform 1945–1948, Frankfurt a.M. 1990.

Goltermann, Svenja: Im Wahn der Gewalt. Massentod, Opferdiskurs und Psychiatrie 1945–1956, in: Klaus Naumann (Hg.): Nachkrieg in Deutschland, Hamburg 2001, 343–363.

Goschler, Constantin: Wiedergutmachung. Westdeutschland und die Verfolgten des Nationalsozialismus (1950–1954), München 1992.

Gotschlich, Helga/Lange, Katharina/Schulze, Edeltraud (Hg.): Aber nicht im Gleichschritt. Zur Entstehung der Freien Deutschen Jugend, Berlin 1997.

Graml, Hermann: Die Alliierten und die Teilung Deutschlands 1945–1948, Frankfurt a.M. 1985.

Grebing, Helga/Pozorski, Peter/Schulze, Rainer: Die Nachkriegsentwicklung in Westdeutschland 1945–1949, 2 Bde., Stuttgart 1980.

Greschat, Martin (Hg.): Die Schuld der Kirche. Dokumente und Reflexionen zur Stuttgarter Schulderklärung vom 18./19. Oktober 1945, München 1982.

Gries, Rainer: Die Rationen-Gesellschaft. Versorgungskampf und Vergleichsmentalität. Leipzig, München, Köln nach dem Kriege, Münster 1991.

Groehler, Olaf: Integration und Ausgrenzung von NS-Opfern. Zur Anerkennungs- und Entschädigungsdebatte in der Sowjetischen Besatzungszone Deutschland 1945 bis 1949, in: Jürgen Kocka (Hg.): Historische DDR-Forschung. Aufsätze und Studien, Berlin 1993, 105–127.

Gröschel, Roland/Schmidt, Michael: Trümmerkids und Gruppenstunde. Zwischen Romantik und Politik: Jugend und Jugendverbandsarbeit in Berlin im ersten Nachkriegsjahrzehnt, hg. vom Landesjugendring Berlin, Berlin 1990.

Grosser, Thomas: Von der freiwilligen Solidar- zur verordneten Konfliktgemeinschaft. Die Integration der Flüchtlinge und Vertriebenen in der deutschen Nachkriegsgesellschaft im Spiegel neuerer zeitgeschichtlicher Untersuchungen, in: Dierk Hoffmann u. a. (Hg.): Vertriebene in Deutschland. Interdisziplinäre Ergebnisse und Forschungsperspektiven, München 2000, 65–85.

Grossmann, Atina: A Question of Silence. The Rape of German Women by Occupation Soldiers, in: October, 2 (1995), 43–63.

Grube, Frank/Richter, Gerhard: Flucht und Vertreibung. Deutschland zwischen 1945 und 1947, Hamburg 1980.

Halder, Winfried: Deutsche Teilung. Vorgeschichte und Anfangsjahre der doppelten Staatsgründung, Zürich 2003.

Hardach, Gerd: Der Marshall-Plan. Auslandshilfe und Wiederaufbau in Westdeutschland 1948–1952, München 1994.

Hartenian, Larry: The Role of Media in Democratizing Germany. United States Occupation Policy 1945–1949, in: CEH 20 (1987), 145–190.

Hartmann, Anne/Eggeling, Wolfram: Sowjetische Präsenz im kulturellen Leben der SBZ und frühen DDR 1945–1953, Berlin 1998.

Heider, Magdalena: Politik – Kultur – Kulturbund. Zur Gründungs- und Frühgeschichte des Kulturbundes zur demokratischen Erneuerung Deutschlands 1945–1954 in der SBZ/DDR, Köln 1993.

Heinemann, Elizabeth D.: Die Stunde der Frauen. Erinnerungen an Deutschlands »Krisenjahre« und westdeutsche nationale Identität, in: Klaus Naumann (Hg.): Nachkrieg in Deutschland, Hamburg 2001, 149–177.

Heinemann, Elizabeth D.: What Difference does a Husband make? Woman and Marital Status in Nazi and Postwar Germany, Berkeley u. a. 1999.

Hein-Kremer, Maritta: Die amerikanische Kulturoffensive 1945–1955, Köln 1996.

Henke, Klaus-Dietmar/Woller, Hans (Hg.): Politische Säuberungen in Europa. Die Abrechnung mit Faschismus und Kollaboration nach dem Zweiten Weltkrieg, München 1991.

Henke, Klaus-Dietmar: Die amerikanische Besetzung Deutschlands, München ²1996.

Henke, Klaus-Dietmar: Politische Säuberung unter französischer Besatzung. Die Entnazifizierung in Württemberg-Hohenzollern, Stuttgart 1981.

Henke, Klaus-Dietmar: Der Weg nach Potsdam – Die Alliierten und die Vertreibung, in: Benz, Wolfgang (Hg.): Die Vertreibung der Deutschen aus dem Osten. Ursachen, Folgen, Frankfurt a. M. 1995.

Herbst, Ludolf (Hg.): Westdeutschland 1945–1955. Unterwerfung, Kontrolle, Integration, München 1986.

Heß, Jürgen C./Lehmann, Hartmut/Sellin, Volker (Hg.): Heidelberg 1945, Stuttgart 1996.

Hilliard, Robert L.: Von den Befreiern vergessen. Der Überlebenskampf jüdischer KZ-Häftlinge unter amerikanischer Besatzung, Frankfurt a.M. 2000.

Hinz, Hans M. u.a. (Hg.): Die vier Besatzungsmächte und die Kultur in Berlin 1945–1949, Leipzig 1999.

Hockerts, Hans Günter: Integration der Gesellschaft: Gründungskrise und Sozialpolitik in der frühen Bundesrepublik, in: Zeitschrift für Sozialreform, 32 (1986), H 1, 25–41.

Hoffmann, Dierk u.a. (Hg.): Vertriebene in Deutschland. Interdisziplinäre Ergebnisse und Forschungsperspektiven, München 2000.

Hoffmann, Dierk/Wentker, Hermann (Hg.): Das letzte Jahr der SBZ. Politische Weichenstellungen und Kontinuitäten im Prozeß der Gründung der DDR, München 2000.

Hoffmann, Dierk: Aufbau und Krise der Planwirtschaft. Die Arbeitskräftelenkung in der SBZ/DDR 1945–1963, München 2002.

Hoffmann, Dierk: Sozialpolitische Neuordnung in der SBZ/DDR. Der Umbau der Sozialversicherung 1945–1956, München 1996.

Höhn, Maria: Frau im Haus und Girl im Spiegel: Discourse on Women in the Interregnum Period of 1945–1949 and the Question of German Identity, in: CEH 26 (1993), 57–90.

Höhn, Maria: GIs, Veronikas and Lucky Strikes: German Reactions to the American Military Presence in the Rhineland Palatinate during 1950s, Ph.D. diss. University of Pennsylvania 1995.

Holtmann, Everhard: Die neuen Lassalleaner. SPD und HJ-Generation nach 1945, in: Martin Broszat u. a. (Hg.): Von Stalingrad zur Währungsreform. Zur Sozialgeschichte des Umbruchs in Deutschland, München ²1990, 169–210.

Hopster, Norbert/Thieß, Dirk (Hg.): »Säuberung der Büchereien«. Katalog der gemäß Kontrollrats-Befehl Nr. 4 ab 1947 in NRW eingezogenen politisch unerwünschten Literatur (CD-ROM), Osnabrück 1997.

Horn, Christa: Die Internierungs- und Arbeitslager in Bayern 1945–1952, Frankfurt a.M. 1992.

Hughes, Michael L.: Shouldering the Burdens of Defeat. West Germany and the Reconstruction of Social Justice, Chapel Hill 1999.

Hurwitz, Harold: Die Stalinisierung der SED. Zum Verlust von Freiräumen und sozialdemokratischer Identität in den Vorständen 1946–1949, Opladen 1997.

Jacobmeyer, Wolfgang: Jüdische Überlebende als »Displaced Persons«. Untersuchungen zur Besatzungspolitik in den deutschen Westzonen und zur Zuwanderung osteuropäischer Juden 1945–1947, in: GG 9.1983, 421–452.

Jacobmeyer, Wolfgang: Vom Zwangsarbeiter zum heimatlosen Ausländer. Die Displaced Persons in Westdeutschland 1945–1951, Göttingen 1985.

Jäger, Jens: Fotografie – Erinnerung – Identität. Die Trümmeraufnahmen aus deutschen Städten 1945, in: Jörg Hillmann und John Zimmermann (Hg.): Kriegsende 1945 in Deutschland, München 2002, 287–300.

Jarausch, Konrad/Siegrist, Hannes (Hg.): Amerikanisierung und Sowjetisierung in Deutschland 1945–1970, Frankfurt a. M. 1997.

Judt, Matthias/Ciesla, Burghard (Hg.): Technology Transfer out of Germany after 1945, Reading 1996.

Judt, Matthias (Hg.): DDR-Geschichte in Dokumenten, Bonn 1998.

Kaminsky, Annette (Hg.): Heimkehr 1948, München 1998.

Karlsch, Rainer: Allein bezahlt? Die Reparationsleistung der SBZ/DDR 1945–1953, Berlin 1993.

Kebbedies, Frank: Außer Kontrolle. Jugendkriminalität in der NS-Zeit und der frühen Nachkriegszeit, Essen 2000.

Kessler, Ralf/Peter, Hartmut R.: Wiedergutmachung im Osten Deutschlands 1945–1953. Grundsätzliche Diskussionen und die Praxis in Sachsen-Anhalt, Frankfurt a.M. 1996.

Kiesewetter, Bruno: Europäische Wanderungsbilanz der Weltkriege, in: Europa-Archiv 5 (1950), 3044-50, 3083-90, 3123-26.

Kilian, Achim: Einzuweisen zur völligen Isolierung. NKWD-Speziallager Mühlberg/Elbe 1945–1948, Leipzig ³2000.

Kleindienst, Jürgen (Hg.): Hungern und hoffen. Jugend in Deutschland 1945–1950, 48 Geschichten und Berichte von Zeitzeugen, Berlin 2000.

Kleinschmidt, Johannes: »Do not fraternize«. Die schwierigen Anfänge deutsch-amerikanischer Freundschaft 1944–1949, Trier 1997.

Kleßmann, Christoph: Die doppelte Staatsgründung. Deutsche Geschichte 1945–1955, Göttingen ⁵1991.

Kleßmann, Christoph: Stationen des öffentlichen und historiographischen Umgangs mit der Zäsur von 1945, in: Dietrich Papenfuß, Wolfgang Schieder (Hg.): Deutsche Umbrüche im 20. Jahrhundert, Köln 2000, 459–472.

Kleßmann, Christoph: Verflechtung und Abgrenzung. Aspekte der geteilten und zusammengehörenden Nachkriegsgeschichte, in: APuZ B 29/30, 1993, 30–41.

Klotzbach, Kurt: Der Weg zur Staatspartei. Programmatik, praktische Politik und Organisation der deutschen Sozialdemokratie 1945–1965, Bonn (1982) 1996.

Knipping, Franz/Le Rider, Jacques (Hg.): Frankreichs Kulturpolitik in Deutschland 1945–1950, Tübingen 1987.

Köchling, Martina: Demontagepolitik und Wiederaufbau in Nordrhein-Westfalen, Essen 1995.

Kocka, Jürgen: 1945 nach 1989/90. Zur sich wandelnden Bedeutung des Endes von NS-Diktatur und Krieg, in: C. Jansen u. a. (Hg.): Von der Aufgabe der Freiheit. Fs. für Hans Mommsen, Berlin 1995, 599–608.

Kocka, Jürgen: 1945: Neubeginn oder Restauration, in: Carola Stern, Heinrich A. Winkler (Hg.): Wendepunkte deutscher Geschichte 1848–1990, überarb. und erw. Aufl. 1994, 159–192.

Koebner, Thomas: Die Schuldfrage. Vergangenheitsverweigerung und

Lebenslügen in der Diskussion 1945–1949, in: ders. u. a. (Hg.): Deutschland nach Hitler. Zukunftspläne im Exil und aus der Besatzungszeit 1945–1949, Opladen 1987, 309–329.

Königseder, Angelika/Wetzel, Juliane: Lebensmut im Wartesaal. Jüdische DPs (Displaced Persons) im Nachkriegsdeutschland, Frankfurt a. M. 1994.

Koselleck, Reinhart: Art. Volk, Nation, Nationalismus, Masse, in: Geschichtliche Grundbegriffe, Historisches Lexikon zur politischsozialen Sprache in Deutschland, hg. von Otto Brunner, Werner Conze u. Reinhart Koselleck, Bd. 7, Stuttgart 1992.

Koselleck, Reinhart: Der Einfluß der beiden Weltkriege auf das soziale Bewußtsein, in: Wolfram Wette (Hg.): Der Krieg des kleinen Mannes. Eine Militärgeschichte von unten, München 1992, 324–343.

Koszyk, Kurt: Das Exil und die Nachkriegspresse, in: Markus Behmer (Hg.): Deutsche Publizistik im Exil 1933 bis 1945. Personen – Positionen – Perspektiven. Fs. für Ursula E. Koch, Münster 2000, 318–330.

Koszyk, Kurt: Pressepolitik für Deutsche 1945–1949. Geschichte der deutschen Presse, Teil IV, Berlin 1986.

Kramer, Alain: Die britische Demontagepolitik am Beispiel Hamburgs 1945–1950, Hamburg 1991.

Kramer, Alan: Law-Abiding Germans? Social Disintegration, Crime, and the Reimposition of Order in Post-War Western Germany, 1945–1949, in: Richard Evans (Hg.): The German Underworld: Deviants and Outcasts in German History, New York 1988, 238–261.

Krause, Michael: Flucht vor dem Bombenkrieg. »Umquartierungen« im Zweiten Weltkrieg und die Wiedereingliederung der Evakuierten in Deutschland 1943–1963, Stuttgart 1997.

Krauss, Marita: Das »Wir« und das »Ihr«. Ausgrenzung, Abgrenzung, Identitätsstiftung bei Einheimischen und Flüchtlingen nach 1945, in: Hoffmann, Dierk u. a. (Hg.): Vertriebene in Deutschland. Interdisziplinäre Ergebnisse und Forschungsperspektiven, München 2000.

Krauss, Marita: Heimkehr in ein fremdes Land. Geschichte der Remigration nach 1945, München 2001.

Krohn, Claus-Dieter/zur Mühlen, Patrick von (Hg.): Rückkehr und

Aufbau nach 1945. Deutsche Remigranten im öffentlichen Leben Nachkriegsdeutschlands, Marburg 1997.

Krüger, Wolfgang: Entnazifiziert! Zur Praxis der politischen Säuberung in Nordrhein-Westfalen, Wuppertal 1982.

Lammersdorf, Raimund: Verantwortung und Schuld. Deutsche und amerikanische Antworten auf die Schuldfrage 1945–1947, in: Heinz Bude, Bernd Greiner (Hg.): Westbindungen. Amerika in der Bundesrepublik, Hamburg 1999, 231–256.

Lange, Wiegand/Hermand, Jost (Hg.): »Wollt ihr Thomas Mann wiederhaben?« Deutschland und die Emigranten, Hamburg 1999.

Laurien, Ingrid: Die Verarbeitung von Nationalsozialismus und Krieg in politisch-kulturellen Zeitschriften der Westzonen 1945–1949, in: GWU 39.1988, 220–237.

Laurien, Ingrid: Politisch-kulturelle Zeitschriften in den Westzonen 1945–1949. Ein Beitrag zur politischen Kultur der Nachkriegszeit, Frankfurt a. M. 1991.

Lemke Muniz de Faria, Yara-Colette: Zwischen Fürsorge und Ausgrenzung. Afrodeutsche »Besatzungskinder« im Nachkriegsdeutschland, Berlin 2002.

Lemke, Michael (Hg.): Sowjetisierung und Eigenständigkeit in der SBZ/DDR (1945–1953), Trier 1999.

Lockenour, Jay: Soldiers as Citizens: Former Wehrmacht-Officers in the Federal Republic of Germany, 1945–1955, Lincoln 2002.

Loth, Wilfried/Rusinek, Bernd-A. (Hg.): Verwandlungspolitik – NS-Eliten in der westdeutschen Nachkriegsgesellschaft, Frankfurt a. M./New York 1998.

Loth, Wilfried: Der Krieg, der nicht stattfand: Ursprünge und Überwindung des Kalten Kriegs, in: Bernd Wegner (Hg.): Wie Kriege entstehen. Zum historischen Hintergrund von Staatenkonflikten, Paderborn 2000, 285–298.

Loth, Wilfried: Weltpolitische Zäsur 1945. Der Zweite Weltkrieg und der Untergang des alten Europa, in: Christoph Kleßmann (Hg.): Nicht nur Hitlers Krieg, Düsseldorf 1989, 99–112.

Mählert, Ulrich/Stephan, Gerd-Rüdiger: Blaue Hemden – Rote Fahnen. Die Geschichte der Freien Deutschen Jugend, Opladen 1996.

Mählert, Ulrich: Die Freie Deutsche Jugend 1945–1949. Von den »Antifaschistischen Jugendausschüssen« zur SED-Massenorganisation:

Die Erfassung der Jugend in der Sowjetischen Besatzungszone, Paderborn u. a. 1995.

Mai, Gunther: Der Alliierte Kontrollrat in Deutschland 1945–1948. Alliierte Einheit – deutsche Teilung?, München 1995.

Maier, Charles S.: The Cold War in Europe. Era of a Divided Continent, Princeton 1996.

Major, Patrick: The Death of the KPD. Communism and Anti-Communism in West Germany, 1945–1956, Oxford 1997.

Malycha, Andreas: Auf dem Weg zur SED. Die Sozialdemokratie und die Bildung einer Einheitspartei in den Ländern der SBZ, Bonn 1995.

Malycha, Andreas: Partei von Stalins Gnaden? Die Entwicklung der SED zur Partei neuen Typs in den Jahren 1945 bis 1950, Berlin 1996.

Marcuse, Harold: Legacies of Dachau. The Uses and Abuses of a Concentration Camp, 1933–2001, Cambridge 2001.

Marrus, Michael R.: The Unwanted. European Refugees in the Twentieth Century, New York 1985.

März, Peter/Oberreuter, Heinrich (Hg.): Weichenstellung für Deutschland. Der Verfassungskonvent von Herrenchiemsee, München 1999.

Melis, Damian van: Entnazifizierung in Mecklenburg-Vorpommern, Herrschaft und Verwaltung, 1945–1948, München 1999.

Messerschmidt, Rolf: Aufnahme und Integration der Vertriebenen und Flüchtlinge in Hessen 1945–1950. Zur Geschichte der hessischen Flüchtlingsverwaltung, Wiesbaden 1994.

Meyer, Georg: Zur Situation der deutschen militärischen Führungsschicht im Vorfeld des westdeutschen Verteidigungsbeitrages 1945–1950/51, in: Roland G. Foerster u. a. (Hg.): Von der Kapitulation zum Pleven-Plan, München 1982, 577–735.

Meyer, Sibylle/Schulze, Eva: Krieg im Frieden. Familienkonflikte nach 1945, in: J. Dalhoff u. a. (Hg.): Frauenmarkt in der Geschichte, Düsseldorf 1986.

Mick, Christoph: Forschen für die Siegermächte. Deutsche Naturwissenschaftler und Rüstungsingenieure nach dem Zweiten Weltkrieg, in: Dietrich Papenfuß, Wolfgang Schieder (Hg.): Deutsche Umbrüche im 20. Jahrhundert, Köln 2000, 429–446.

Mick, Christoph: Forschen für Stalin. Deutsche Fachleute in der sowjetischen Rüstungsindustrie, 1945–1958, München 2000.

Mieck, Ilja/Guillen, Pierre (Hg.): Nachkriegsgesellschaften in Deutschland und Frankreich im 20. Jahrhundert. Sociétés d'après-guerres en France et en Allemagne au 20ième siècle, München 1998.

Mielke, Henning: Die Auflösung der Länder in der SBZ/DDR. Von der deutschen Selbstverwaltung zum sozialistisch-zentralistischen Einheitsstaat nach sowjetischem Modell 1945–1952, Stuttgart 1995.

Mironenko, Sergej/Niethammer, Lutz/Plato, Alexander von (Hg.): Sowjetische Speziallager in Deutschland 1945–1950, 2 Bde., Berlin 1998.

Moeller, Robert G. (Hg.): West Germany under Construction. Politics, Society, and Culture in the Adenauer Era, Ann Arbor/Mich. 1997.

Moeller, Robert G.: Deutsche Opfer, Opfer der Deutschen. Kriegsgefangene, Vertriebene, NS-Verfolgte: Opferausgleich als Identitätspolitik, in: Klaus Naumann (Hg.): Nachkrieg in Deutschland, Hamburg 2001, 29–58.

Moeller, Robert G.: The Search for a Usable Past in the Federal Republic of Germany, Berkeley 2001.

Möhler, Rainer: Entnazifizierung in Rheinland-Pfalz und im Saarland unter französischer Besatzung von 1945 bis 1952, Mainz 1992.

Möller, Horst: Die Relativität historischer Epochen: Das Jahr 1945 in der Perspektive des Jahres 1989, in: APuZ, B 18–19, 1995, 3–9.

Morré, Jörg: Speziallager des NKWD. Sowjetische Internierungslager in Brandenburg 1945–1950, Potsdam 1997.

Müller, Rolf-Dieter/Ueberschär, Gerd R.: Kriegsende 1945. Die Zerstörung des Dritten Reiches, Frankfurt a.M. 1994.

Müller, Winfried: Schulpolitik in Bayern im Spannungsfeld von Kultusbürokratie und Besatzungsmacht 1945–1949, München 1995.

Münz, Rainer/Seifert, Wolfgang/Ulrich, Ralf: Zuwanderung nach Deutschland. Strukturen, Wirkungen, Perspektiven, Frankfurt a.M. ²1999.

Naimark, Norman M.: Die Russen in Deutschland. Die sowjetische Besatzungszone 1945 bis 1949, Berlin 1997.

Naumann, Klaus: Der Krieg als Text. Das Jahr 1945 im kulturellen Gedächtnis der Presse, Hamburg 1998.

Naumann, Klaus: Nachkrieg in Deutschland, Hamburg 2001.

Niclauß, Karlheinz: Der Weg zum Grundgesetz. Demokratiegründung in Westdeutschland 1945–1949, Paderborn 1998.

Niedhart, Gottfried/Riesenberger, Dieter (Hg.): Lernen aus dem Krieg? Deutsche Nachkriegszeiten 1918 und 1945, München 1992.

Niehuss, Merith: Familie, Frau und Gesellschaft. Studien zur Strukturgeschichte der Familie in Westdeutschland 1945–1960, Göttingen 2001.

Niethammer, Lutz: Alliierte Internierungslager in Deutschland nach 1945. Vergleich und offene Fragen, in: Christian Jansen u. a. (Hg.): Von der Aufgabe der Freiheit. Politische Verantwortung und bürgerliche Gesellschaft im 19. und 20. Jahrhundert. Festschrift für Hans Mommsen zum 5. November 1995, Berlin 1995, 469–492.

Niethammer, Lutz (Hg.): Hinterher merkt man, dass es schiefgegangen ist. Nachkriegserfahrungen im Ruhrgebiet, Berlin u. a. 1983.

Niethammer, Lutz: Die Mitläuferfabrik. Die Entnazifizierung am Beispiel Bayerns, Berlin 1982.

Nitschke, Bernadetta: Vertreibung und Aussiedlung der deutschen Bevölkerung aus Polen 1945–1949, München 2002.

Perels, Joachim: Das juristische Erbe des »Dritten Reiches«. Beschädigungen der demokratischen Rechtsordnung, Frankfurt a. M. 1999.

Pike, David: The Politics of Culture in Soviet-Occupied Germany, 1945–1949, Stanford/Ca. 1992.

Plato, Alexander von/Leh, Almut: »Ein unglaublicher Frühling«. Erfahrene Geschichte in Nachkriegsdeutschland 1945–1948, Bonn 1997.

Plato, Alexander von: Flüchtlinge, Umgesiedelte und Vertriebene in Ost und West, in: Jan P. Barbian, Ludger Heid (Hg.): Zwischen gestern und morgen. Kriegsende und Wiederaufbau im Ruhrgebiet, Essen 1995, 106–123.

Poiger, Uta G.: Krise der Männlichkeit. Remaskulinisierung in beiden deutschen Nachkriegsgesellschaften, in: Klaus Naumann (Hg.): Nachkrieg in Deutschland, Hamburg 2001, 227–263.

Rathfelder, Gerhard/Schubert, Uli/Wild, Margarethe: GYA. Das Jugendarbeitsprogramm der amerikanischen Armee im Nachkriegsdeutschland, Leinfelden 1987.

Rauh-Kühne, Cornelia/Ruck, Michael (Hg.): Regionale Eliten zwischen Diktatur und Demokratie. Baden und Württemberg 1930–1952, München 1993.

Rauh-Kühne, Cornelia: Die Entnazifizierung und die deutsche Gesellschaft, in: AfS 35 (1995), 35–70.

Rautenberg, Hans-Werner: Die Wahrnehmung von Flucht und Vertreibung in der deutschen Nachkriegsgeschichte bis heute, in: APuZ Nr. 53, 1997, 34–46.

Richter, Michael/Rißmann, Martin (Hg.): Die Ost-CDU. Beiträge zu ihrer Entstehung und Entwicklung, Köln 1995.

Rogers, Daniel E.: Politics After Hitler. The Western Allies and the German Party System, New York 1995.

Rosenthal, Gabriele: »… Wenn alles in Scherben fällt …« Von Leben und Sinnwelt der Kriegsgeneration. Typen biographischer Wandlungen, Opladen 1987.

Rothenberger, Karl-Heinz: Die Hungerjahre nach dem Zweiten Weltkrieg, Boppard a. R. 1980.

Rupieper, Hermann-Josef: Bringing Democracy to the Frauleins. Frauen als Zielgruppe der amerikanischen Demokratisierungspolitik in Deutschland, in: GG 17 (1991), 61–91.

Rupieper, Hermann-Josef: Die Wurzeln der westdeutschen Nachkriegsdemokratie. Der amerikanische Beitrag 1945–1952, Opladen 1993.

Schelsky, Helmut: Die skeptische Generation. Eine Soziologie der deutschen Jugend, Düsseldorf 1963.

Schelsky, Helmut: Wandlungen der deutschen Familie in der Gegenwart. Darstellung und Deutung einer empirisch-soziologischen Tatbestandsaufnahme. Stuttgart ²1954.

Schivelbusch, Wolfgang: Vor dem Vorhang. Das geistige Berlin 1945–1948, München 1995.

Schlemmer, Thomas: Aufbruch, Krise und Erneuerung. Die Christlich-Soziale Union 1945–1955, München 1998.

Schmeitzner, Mike/Donth, Stefan: Die Partei der Diktaturdurchsetzung. KPD / SED in Sachsen 1945–1952, Köln 2002.

Schneider, Franka: »Einigkeit im Unglück?« Berliner Eheberatungsstellen zwischen Ehekrise und Wiederaufbau, in: Klaus Naumann (Hg.): Nachkrieg in Deutschland, Hamburg 2001, 206–226.

Schoeps, Julius H. (Hg.): Leben im Land der Täter. Juden im Nachkriegsdeutschland (1945–1952), Berlin 2001.

Schölzel, Stephan: Die Pressepolitik in der französischen Besatzungszone 1945–1949, Mainz 1986.

Schörken, Rolf: Jugend 1945. Politisches Denken und Lebensgeschichte, Frankfurt a. M. 1994.

Schraut, Sylvia/Grosser, Thomas (Hg.): Die Flüchtlingsfrage in der deutschen Nachkriegsgesellschaft, Mannheim 1996.

Schraut, Sylvia: Flüchtlingsaufnahme in Württemberg-Baden 1945–1949. Amerikanische Besatzungsziele und demokratischer Wiederaufbau im Konflikt, München 1995.

Schrenck-Notzing, Caspar von: Charakterwäsche. Die Politik der amerikanischen Umerziehung in Deutschland, Frankfurt a.M. 1996.

Schröder, Hans-Jürgen (Hg.): Marshallplan und westdeutscher Wiederaufstieg. Positionen – Kontroversen, Stuttgart 1990.

Schulze, Rainer u. a.: Flüchtlinge und Vertriebene in der westdeutschen Nachkriegsgeschichte, Hildesheim 1987.

Schumacher, Frank: Kalter Krieg und Propaganda. Die USA, der Kampf um die Weltmeinung und die ideelle Westbindung der Bundesrepublik Deutschland, 1945–1955, Trier 2000.

Schwartz, Michael: »Zwangsheimat Deutschland«. Vertriebene und Kernbevölkerung zwischen Gesellschaftskonflikt und Integrationspolitik, in: Klaus Naumann (Hg.): Nachkrieg in Deutschland, Hamburg 2001, 114–148.

Schwartz, Michael: Vertreibung und Vergangenheitspolitik. Ein Versuch über geteilte deutsche Nachkriegsidentitäten, in: Deutschland Archiv 30 (1997), 177–195.

Sebald, Winfried G.: Luftkrieg und Literatur. Züricher Vorlesungen, München 1999.

Sigel, Robert: Im Interesse der Gerechtigkeit. Die Dachauer Kriegsverbrecherprozesse 1945–1948, Frankfurt a.M. 1992.

Smith, Arthur L.: Heimkehr aus dem Zweiten Weltkrieg. Die Entlassung der deutschen Kriegsgefangenen, Stuttgart 1985.

Smith, Arthur L.: Kampf um Deutschlands Zukunft. Die Umerziehung von Hitlers Soldaten, Bonn 1997.

Sommer, Ulf: Die Liberal-Demokratische Partei Deutschlands. Eine Blockpartei unter der Führung der SED, Münster 1996.

Sons, Hans-Ulrich: Gesundheitspolitik während der Besatzungszeit, Wuppertal 1983.

Steinert, Johannes-Dieter: Die große Flucht und die Jahre danach. Flüchtlinge und Vertriebene in den vier Besatzungszonen, in: Hans-Erich Volkmann (Hg.): Ende des Dritten Reiches – Ende des Zweiten Weltkriegs. Eine perspektivische Rückschau, München 1995, 557–579.

Steinle, Jürgen: Nationales Selbstverständnis nach dem Nationalsozialismus. Die Kriegsschuld-Debatte in West-Deutschland, Bochum 1995.

Stern, Frank: The Whitewashing of the Yellow Badge. Antisemitism and Philosemitism in Postwar Germany, Oxford 1992.

Streibel, Robert (Hg.): Flucht und Vertreibung. Zwischen Aufrechnung und Verdrängung, Wien 1994.

Strunk, Peter: Zensur und Zensoren. Medienkontrolle und Propagandapolitik unter sowjetischer Besatzungsherrschaft in Deutschland, Berlin 1996.

Stuttgarter Galerieverein (Hg.): Stunde Null. Deutsche Kunst der späten vierziger Jahre. Bearb. von Wolf Goeltzer, Stuttgart 1998.

Tenfelde, Klaus: 1914 bis 1990 – Einheit der Epoche, in: APuZ 40 (1991), 3–11.

Ther, Philipp: Deutsche und polnische Vertriebene. Gesellschaft und Vertriebenenpolitik in der SBZ/DDR und in Polen 1945–1956, Göttingen 1998.

Thoß, Bruno (Hg.): Volksarmee schaffen – ohne Geschrei! Studien zu den Anfängen einer »verdeckten« Aufrüstung in der SBZ/DDR 1947–1952, München 1994.

Timm, Annette F.: The Legacy of Bevölkerungspolitik: Veneral Disease Control and Marriage Counselling in Post-World War II Berlin, in: Canadian Journal of History, 33 (1989), 173–214.

Trachtenberg, Marc: A Constructed Peace. The Making of the European Settlement 1945–1963, Princeton 1999.

Trittel, Günter J.: Hunger und Politik. Die Ernährungskrise in der Bizone (1945–1949), Frankfurt a. M. 1990.

Turner, Ian D. (Hg.): Reconstruction in Post-War Germany. British Occupation Policy and the Western Zones, 1945–1955, Oxford 1989.

Ueberschär, Gerd R. (Hg.): Der Nationalsozialismus vor Gericht. Die alliierten Prozesse gegen Kriegsverbrecher und Soldaten 1943–1952, Frankfurt a.M. 1999.

Volkmann, Hans-Erich (Hg.): Ende des Dritten Reiches – Ende des Zweiten Weltkriegs. Eine perspektivische Rückschau, München 1995.

Vorholt, Udo/Zaib, Volker: SED im Ruhrgebiet? Einheitsfront-Politik im Nachkriegsdeutschland. Münster u. a. 1994.

Wegner, Bernd: Erschriebene Siege. Franz Halder, die »Historical Division« und die Rekonstruktion des Zweiten Weltkrieges im Geiste des deutschen Generalstabes, in: Ernst Willi Hansen u. a. (Hg.): Politischer Wandel, organisierte Gewalt und nationale Sicherheit, München 1995, 287–302.

Wehner, Jens: Kulturpolitik und Volksfront. Ein Beitrag zur Geschichte der Sowjetischen Besatzungszone Deutschland 1945–1949, Frankfurt a. M. 1992.

Weisz, Christoph (Hg.): OMGUS-Handbuch. Die amerikanische Militärregierung in Deutschland 1945–1949, München 1994.

Welsh, Helga A.: Revolutionärer Wandel auf Befehl? Entnazifizierungs- und Personalpolitik in Thüringen und Sachsen (1945–1949), München 1989.

Wember, Heiner, Umerziehung im Lager. Internierung und Bestrafung von Nationalsozialisten in der britischen Besatzungszone Deutschlands, Essen 1992.

Wierling, Dorothee: Von der HJ zur FDJ? in: BIOS, 6 (1993), 107–125.

Wille, Manfred (Hg.): 50 Jahre Flucht und Vertreibung. Gemeinsamkeiten und Unterschiede bei der Aufnahme und Integration der Vertriebenen in die Gesellschaften der Westzonen/Bundesrepublik und der SBZ/DDR, Magdeburg 1997.

Wille, Manfred/Hoffmann, Johannes/Meinicke, Wolfgang (Hg.): Sie hatten alles verloren. Flüchtlinge und Vertriebene in der sowjetischen Besatzungszone, Wiesbaden 1993.

Wille, Manfred: Entnazifizierung in der Sowjetischen Besatzungszone Deutschland 1945–48, Magdeburg 1993.

Wolfrum, Edgar/Fässler, Peter/Grohnert, Reinhard: Krisenjahre und Aufbruchszeit. Alltag und Politik im französisch besetzten Baden 1945–1949, München 1996.

Wolfrum, Edgar: Die Besatzungsherrschaft der Franzosen 1945 bis 1949 in der Erinnerung der Deutschen, in: GWU 46 (1995), 567–582.

Woller, Hans: Gesellschaft und Politik in der amerikanischen Besatzungszone. Die Region Ansbach/Fürth, München 1986.

Zauner, Stefan: Erziehung und Kulturmission. Frankreichs Bildungspolitik in Deutschland 1945–1949, München 1994.

Zeidler, Manfred: Kriegsende im Osten. Die Rote Armee und die Besetzung Deutschlands östlich von Oder und Neiße, München 1996.

Personenregister

Sach- und Ortsregister